영유아를 위한 문학교육

Literary education for young children

영유아를 위한

문학교육

강성화 · 김경희 공저

동문사

머/리/말

인류는 원시시대부터 생각하고 자신의 생각이나 행위, 느낌 등을 어디엔가 기록해 왔습니다. 종이의 발명과 인쇄술의 발달은 인류의 생각을 책으로 만들게 하였고 책을 통해 대중교육과 지식의 공유와 전달이 가능해졌습니다. 지식이나 역사의 전달로서의 책 이외에 읽을거리로서의 문학작품도 등장하였습니다. 문학작품 속에는 인류의 사상과 역사가 있으며, 모든 시대를 통해 축적되어 온 지식과 경험과 진리가 있습니다. 인간은 책을 통해 지식을 획득하고, 지혜를 기르며, 인격을 다듬어 왔습니다.

세상은 급속히 변화하고 유아를 둘러싼 환경도 아주 빠르게 변화하고 있습니다. 요즘 세대를 N세대(네트워크 세대)라고 합니다. 네트워크 세대는 초고속 인터넷의 가상적 세계가 보다 친숙하며 테크노 물결의 대중문화를 즐깁니다. 하지만 N세대도 삶의 의미를 제공하고 인간의 사고력을 확장하며 마음의 즐거움을 제공하는 문학작품에 열광합니다.

사회가치를 전수하고 생각하는 힘을 길러준다는 의미에서 유아에게도 문학작품의 소개는 중요한 교육과정입니다.

이 책은 유아와 함께 문학작품을 경험하고 이를 통해 가치와 지식을 가르치며 유아에게 책 읽는 습관을 길러주고자 하는 교사들과 예비 교사들을 위해 집필되었습니다. 책의 구성은 문학교육에 관련한 기본 이론과 좋은 문학작품을 선정하고 효율적으로 전달하는 방법, 동화를 듣고 난 이후에 유아들과 함께할 수 있는 창의적 표현방법, 유아교육기관에서의 문학활동을 위한 환경구성과 교사의 역할 및 평가 등 총 14장으로 되어 있습니다. 또한 누리과정의 생활주제와 관련한 그림동화를 부록에 소개하였습니다.

이 작은 책이 유아들을 문학세계로 안내하는 교사들과 예비교사들에게 도움이 되기를 기대합니다.

유아문학교육의 출판을 맡아주신 이중수 사장님과 편집관계자 여러분, 사진을 제공해 주신 한가람 유치원과 신흥 유치원 원장님과 교사, 유아들에게 깊은 감사의 말씀을 드립니다.

2014년 2월

저자 일동

차 / 례

CHAPTER 03
아동문학의 역사적 배경

CHAPTER 04
아동문학의 장르

CHAPTER 05
유아 문학의 종류

CHAPTER 06
문학작품의 선정

CHAPTER 07
3~5세 연령별 누리과정과 표준 보육과정

CHAPTER 08
유아문학교육 방법

CHAPTER 09 문학교육에서의 교사의 역할

CHAPTER 10

동화구연

CHAPTER 11

문학교육의 전달매체

CHAPTER 12
감상과 창의적 표현지도를 위한 활동

CHAPTER 13 문학경험을 위한 환경조성

CHAPTER 14 문학 활동의 평가

CHAPTER 1

유아문학의 기초

문학경험은 유아들의 언어발달과 인지발달에 기여함은 물론 정서발달과 도덕성 발달 및 학습능력의 발달에 기여하는 것으로 알려져 왔으며, 특히 아동의 사고 발달과 관련하여 초등교육과정이나 중등교육과정에서도 다양한 독서교육이 강조하고 있다.

유치원교육과정에서도 문학경험을 중심으로 한 총체적 언어의 개념이 부각되면서 언어발달이나 인지, 사회성, 정서 발달 등과 관련하여 문학교육이 중시되고 있다. 맞벌이 가정의 증가나 육아에 대한 어려움을 호소하는 가정의 증가로 인해 유치원이나 어린이집에 다니는 아동의 수가 보다 많아진 상황에서 가정에서의 언어발달 지원을 대신할 교육이 보다 강조되면서 문학이 중요한 교육 매체로 활용되고 있다.

1 유아문학교육의 정의

유아문학교육의 무엇인지 정의하기 위해 유아문학과 책읽기가 어떤 과정인지에 대해 알아보겠다.

1) 유아문학의 정의

유아문학교육의 정의를 내리기 위해서 유아의 개념과 문학, 유아문학 등의 개념을 명확히 할 필요가 있다.

유아를 어느 시기로 볼 것인가에 대해 인간의 발달단계를 구분한 학자들의 일반적인 정의를 따르면 유아기는 2세부터 5세까지의 언어발달이 급속히 이루어지는 시기로 정의하고 있다. 그런데 발달단계를 구분하는 유아의 연령이 명확하지 않다. 피아제(Piaget)는 직관적 사고기인 3세부터 7세까지의 아동을 유아기로 보고 있으며 학자에 따라 24개월 이후부터 만 5세까지를, 또는 만 3세에서 6세까지를 유아기로 보고 있다. 유아교육사전(한국유아교육학회 편, 1997)에서도 유아를 넓게는 0세에서 8세를 지칭하며, 0~2세를 영아로 분리하는 경우는 2세부터 6세를 유아로 본다고 하였다. 우리는 유아교육의 대상을 3세에서 5세까지로 보고 초등학교 입학 이전에 주어지는 교육을 유아교육으로 생각하여 왔으나, 오늘날에는 그 대상 범위가 확대되어 출생에서부터 8세까지의 아동을 대상으로 한 교육(Morrison, 1980), 또는 출생에서 초등학교 저학년까지의 아동을 대상으로 한 교육으로 초등학교의 입학을 기점으로 생긴 발달이나 교육의 구분을 없이 하고 있다(Feinburg & Mindess, 1994).

문학(literature)은 라틴어의 litera에서 유래한 단어로 좁게는 시, 소설, 희곡, 수필 등의 문학작품을 의미하며, 넓게는 문자로 기록된 모든 것을 의미한다.

아놀드(Arnold)는 문학을 글로서 표현된 모든 것이라고 하였으며, 마가렛(Margarett)은 인간의 손이 나무나 그 제품이나 대용품 위에 기록한 모든 것을 문학이라고 광범위하게 정의하고 있다. 반면에 퀸시(Quincey)는 인간 최고의 사상과 감정의 기록을 문학으로, 오스본(Osborne)은 예술적인 언어의 구조를 문학이라 정의하고 있다(강인언 & 김영숙, 1992 재인용). 이렇게 볼 때 문학은 인간의 생각이나 느낌, 상상하는 것들을 언어로 표현하여 읽는 사람으로 하여금 즐거움과 감동, 예술성을 경험하게 하는 것이라 할 수 있다.

유아문학은 아동문학의 범주에 포함되어 있으므로 아동문학의 정의를 통해 유아문학의 정의를 내리고자 한다.

아동문학의 정의를 살펴보면 석용원(1982)은 아동문학은 '작가가 아동이나 동심의 고향으로 돌아가고 싶어 하는 어른에게 읽힐 것을 목적으로 창조한 시, 동화, 소설, 희곡 등의 총칭'이라 정의하고 있으며, 서더랜드와 어버드넛(Sutherland & Arbuthnot, 1991)은 '아동이 읽고 즐기는 책이며 동시에 아동을 위해 쓰여 진 책으로 문학적이고 예술적인 수준을 만족시켜주는 책'이라 정의하고 있다. 유아교육사전에서도 아동문학은 작가가 아동에게 읽힐 것을 목적으로 창작한 특수 문학으로 신화·전설·설화 등의 구비전승 문학과 동화·동요·동시·아동극·소설·실화 등의 창작 문학으로 나눈다고 하였다. Children's dictionary(1996)에서도 문학은 가치 있거나 흥미 있게 쓰여 진 작품들(written works)로 소설, 시나리오, 짧은 이야기, 수필, 시 등을 포함하는 것이라 정의하고 있다.

아동문학이 되기 위해서는 주제·소재 면에서 이상성·환상성을 가져야 하며, 심미성을 고려한 교육성이 있어야 하고, 형식과 내용면에서 단순 명쾌하며, 일반 문학과 같은 예술적 인식과 감동을 주는 것이어야 한다(한국유아교육학회 편, 1997). 아동문학은 아동이나 아동기를 그리워하는 성인을 위해 쓰여 진 작품으로 고도의 문학성과 예술성이 있으며, 아동의 성장발달에 도움이 되면서도 아동들이 즐길 수 있는 글로써 표현된 것의 총칭이라고 정의할 수 있다.

유아문학은 아동문학의 특성을 가지며 아동문학의 범주에 속한다고 볼 수 있다. 여기에 더하여 유아기의 특수성에 맞추어 이해력이나 사고의 범위, 문자 사용 등에 제약을 받는 유아의 특성을 고려한 유아를 위한 문학이다.

2) 책읽기의 의미

책을 읽는다는 것은 다양한 수준의 수많은 정보를 처리하는 높은 수준의 지적 처리 과정이며, 새롭게 의미를 재구성하는 개인의 전략적 사고과정이다. 즉, 책을 읽는 다는 것은 문학을 통해 경험하는 것을 분석하고 종합하며 정리하고 추론하는 등의 사고과정을 통해 책에서 전달하는 의미를 체계적으로 종합하는 능동적이고 전략적 의사소통과정인 것이다.

그레이(Gray, 1984)는 **책을 읽는 과정**을 다음과 같이 말하고 있다.

① 인쇄되고 기록된 기호를 지각하고 인지하는 과정

② 낱말의 유창하고 정확한 인지뿐 아니라 연결된 사고의 연속과정에서 나타나는 특수한 의미를 이해하는 과정

③ 책 읽는 이가 저자의 의도를 이해하는 것은 물론 의미를 반영하고 비판적으로 평가하며 문제해결과정에 이러한 사고를 이용하거나 응용하는 과정

문학경험이란 좁은 개념으로는 책을 읽는다는 것이며, 넓은 개념으로는 책자를 포함한 다양한 형태의 매체, 더 나아가 문화적·자연적 환경과의 의사소통에서 새롭게 의미를 재구성하는 전략적 사고과정이다.

오늘날에는 문학교육의 개념을 설명할 때 독자의 능동적 사고과정을 중시하게 됨으로써 책읽기가 문자의 의미를 도출해내는 해독과정이나 의미전달과정이 아니라 독자가 자신의 경험을 바탕으로 글을 분석하고 종합하고 추론하는 주체적 사고과정으로 보고 있다.

유아교육현장에서의 **유아문학교육**은 유아를 대상으로 이들의 발달적 특성을 고려하여 유아의 언어, 정서, 사회성, 심미감 등의 다양한 분야의 발달을 촉진하는 문학적 경험 하도록 하는 의도적 교육활동이다.

[그림 1-1] 책 읽는 유아

[그림 1-2] 교사가 읽어 주는 이야기 듣기

2 문학경험의 중요성

유아기에 문학적 경험이 중요한 이유를 알아보기 위해 오늘날 현대 사회가 요구하는 인간 능력과 이러한 능력을 길러주는 하나의 방법으로서의 문학의 역할을 소개하고자 한다.

1) 21세기에 요구되는 능력

21세기에 요구되는 인간은 자기 도전을 통해 자신의 잠재력을 개발하는 인간이면서 동시에 자신의 한계를 인정하여 자신이 소유한 것으로부터 스스로 행복을 찾을 수 있는 인간, 더 나아가 폭넓은 사고에 바탕을 둔 판단을 하며, 느낄 줄 아는 인간이다.

이러한 미래 적응적 인간관의 대두와 더불어 가치관도 성취 지향적이고 물질적 가치관이 중시되던 것에서 인간의 내면적 가치를 중시하는 경향으로 바뀌었다.

Mathew(1990)는 정보화 사회에서 요구되는 **인간의 고등정신능력**으로 다음의 사항을 열거하고 있다.

① 어떤 사물이나 사태를 여러 관점에서 볼 수 있는 능력,

② 자신의 관점을 유지하면서 동시에 타인의 관점을 보는 능력,

③ 자신의 사고의 틀을 깨고 고정관념에서 벗어나는 능력

이러한 능력에 더하여 현대를 살아가기 위해서는 스스로 찾아가서 알아보고, 찾아낸 기쁨을 맛보는 자기 학습능력이 필요하다.

이러한 능력을 육성하는 것은 학교교육만으로 어려우며, 실제생활 속에서 경험을 통해 길러져야 하는데, 이 또한 쉬운 일은 아니다. 그런데, 이러한 능력은 책을 통해서는 어느 정도 길러 줄 수 있다. 책을 읽는 과정에서 경험한 다양

한 관점이나 제3자의 시각에서 사태를 조망해 보는 경험 등은 독자가 다양하고 개방적인 관점을 배울 수 있게 하며 책을 통한 지식의 확장은 배움의 기쁨을 맛볼 수 있게 한다.

2) 문학경험을 통해 기를 수 있는 능력

문학경험은 인간의 마음을 순화시키고, 지적인 사고력을 길러준다. 삶의 진실을 배우게 하고 인격 형성에도 도움을 준다. 또한 급변하는 정보화시대에 많은 지식과 정보, 과학 기술을 능동적으로 흡수하는 데 필요한 능력을 길러준다(부산직할시 교육연구원, 1993).

문학경험의 이러한 기능은 최균희(1991)의 연구에서도 잘 보고되고 있으며, 그는 청소년을 대상으로 **독서가 중요한 이유**를 조사하였는데, 그 결과를 보면 다음과 같다.

① 정서순화 및 건전한 가치관 확립에 도움을 준다.
② 책을 통해 삶의 진실을 발견할 수 있다.
③ 교양과 지식을 기를 수 있다.
④ 올바른 사고력과 판단력을 기른다.
⑤ 자아형성 및 언어능력 발달에 기여한다.

이렇듯 청소년 스스로 문학경험의 중요성을 인식하고 있듯이 문학경험은 사고력과 상상력을 길러주고 언어능력을 향상시키는 교육적 효과가 있으며(한윤옥, 1997), 자주적인 학습능력, 자기관리능력과 사람다움을 일깨워 주는 지혜와 정체성 등 전문화 시대를 살아가는 데 요구되는 능력을 기르는 데 도움이 된다(김완기, 1994).

아동은 항상 경험하고 보고 듣고 읽고 쓰고 생각하면서 지식과 정보를 얻는 데 문학경험을 활용하면 효과적으로 이러한 능력을 길러줄 수 있다. 아동은 흥미가 다양하고 호기심이 많으며 열심히 배우려는 열정이 있다. 아동의 이러한 욕구가 건전하게 지속될 수 있도록 돕는 방법으로 문학이 이용될 수 있다. 책에는 지식과 교양도 담겨져 있지만 인간이 인간답게 살아가는 진실 된 모습과 오늘을 살아가는 지혜가 담겨있다. 즉, 건전한 정신과 강인한 의지, 풍부한 정서, 진취적인 생각, 합리적인 문제 해결력, 논리성, 올바른 가치 판단 등을 책을 읽음으로써 배울 수 있다. 또한 문학경험은 사고력, 판단력, 창의력, 표현력을 길러준다.

3) 유아기 문학교육의 필요성

유아기와 아동 전기는 그 발달의 특성 때문에 문학교육이 더욱 요구되고 있다.

(1) 언어 습득

언어습득과정에 있는 유아들에게 있어서 책과의 만남은 문자에 대한 새로운 눈뜸의 동기를 부여하게 된다. 책을 통해 문자에 익숙하여지며, 이야기를 듣고 표현하는 과정에서 문장의 이해력이 신장되고, 표현력이나 언어능력이 길러질 것이다. 특히 유아를 위한 언어교육은 듣기, 말하기, 읽기, 쓰기가 통합적으로 다루어져야 하는데(Sulzby, 1985), 이런 통합적 접근법의 하나로 유아문학이 강력한 교수매체가 된다(William & Fromberg, 1992). 쉬케단츠(Schickedanz, 1986)가 말하였듯이 좋은 그림책을 가지고 즐거운 경험을 많이 한 유아는 글자를 즐기면서 자연스럽게 배우게 된다.

(2) 인격 형성

정신적으로 미숙한 아동들의 인격 형성에 동화책이 큰 역할을 한다. 책 속에 포함되어 있는 삶의 희로애락과 여러 유형의 삶을 간접 체험함으로써 다양한 삶을 이해하고 정서를 순화시킴으로 전인적 발달을 돕는다.

유아기 아동은 호기심과 탐구력을 지니고 있으므로 좋은 책을 보게 하거나, 책을 읽어 줌으로써 지적 호기심을 충족시키고 이에 자극을 받아 현실 세계를 좀 더 넓게 인식하도록 도울 수 있다. 이를 통해 유아는 자기중심성에서 벗어나 사물에 대한 올바른 판단력과 사고력을 지니며, 동시에 상상력과 창의력을 길러 균형 있는 발달을 이루며 경험이 확장됨으로 생활에서 만나는 여러 문제를 간접적 방법을 통해 해결할 수 있게 된다.

(3) 책읽기의 습관화

책을 보는 습관은 어리면 어릴수록 그 습관을 기르는 것이 용이하다. 유아의 호기심, 학습의 욕구, 모방심리 등을 활용하면 어렵지 않게 책 읽는 습관을 형성할 수 있다. 글자 없는 그림책을 통하여 상상력과 추리력, 사고력 등을 신장하고, 다양한 전달 매체를 활용하여 흥미를 유발하고, 즐거움을 경험시킬 수 있다. 막대 인형이나, 손 인형 등을 가지고 스스로 시연도 해봄으로써 책이 놀잇감과 같이 친숙해지고 자신감이나 성취감도 경험할 수 있다. 이러한 활동들은 다른 발달시기보다 유아기에 그 효과를 높일 수 있을 것이다. 책을 가까이하게 되면 책읽기가 생활의 일부로 습관화될 것이다.

(4) 다양한 문학 장르의 경험

유아기는 문학에 대한 기호가 형성되기 이전이므로 다양한 장르의 문학작품을 소개함으로써 문학적 편향성을 미리 예방할 수 있으며, 읽기와 내용이해에 어려움을 겪는 아동을 미리 발견함으로써 읽기와 관련된 문제를 조기에 치료할 수 있다.

유아들에게도 다양한 많은 종류의 문학자료 중 자신에게 필요한 문학작품을 선별할 수 있는 능력과 읽은 내용을 나름대로 분석하고 활용하는 능력이 요구됨에 따라 문학교육의 필요성이 증대되었다고 할 수 있다.

3 유아문학교육의 원리

문학교육은 저절로 이루어지는 것이 아니고, 효과적인 문학교육이 되려면 교사나 전문가의 적절한 지도가 필요하다. 문학교육의 목적과 지도 원리를 살펴보면 다음과 같다.

1) 문학교육의 목적

문학교육의 목적은 크게 세 가지로 나누어 생각할 수 있다. 그 하나는 문학이론을 지도하는 교육이며, 다른 하나는 문학감상을 지도하는 교육, 그리고 문학창작을 지도하는 교육이다.

그동안 유아문학에서는 문학감상 지도에 중점을 두어 왔으나 '6차 유치원 교육과정'부터는 문학경험을 통해 문학감상은 물론 그 감상과 느낌을 그림이나 동작으로 표현하거나 동극 등으로 표현하고 작가처럼 문자언어나 음성언어 등 다양한 방법으로 표현하는 활동이 강조하고 있다(교육부, 1998a, 1998b). 문학표현활동은 창작활동으로 연결되기도 한다.

유아가 자신이 경험한 문학감상의 느낌을 표현해 봄으로써 유아가 작품을 바르게 이해하게 되고 즐거운 경험을 하게 된다. 아울러 미적 인식력과 통찰력을 갖게 되고 바람직한 인성을 형성하게 되며 다양한 표현능력과 창의적 사고력을 기르게 된다.

문학교육의 실천적 목표는 보고·듣고·읽고·쓰고·말하여 의사를 소통하는 기본기술을 개발하고 문학의 이상과 현재, 미래의 해답이 되는 문학을 소개하여 미래에 대비하는 정보력, 학습력, 창조력 등의 능력을 갖게 하는데 있다.

특히 유아기와 초등학교 저학년기의 아동의 문학교육을 위해서는 문학에 대한 흥미의 개발, 문학이해 능력의 양성, 책읽기 습관의 형성에 초점을 두고 다음 사항을 목표로 한다(김효정 외, 1992).

① 그림책에 흥미를 가지게 한다.
② 우리 언어의 아름다움을 느끼게 한다.
③ 정서적 경험을 풍부히 한다.
④ 바른 자세로 바른 글자를 정확히 익히게 한다.
⑤ 우리의 옛날이야기나 전설, 민화 등에 흥미를 가지게 하여 우리 문화에 대한 자긍심을 갖게 한다.
⑥ 여러 종류의 다양한 동화를 접하게 함으로써 다양한 시각을 갖도록 한다.
⑦ 여러 가지 형식과 내용을 가진 책을 접하게 하여 책에 대한 친숙함을 기른다.
⑧ 글의 내용과 표현에 흥미를 가지게 하고 유아의 표현을 격려한다.
⑨ 읽으면서 옳고 그른 것을 알게 한다.

한편 테일러(Taylor, 1983)는 유아에게 문학작품을 경험하게 하는 목적을 다음과 같이 제시하고 있다.

① 풍부한 조기경험을 제공한다.
② 정확한 개념이해를 돕는다.
③ 명료하고 새로운 사고를 구축한다.
④ 의사소통과 사회적 관계를 수립한다.
⑤ 심미적 감상력과 창의적 표현의욕을 증진시킨다.
⑥ 삶의 즐거움을 제공한다.
⑦ 책을 조심성 있게 다루고, 독서에 대한 올바른 태도를 형성하게 한다.

이와 같이 유아에게 문학경험을 시키는 것은 문학이 유아의 발달에 강력한 자극이 되어 유아가 책을 통한 간접 경험을 함으로써, 타고난 천성이 아름답고 올바르게 자라며, 말하기·듣기·읽기·쓰기 등의 언어발달을 도울 수 있기 때문이다. 또한 자연과 사회현상에 대한 개념이해, 등장인물을 통한 성 역할의 이해 등 인간으로서 바른 삶의 방법을 배워나가는 계기가 될 수 있다. 이러한 목표를 통해 문학에 대한 흥미를 유발시키고, 문학이해능력을 양성하며, 책읽기 습관을 형성시킨다는 목적을 이룰 수 있을 것이다.

2) 문학교육의 원리

위에서 살펴본 목표를 달성하기 위해서 유아에게 문학경험을 지도할 때 고려해야 할 문학교육의 원리를 살펴보고자 한다. 문학교육의 원리도 일반교육의 원리와 일치하므로 이를 참고로 문학교육에 적용하였다(인천광역시 교육과학연구원, 1999; 김효정 외, 1992).

(1) 자발성의 원리

문학경험도 스스로 동기화 되어 있을 때 그 효과가 크므로 유아가 자기 동기화되어 자발적으로 문학경험에 참여하도록 지도한다.

(2) 목적의 원리

문학을 경험하는 목적을 인식할 때 교육적 효과를 기대할 수 있으므로 책을 읽는 목적을 분명히 알려준다. 책을 읽는 목적은 정보를 얻기 위한 경우와 즐거운 경험을 하기 위한 경우가 있다.

(3) 선택의 원리

다양한 도서 자료 중에서 자신에게 적절한 책을 스스로 선택할 수 있을 때 문학경험의 효과를 높일 수 있으므로 유아의 책 선택권을 존중해 준다.

(4) 능력의 원리

유아 개개인의 발달 수준과 이해능력에 알맞은 문학자료를 제공할 때 문학교육의 효과가 높다. 따라서 교사는 유아들의 능력을 고려하여 다양한 수준의 책을 제공한다.

(5) 흥미의 원리

책이 매력적이고 유아의 관심 사항과 연결되어 있을 때 책에 대한 집중도가 높다. 따라서 교사는 유아에게 흥미를 끌 수 있는 문학작품을 선택하여 문학교육을 한다.

(6) 통합의 원리

가정생활과 유치원에서의 생활 등 유아의 일상생활이나 각 발달 영역들이 통합되어 있는 내용을 담고 있을 때 문학경험의 효과가 높으므로 유아의 생활이나 발달을 폭 넓게 담고 있는 작품을 선택하여 활동을 전개한다.

(7) 개성화의 원리

문학경험을 통해 유아가 자신의 능력을 발견하고 자아를 확인할 수 있을 때 문학교육의 효과가 높다. 따라서 각 유아가 선호하는 유형의 책을 교육의 자료로 활용한다.

(8) 사회화의 원리

다양한 인간관계를 간접 경험시킴으로써 사회적 적응을 도울 수 있고 사회 속에서의 자신의 위치를 인식하게 한다. 따라서 친구들과의 사랑, 이해, 갈등이나 용서, 화해와 같은 내용을 담고 있는 책을 이용하여 사회화와 관련한 개념을 소개한다.

(9) 환경조성의 원리

유아는 환경의 영향을 지배적으로 받는다. 유아들이 자연스럽게 책을 접할 수 있도록 하고 관련 소품들을 제공하여 풍부한 문학경험을 할 수 있는 교실 환경을 구성하여 유아의 문학경험 활동을 격려한다.

(10) 평가의 원리

문학활동 후에는 교육에 대한 효과를 점검하여 활동목적이 구현되었는지 여부를 평가하고 지도방법을 개선하는데 활용하도록 한다.

(11) 원만한 인간관계의 원리

교육자와 피교육자 간에 친밀감이 형성되어 있을 때 교육활동의 효과가 증진되므로 교사는 유아와 좋은 인간관계를 유지한다.

3) 문학경험의 기능

문학경험의 기능 중 가장 중요한 것은 독자의 인격 형성에 도움이 된다는 것이다. 문학경험이 유아의 인격 형성에 있어 어떠한 역할을 하는지 살펴보겠다.

(1) 경험의 확장

문학은 경험이 확장을 가져와 시야를 넓혀준다. 주인공이나 작가와의 대화나 감정을 주고받게 함으로써 시간과 공간을 초월한 대리경험이 가능하다. 문학경험을 통해 생각하지 못했던 상황과 만나게 되고 이를 간접 체험함으로써 삶을 보는 시각이 달라질 수도 있다.

(2) 사고 발달

문학경험은 사고를 깊게 한다. 책에서 전달하고자 하는 의도나 암시한 바를 알아냄으로 추리적 사고와 상상적 사고 능력이 길러진다. 저자가 사용한 논리를 분석함으로써 논리적 사고능력을 기를 수 있다. 또한 책 속에 담긴 정보와 자신의 기존지식이나 새로운 정보와 비교함으로써 비판적 사고능력을 기를 수 있다.

(3) 정보의 제공과 습득

문학경험은 정보를 제공하며, 새로운 지식과 정보의 습득을 용이하게 한다. 인쇄매체인 책은 전파매체보다 빠르지는 않지만 동시에 많은 지식과 정보를 제공하고, 지속성을 특징으로 한다. 따라서 반복해서 탐구함으로써 상세한 정보를 얻을 수 있다. 문학경험을 통하여 인간의 본질, 생활양식과 문화, 자연과 우주의 질서 등 폭넓은 지식을 얻을 수 있는데 한번 형성된 지식은 새로운 지식을 창출하는 밑거름이 된다.

(4) 즐거움의 제공

문학경험은 즐거움과 여유가 있는 시간을 제공한다. 문학경험 자체가 즐거움과 기쁨을 제공하며, 정신에 영양분을 공급한다.

(5) 자기 이해의 기회 제공

책은 다양한 인간의 모습을 제시하고 있어 책을 읽는 사람이 등장인물들과 자신과 비교해볼 기회를 제공하여 자신을 더 잘 이해하도록 돕는다.

(6) 풍부한 정서 경험

책을 읽음으로써 정서생활을 풍부히 할 수 있다. 책 속에 표현되어 있는 희로애락의 다양한 정서를 경험함으로써 정서를 순화시키고 풍부하게 한다.

(7) 전인적 성장

문학경험은 인간의 전인적 성장을 돕는다. 문학경험을 통해 다양한 간접 경험을 하고 그 속에 담긴 진리를 배우고 내면화시킴으로써 조화로운 인간성을 발달시키고 전인적 성장이 가능하도록 돕는다.

(8) 총제적 언어의 발달

문학경험은 고차원의 정신생활에 필요한 고도의 언어사용능력을 갖도록 도와준다. 동화를 듣고 그 내용을 이해하고 느낌을 표현하는 과정에서 듣고 말하고 읽고 쓰는 경험을 총체적으로 하게 된다.

(9) 학습능력의 신장

문학경험은 기초적 학습능력에서부터 발달에 따른 학습능력의 증진에 도움을 줌은 물론 평생학습능력을 길러주어 평생교육의 바탕을 제공해 준다. 또한 문학을 경험하는 과정에서 집중력과 인내심을 기를 수 있는데, 이 역시 학습과 성취에 필수적인 요소이다.

(10) 창조적 사고력

문학을 통한 간접 경험을 통해 새로운 환경에 적응하는 힘을 길러주어 창조적 적응력을 키울 수 있다.

(11) 잠재적 가능성의 발현

문학경험을 통해 다양한 문화와 인간관계를 간접적으로 경험하게 되어 풍요로운 정서생활을 가능하게 하여 자신의 잠재력을 개발할 수 있도록 돕는다.

(12) 논리적 표현력 배양

문학경험을 통해 배운 논리적 사고는 자신의 의견을 표현하는 경우에도 논리적이 되도록 돕는다.

이상에서 살펴본 바와 같이 유아는 문학경험을 통해 풍부한 교양을 지니게 되고, 정보를 선택하고 적절히 처리하는 능력을 갖게 되며, 생활 속의 문제를 올바르게 처리하고, 올바른 가치관을 지닌 사람으로 성장하게 된다(신헌재 외, 1993; 김경일, 1983; 김종순, 1996).

CHAPTER 2

유아발달과 문학경험

1 유아기 문학경험

유아기 문학경험은 아주 어릴 때 부모의 무릎에서부터 시작되어 유아가 문학작품에 흥미를 보이며 책을 읽게 되고 좋은 독서가로 성장하도록 돕는다. 유아가 좋은 독서가로 성장하도록 돕기 위해서는 먼저 유아가 어떤 도서에 흥미를 보이며, 책을 읽을 능력은 어느 수준에 있는지를 파악하여야 한다.

본 장에서는 문학경험과 관련되는 문학에 대한 흥미의 요인, 문해출현, 유아문학반응, 책읽기 습관의 형성 등을 알아보고자 한다.

1) 문학에 대한 흥미의 요인

문학경험에 흥미를 일으키는 동기는 내적 요인과 외적 요인으로 나누어서 생각할 수 있다.

(1) 내적 요인

문학에 흥미를 갖게 하는 내적인 요인들은 유아의 심리적 특성이나 보상, 모방 등과 관련된 사항이다.

① 기본적 욕구의 충족 : 문학경험을 통해 안전이나 상상, 호기심 등 기본적 욕구를 충족시킬 수 있을 때 문학에 흥미를 보인다.

② 문학경험을 통한 보상 : 문학경험을 통해 성인의 칭찬을 받거나 과제를 해결할 수 있는 경우 문학에 흥미를 갖는다.

③ 문학을 통한 대리 만족 : 현실적으로 충족하지 못하는 욕구를 문학경험을 통해 간접적으로 충족을 하거나 간접 경험을 통해 문제를 해결하는 경우 독서에 대한 흥미를 갖는다.

④ 현실 도피 : 자신의 제약을 벗어나 시간적·공간적·문화적으로 자유를 얻고자 문학에 흥미를 보인다.

⑤ 모방 행위 : 문학경험을 하는 교사나 친구를 따라서 문학경험에 흥미를 갖게 된다.

(2) 외적 요인

문학에 흥미를 갖게 하는 외적인 요인들은 책 자체의 특성이나 환경과 관련된다.

① 책의 외형적 요소 : 책의 표지나, 삽화, 색깔, 글자의 모양과 크기, 책의 모양 등의 외형적 요인이 책을 읽고 싶게 만들기도 한다.

② 독서환경 : 책을 쉽게 접할 수 있어 책을 자주 읽을 수 있는 환경인지 여부가 책에 대한 흥미에 영향을 준다.

③ 성인의 영향 : 주변에 독서에 대한 좋은 모델이 되며, 독서를 격려하는 성인이 있는 경우 독서에 흥미를 갖게 된다.

④ 광고 : 도서에 대한 대중매체를 통한 광고에 접하게 될 때 독서 동기가 유발될 수도 있다.

(3) 유아의 성과 연령

성인의 경우도 어떤 문학작품에 관심을 갖는가는 연령이나 성, 직업, 문화의식 등의 요인에 의해 달라지는데, 아동들도 성과 연령에 의한 책에 대한 홍미가 다르다.

남자 아동은 로봇이나 우주에 관한 이야기, 역사물, 전기에 관심이 있는 반면 여자 아동은 유머가 있는 재미있는 이야기나 환상적 이야기를 더 선호한다.

아동의 연령에 따라 홍미를 보이는 영역이 달라져 연령별로 아동들이 즐기는 이야기 패턴을 형성하는데 어린 아동은 초현실의 반복되는 이야기나 지식이나 숫자, 글자를 소개하는 개념 책, 동물이야기 우화나 전설 등을 선호하며 나이가 들어감에 따라 책의 선택폭도 넓어져 위인들의 일화나 생활동화, 모험이나 탐험이 담긴 이야기, 과학적 지식을 알려주는 과학이야기, 순수 문학작품 등을 좋아한다.

이렇듯 연령에 따라 유아들이 선호하는 이야기 책의 종류와 패턴이 있으므로 건전한 책읽기 습관을 형성시키기 위해서는 각 연령에 맞는 또한 유아의 관심에 따른 책을 선정해서 제공하는 것이 요구된다.

2) 문해출현

문해는 읽고 쓰기를 포괄하는 개념이며, 출현은 형식적인 교수활동이 없이 새로운 능력이 발달하는 것이다.

(1) 문해출현의 정의

문해(literacy)란 글에 대한 읽기·쓰기 능력을 말한다. 인쇄물의 사용과 연관된 활동과 기술로 글자를 해독하고 표시하는 이상의 읽기·쓰기에 대한 태도와 기대, 생활에서 읽기·쓰기 행동이 갖는 의미와 가치에 대한 개념을 포함한다.

CHAPTER 02

읽기는 인쇄물에서 의미를 찾는 능력이고 쓰기는 타인과의 의사소통을 위해 인쇄물을 사용하는 능력이다. 유아가 성인과 같은 관습적인 방법으로 문자언어를 읽고 쓸 수 있는 것은 아니지만 문자언어에 대한 지식을 가지고 있는데 이는 어려서부터 구어를 접하고 책이나 인쇄물을 접하면서 시작된다.

1980년대에 들어와 **문해출현**(emergent literacy)에 관심을 갖게 되었는데(Teale & Sulzby, 1986), 특히 인지 심리, 문화 인류학, 아동발달, 사회적 상호작용 등의 다학문적 접근에서는 기존의 읽기와 쓰기에 대한 성숙으로서 읽기 준비도나 경험의 산물로서의 읽기 준비도에 대한 주장을 거부하고 유아의 문해발달을 재개념화 하였다.

읽기 준비도를 주장하는 입장에서는 유아기가 형식적인 교육을 통해 읽기를 학습하는 데 요구되는 여러 가지 하위 기술들을 준비하는 시기이며 이러한 기술들이 습득되어야 읽기학습이 가능하다고 본다. 따라서 문자언어는 음성언어가 발달된 이후에나 발달되며, 읽기가 쓰기보다 먼저 발달되는 것으로 본다.

문해출현의 입장에서는 유아기가 음성언어와 더불어 문자언어도 함께 발달하는 시기로 본다. 유아들이 생활 속에서 주변의 성인들이 실질적인 목적을 가지고 읽기·쓰기 행위를 하는 것을 지켜보면서 유아 자신도 읽기·쓰기를 시도해 봄으로 읽기·쓰기의 목적과 기능을 이해하고 관습적 의미의 읽기·쓰기를 배우게 된다고 본다.

[그림 2-1] 선과 원이 나타난 끼적이기

[그림 2-2] 글자 형태가 나타난 끼적이기

(2) 문해행동과 발달

문해발달은 유아가 생의 초기에서부터 주변의 문자세계와 적극적으로 접촉하고 상호 작용하는 과정에서 이루어지므로 유아의 문해는 특정형태의 직접적 교수보다는 일상생활 속에서 의미 있고 기능적인 경험으로 제공될 때 발달된다는 입장이다.

Jocob(1984)은 **문해**란 읽기와 쓰기에 관련된 활동이라고 정의하는데 여기서 **읽기**는 책을 보는 것과 같이 자료의 상징적 측면에 주의를 기울여서 인쇄된 자료를 사용하는 것이며, **쓰기**는 인쇄된 자료를 생산하는 일로 글자와 단어를 쓰는 것은 물론 단어를 만들기 위해 적목을 배열하는 것과 같은 활동을 포함하는 것으로 보았다. Morrow(1990)는 유아 문해에 대한 문헌연구에 근거하여 문해행동을 종이 다루기, 읽기, 쓰기 등으로 설명하고 있는데 여기서 종이 다루기는 종이 분류, 뒤섞기, 유심히 바라보기 등을 포함하다. **읽기행동**은 책을 이리저리 만져보는 행동에서 읽는 척하기, 띄엄띄엄 읽기, 이야기 꾸며 말하기, 혼자 읽거나 다른 사람에게 읽어주기 등의 행동이 포함되며, **쓰기행동**에는 그리기, 끼적거리기, 따라 그리기, 베끼기, 받아쓰기, 컴퓨터나 타자로 쓰기, 글자와 유사한 형태로 쓰기, 발명적 쓰기, 인습적 쓰기, 이야기 쓰기 등이 포함된다고 보았다.

유아들은 인쇄된 글자가 사용되고 있는 환경 속에서 인쇄된 글자와 상호 작용하거나 이를 관찰함으로써 언어를 이해하게 되고 인쇄된 문자의 기능을 알게 되는데, 이는 직접적인 교수를 통해서 생기는 것이 아니고 가정과 교육기관에서의 자연스러운 놀이 활동의 결과로서 생기는 것이다(Lomax & McGee, 1987; Sulzby, 1985).

따라서 가정이나 교육기관에서는 유아의 문해학습을 촉진시키는 물리적 환경을 구성해주어야 하는데 예를 들어 음식점 놀이를 할 때 종이와 연필 등의 문해자료를 제공함으로써 간판 만들기, 메뉴 판 만들기를 할 수 있게 된다. 병원 놀이를 할 때는 접수처, 수납처 등을 구성하여 처방전이나 진단서, 영수증 등을 만들어봄으로써 문해경험을 촉진할 수 있다.

3) 유아의 문학에 대한 반응

유아가 문학경험을 하게 되면 이는 문학에 대한 반응을 일으키는데 유아의 문학반응은 책읽기 뿐 아니라 문학감상과 창의적 표현에도 영향을 준다. 유아들은 문학에 대해 여러 방법으로 반응하기 때문에 교사들은 유아의 언어적, 심미적, 신체적인 반응들에 민감해야 한다. 교사들은 유아 혼자에게 또는 집단으로 책을 읽어 주는 과정에서 쉽게 유아들의 주의를 살필 수 있는데, 유아가 문학에 반응하는 방법은 다음과 같다.

[그림 2-3] 집중해서 동화를 듣는 유아들

[그림 2-4] 함께 책을 보는 유아

(1) 신체적 반응

교사가 읽어 주는 책이 유아에게 흥미롭다면 신체적으로 책에 접근하여 그림들을 살피며, 좋아하는 장난감처럼 책을 껴안기도 한다. 반원이나 원상태의 그룹으로 유아들을 앉히고 책을 읽어주다 보면 책이 흥미 있을 때 책을 읽어주는 사람 옆으로 바짝바짝 다가가는 것을 경험하게 된다.

(2) 주의집중

유아들에게 책을 읽어 줄 때, 유아들의 표정을 살피면, 유아들의 주의집중 여부를 알 수 있다. 교사가 책을 빨리 넘기면 유아들은 표정이나 행동으로 변화를 감지하고 유아들이 예측할 수 있거나 반복되는 문구가 나오면 자연스럽게 반복되는 문구나 구절을 따라하는 것을 경험하게 된다.

때때로 유아들의 비언어적 주의집중을 통해 유아들이 진심으로 듣고 있는지 이야기를 이해하는지, 책을 잘 따라가고 있는지를 표현한다. 유아들이 이야기의 상세한 것까지도 집중하는 것은 책에 깊이 몰입하고 있다는 것을 보여주는 증거이다.

(3) 언어적 반응

유아들은 종종 책의 이야기가 재미있는지 여부를 말로써 표현하거나 생활 속에서 들었던 단어나 문장을 표현하거나 놀이 속에 이야기 책에서 나온 어구나 문장을 통합시킴으로써 문학경험에 대한 반응을 표현한다.

(4) 심미적 반응

유아들은 종종 즐겨 읽는 이야기들을 미술, 연극, 이야기 또는 창의적 몸 움직임을 통해 반응한다. 유아들은 좋아하는 책을 그림을 그리거나 끼적거리면서 또는 글을 쓰면서 창의적 표현을 통해 자신들의 느낌을 나타낸다.

(5) 비평적 반응

유아의 문학반응은 우리가 깨닫는 것보다 더 세련되고 깊이가 있다. 유아들의 문학비평을 할 수 없는 것처럼 생각되어지는 것은 평가능력이 없어서가 아니라 어휘가 부족하기 때문일 경우가 많다. 유아들도 궁극적으로 자신들이 좋아하는 작품을 선택할 수 있으며, 작품의 선호도를, 내용의 타당성 등을 표현할 수 있다.

(6) 유아의 반응활동

유아의 문학반응은 교사가 책을 읽고 난 후 반응활동으로 연결시키면 책읽기의 재미를 경험시키고 문학을 통해 통합교육을 제공할 수 있다.

반응활동에는 쓰기, 책 공유하기, 말하기, 토의하기, 극화하기, 예술 활동으로 표현하기 등이 있다.

① **쓰기** : 유아가 읽은 문학작품에 기초하여 작가처럼 글을 쓸 수 있다. 책의 내용을 알리는 기사 쓰기나 주인공이나 저자에게 편지 쓰기 같은 활동이 가능하다.

[그림 2-5] 주인공에게 편지 쓰기

[그림 2-6] 아기돼지 삼형제를 읽고 늑대에게 쓴 편지

② **책 공유하기** : 광고를 만들거나 저자나 주인공에 대해 글이나 말로 표현한다.

[그림 2-7] 공동으로 책 광고지 만들기

[그림 2-8] '팥죽 할머니' 광고

③ **말하기** : 글 없는 책이나 그림 등을 보며 이야기를 말 해볼 수 있다. 이때 녹음기를 이용하여 녹음을 해 두었다가 다시 들어보거나 극 놀이에 활용해 볼 수 있다.

[그림 2-9] 공동으로 책 광고지 만들기

[그림 2-10] 그림을 보며 말하고 동작으로 표현하기

④ **토의하기** : 책을 읽고 그 내용이나 책과 관련된 사항을 논의할 수 있다. 이때는 교사의 질문이 중요한데 논의된 사항을 주제망(webbing)으로 구성해 볼 수 있다. **주제망**은 개념, 정보, 상호관계 등을 시각적으로 표상해 보는 것으로 이해와 학습을 증진시키고 읽기와 쓰기를 연결하여 주며, 문학의 이해를 돕고 즐길 수 있게 한다.

[그림 2-11] 주제망 구성하기

[그림 2-12] 주제망

⑤ **극화** : 마임으로 표현하거나 소리를 내어 읽은 후 몸으로 표현하기, 재미있는 표현을 극적으로 연기하는 것처럼 읽기, 역할놀이, 공연 등 다양한 방법이 사용될 수 있는데, 유아들 간에 또 교사와 유아 간에 대화를 증진시키는 도움이 된다.

[그림 2-13] 동극 배경 만들기

[그림 2-14] '아기 돼지 삼형제' 동극

⑥ **예술 활동** : 많은 유아들은 책을 읽은 후 구어나 문어로 표현하는 것보다는 그림 그리기, 노래 부르기, 춤추기 등을 통해 표현하는데 더 익숙해 있다. 책을 읽고 나서 읽은 내용을 스케치하거나 집단으로 그림을 그릴 수 있으며, 그림을 그리고 나서 그림 내용을 직접 설명해 볼 수도 있다.

[그림 2-15] 동화 듣고 그림 그리기

[그림 2-16] 동화 듣고 춤추기

2 유아의 발달과 문학경험

문학경험이 유아발달에 어떻게 기여할 수 있는지 인지, 정서, 언어 등의 발달 영역과 문학경험과의 관계를 밝히면 다음과 같다.

1) 인지발달과 문학경험

문학경험은 인간발달의 모든 영역에 직접적 또는 간접적으로 영향을 미치고 있는 데 특히 인지발달에 큰 영향을 주고 있다. 즉, 문학경험을 통해 논리적 사고, 과학적 사고, 비판적 사고, 창의적 사고 등이 자연스럽게 길러진다(김지도, 1991; 김중한, 1991; Routhlein & Meinbach, 1991; Moen, 1991).

(1) 과학적 사고의 발달

문학경험은 유아의 과학적 사고능력을 길러준다. 유아는 책읽기를 통해 책 속에 있는 사물이나 현상을 관찰하거나 등장인물이나 사건, 사물의 공통점이나 상이점, 유사점 등을 분류해볼 수 있다. 책 속에 표현된 숫자나 길이, 무게, 시간, 온도 등 단위를 찾아보며 사건의 결과를 예상하거나 숨겨진 내용을 추리해 볼 수 있다. 책에 그려져 있는 자연의 질서를 배운다든지 논리적 귀결을 경험함으로써 과학적 사고를 형성시킬 수 있다.

(2) 창의적 사고의 발달

문학적 경험은 유아가 창의적으로 사고하는데 도움을 준다. 무한한 상상력에 바탕을 둔 책은 유아의 상상력을 자극하고 적절한 재미에 곁들여진 객관적 사실과 논리에 바탕을 둔 전개는 유아의 창의성을 자극한다.

(3) 비판적 사고의 발달

문학적 경험은 유아의 비판적 사고 능력을 길러준다. 책을 읽는 과정에서 저자의 입장과 의도를 파악하고 자신에게 필요한 정보를 선택할 수 있다면 이것이 비판적 글 읽기이다. 유아들에게도 글을 읽는 목적을 제공하며 유아자신의 경험에 비추어 글의 내용을 음미하게 함으로써 비판적 사고능력을 길러 줄 수 있을 것이다. 특히 다양한 장르와 다양한 이야기 구조의 그림책이 이야기 이해력에 도움을 주며, 비판적 사고를 가능하게 한다.

(4) 논리적 사고의 발달

문학적 경험은 유아의 논리적 사고 능력을 길러준다. 논리적 사고는 사물을 논리에 맞게 차근차근 따져 봄으로써 앞뒤에 모순이 없이 바르게 생각하고 판단하는 능력으로 어린 시절의 학습과 경험에 의해 길러진다. 고전이나 명작동화, 전래동화, 창작동화 등의 양서를 읽음으로써 이야기의 객관적 전개와 사건의 갈등과 해결과정, 원인과 결과의 인과 관계, 예측과 상상하기 등을 생각하는 과정에서 자연스럽게 논리적 사고가 가능해진다.

(5) 의사결정 능력의 발달

의사결정이란 문제해결과 관련된 여러 대안들 가운데에서 의도하는 결과를 가져오게 할 하나의 대안을 선택하는 과정이다. 책읽기를 통해 정보를 제공받고 이해력이 증진됨으로 의사결정능력이 길러짐은 물론 어떤 결정이 가져오는 결과를 책을 통해 간접 경험해 볼 수 있다. 책을 읽는 과정에서 길러지는 통찰력과 분별력은 올바른 판단을 가져와 의사결정에 큰 도움이 된다.

2) 정서발달과 문학경험

실제의 세계나 환상의 세계로 구성되어 있는 동화 속의 이야기는 유아의 정서발달을 길러줄 수 있다. 책 속에 소개되어 있는 다양한 감정들, 욕구의 충족 방법, 그리고 갈등 상황에서의 해결 방법 등을 접함으로써 유아 스스로도 다양한 감정을 경험하게 되고, 자신이 느끼는 감정을 명명화 할 수 있으며, 적절한 감정처리 방법도 모색하게 된다. 책을 듣거나 읽으면서 경험하는 정서적 순화는 유아의 정서생활을 풍부하게 해주는 효과가 있다.

3) 언어발달과 문학경험

문학작품 속에는 작가의 감성과 이성이 담긴 정선된 언어표현이 들어있다. 유아는 문학경험을 통해 언어가 사회에서 갖는 의미를 파악하고 기능을 이해하게 되어 언어능력을 발달시킴은 물론 자연스럽게 모국어를 학습하게 된다.

이를 구체적으로 살펴보면 다음과 같다.

(1) 어휘 능력의 증진

문학작품을 읽거나 듣는 동안에 새로운 어휘를 배울 수 있으며, 성숙한 언어

표현에 접하게 된다. 문장 속에서 어휘를 이해하게 되므로 각 어휘가 내포하고 있는 의미를 더 잘 이해고 새로운 단어로의 확장이 가능하여져 실제 사용하는 것보다 더 많은 단어를 배우게 된다. 또한 구어체보다는 문법적 격식을 지키는 문어체에 접하게 되어 보다 완벽한 문장구사 능력이 생긴다고 볼 수 있다.

(2) 듣기교육과 읽기교육

문학경험을 하는 동안 듣기교육과 읽기교육이 자연스럽게 이루어진다. 언어의 발달을 듣기, 읽기, 말하기, 쓰기 등으로 나눌 때 가장 교육이 어려우며 소홀히 여기는 영역이 듣기영역이다. 이야기를 집중해서 잘 듣는 능력은 의사소통에 있어 중요하며, 듣기능력이 다른 언어능력의 기본이 된다. 유아의 경우 대부분의 문학경험이 책을 읽어주고 듣기과정으로 이루어지므로 문학작품을 듣는 과정에서 주의해서 듣기, 감상하면서 듣기, 분석하면서 듣기 등이 가능하여 자연스러운 듣기교육이 이루어지고, 이 과정에서 듣기능력이 발달하게 된다. 동시에 음성언어와 문자언어의 관계를 이해하게 되면서 문자에 노출되고 자연스러운 읽기가 가능해진다.

(3) 말하기의 촉진

책을 읽은 경험은 유아에게 이야기를 할 소재를 제공하여 유아의 말하기를 촉진한다. 뿐만 아니라 책에서 표현되어 있는 정확한 어휘를 배우고 아름다운 언어표현을 배울 수 있는 기회를 갖게 된다. 유아가 문학경험을 하면서 받은 감동은 언어로 표현하려는 욕구를 갖게 하여 언어표현을 촉진하며, 언어적 표현이 어려운 유아의 경우도 인형이나 극화형식을 빌어 언어로 표현하게 된다. 또한 정확히고 적합한 어휘의 선택과 문장구성이 가능하며, 창의적인 언어표현도 발달하게 된다. 많은 이야기를 읽고 들음으로써 이야기의 구성을 이해하게 되고 어떻게 전개될지를 예측함으로써 이야기를 잘 구성하게 된다.

(4) 모국어의 습득

문학경험은 어린 유아에게 모국어에 대한 언어적 감각을 배울 수 있는 기회를 제공한다. 좋은 문학작품에는 작가의 사상이 담겨져 있음은 물론 작가의 민족적 특성이 포함되어 있다. 즉, 은유적 언어 표현, 의성어나 의태어, 언어의 리듬, 고저, 장단 등 말로 표현하기 어려운 언어 고유의 특성이 나타나 있다. 이러한 문학작품을 접하는 동안에 유아는 모국어의 특성과 아름다움을 알게 되고, 모국어의 학습이 가능해 진다.

4) 도덕성 및 사회성 발달과 문학경험

문학경험은 영유아의 사회성 발달과 도덕 개념 발달에 도움을 준다.

(1) 도덕 기준의 제공

유아들을 위해 만들어진 많은 책들은 유아가 속한 사회의 가치와 도덕 기준 등을 담고 있다. 성인들은 문학을 통해 다음 세대에게 전수되기를 기대하는 가치관과 윤리기준을 제공한다. 특히 전래동화의 주제인 권선징악의 기준이나 보은, 효, 정의, 선 등의 가치는 세대와 문화와 관계없이 전수되는 개념들이다. 유아들은 이야기 속에서 이러한 주제에 접하면서 자연스럽게 부모세대의 가치 기준을 배운다.

(2) 사회성 발달

문학 속에는 다양한 사람들이 소개되며 이들이 갈등을 경험하고 해결하는 인간관계의 여러 모습들을 담고 있다. 이러한 경험은 유아들에게 자연스럽게 설득하는 기술이나 양보, 타협, 나누기, 공유하기 등의 개념들을 소개하는 데 이러한 문학작품을 읽게 됨으로써 유아는 대인관계능력을 발달시키게 된다.

3 유아의 욕구와 문학경험

책을 읽는 행위는 단순히 글을 읽는 것이 아니라 이를 통해 독자 자신의 다양한 욕구를 충족시키는 과정이 포함된다. 어린이들이 문학경험을 통해 어떠한 욕구를 충족시킬 수 있는지 슈더랜드와 아브츠넛(Sutherland & Arbuthnot, 1991)은 다음과 같이 설명하고 있다.

1) 안전의 욕구

인간은 심리적·물리적 안전에 대한 욕구를 가지고 있다. 옛날이야기나 동화 속에 표현되어있는 먹음직한 음식, 화려한 옷, 좋은 궁전 등에 대한 묘사는 물질적 보상을 통한 안전을 상징하는 것이다. 인간의 불안과 안전에 대한 갈망을 다룬 옛날이야기나, 전설, 영웅전 등을 읽음으로써 안전의 욕구를 충족시킨다.

'혼자 집을 보았어요(이진수, 1998)'는 혼자 집을 보게 된 경우 느끼는 즐거움과 두려움을 통해 위험과 안전에 관한 내용을 유아들에게 전달하고 있다.

2) 사랑의 욕구

모든 인간은 사랑 받고 사랑하고 싶어 하는 욕구가 있다. 동화 속에 묘사되어 있는 가족관계에서 애정을 주고받는 것을 통해 자연스럽게 타인과의 관계로 발전시킨다. 가정생활을 다룬 이야기를 통해 유복한 가정의 아동은 자신의 행복을 느끼게 되고 그렇지 못한 가정의 아동은 대리만족을 얻을 수 있을 것이다. 인간관계, 우정, 가족관계, 동물과의 애정 등을 이해하고 확인하는 경험을 통해 사랑의 요구를 충족시킨다.

예를 들어 '빨간 고양이 마투(에릭 바튀, 2001)'와 '알은 품은 여우(실비 쇼스, 1994)' 등은 고양이나 여우 등 새를 잡아먹는 동물이 알을 품어 새를 부화시키는 과정에서 사랑이나 우정을 발달시키는 과정에서 자연스럽게 사랑하고 사랑받는 욕구를 충족시킨다.

3) 소속의 욕구

안전에 대한 욕구가 충족이 되면 어딘가에 소속되려는 욕구가 발달되는데, 나에서 출발하여 가족이나 또래집단, 나아가 유치원, 사회, 국가 등에 소속한다는 개념을 발달시키게 된다. 특히 주인공 자신이 소속되고자 하는 부류의 사람들에게 사랑을 받고자 애써나가는 이야기를 통해 독자들도 욕구를 충족시킬 수 있다. 이러한 이야기를 읽음으로써 사회생활을 하는 데 필요한 기본 개념을 형성하게 된다.

예를 들면 '미운 아기오리'는 사랑의 욕구나 가족에 대한 소속의 요구를 나타내고 있다. 또한 '혼자서 집 보는 날(유혜광, 2000)', '엄마 아빠 사랑해요(박명희, 1996)', '무지개 물고기(마루쿠스 피터스, 1994)', '집 나가자 꿀꿀꿀(야큐 마치코, 2000)' 등은 가족이나 동료 간에 사랑과 어디에 속한다는 것이 어떤 의미가 무엇인지를 알게 해주는 동화이다.

4) 성취의 욕구

인간은 무언가를 이루는데서 만족감을 경험한다. 경쟁을 통해 얻게 되는 만족스러운 결과는 인간을 행복하게 하는 요소인데, 아동은 문학작품을 통해 이러한 행복을 맛볼 수 있다. 즉, 책을 통해 대리적 성공을 경험하며, 좌절이나 실패 시 그 극복 방법도 이해하게 됨으로써 성취 욕구를 충족한다.

예를 들면 '토비는 혼자서도 잘해요(프란신느 오먼, 1999)'는 유치원에 가고 돌아오는 하루일과를 보내는 과정에서 길을 잃고 헤매지만 무사히 돌아오면서 성취감을 맛볼 수 있도록 구성되어 있다.

5) 변화의 욕구

인간은 안전을 추구하는 동시에 계속해서 새로운 변화를 시도한다. 휴식이나 놀이는 변화를 추구하는 인간 욕망의 한 부분으로 이해되고 있다. 다른 문화와 세계에 대한 글을 읽음으로써 자신을 잊고 몰두하다가 새로운 기분으로 재도전하게 된다. 유아가 현재 처해있는 일상에서 벗어나 환상적인 이야기나 유머가 있는 이야기를 통해 기쁨과 즐거움을 얻게 되고 새로운 도전과 변화에 대한 욕구를 충족시킨다.

예를 들면 '으쓱 으쓱 아빠 최고(김진우, 1997)'는 아빠가 되고 싶은 변화의 욕구를 충족시켜줄 수 있으며, '카멜레온의 변신(Eric Carie, 1998)'은 변화에 대한 욕구를 반영한다.

6) 호기심의 욕구

인간은 알고자하는 욕구가 강한데 특히 유아는 끈질긴 질문을 통해 자신의 호기심을 표현한다. 책은 알고자하는 기본욕구를 충족시켜주는 확실한 도구로 유아의 탐구욕도 채워줄 수 있다. 즉, 지식과 정보를 얻고, 정확히 알고자하는 욕구는 책을 통해 만족시킬 수 있다.

예를 들면 '기차를 타고(김옥애, 2000)', '기차의 발명(양철우, 1996)' 등은 기차의 종류나 기차가 만들어지는 과정에 대한 이해를 도우며, '밤톨이 귀하 가을이 보냄(라은정, 199)', '봄, 여름, 가을, 겨울(존 버닝험, 1997)'은 계절과 계절의 변화를 알게 하고, '비눗방울 기계(장 피에르 기예, 1997)', '더러운 물 때문이야

(심조원, 2000)' 등은 환경보호의 필요성 등을 강조하고 있다.

7) 아름다움의 욕구

인간은 아름다움을 추구하는데 미적 감각은 눈으로 보이는 것이 아니다. 환상적 이야기나 감성을 풍부히 하는 그림이나 글을 통해 아름다움을 느끼게 되고 미를 추구하게 된다. 시집이나 그림동화 책은 그 자체로도 아름다워 유아에게 예술적 경험을 하게 해줄 뿐 아니라 아름다움과 질서에 대한 감상력과 예술에 대한 심미안을 키워 줄 수 있다. 유아의 경우는 글의 아름다움뿐 아니라 그림이나 삽화를 통해 아름다움을 경험한다.

8) 여가선용의 요구

즐거움을 경험하고 행복하고자 하는 욕구가 책을 읽으면서 보내는 여유로운 시간을 통해 충족된다.

CHAPTER 3

아동문학의 역사적 배경

하나의 인간으로서 아동을 보게 된 것은 근대에 들어오면서 부터이다. 근대 사회의 특징은 경제면에서는 자유경쟁이 가능하게 되었으며 정치면에서는 인간의 자유와 평등을 강조한 것이다. 사상적으로는 개인주의가 팽배하여 인격적으로 독립을 요구하게 되었다. 이러한 사회적 요인은 근대적 아동관의 성립으로 연결되었는데, 아동을 성인과 같은 인격체로 대우하고 전인적 발달에 필요한 교육과 보육의 필요성이 부각되면서 어린이를 위한 문학도 발달되었다.

세계적으로 아동문학이 자리를 잡은 것은 근대에 들어오면서 부터라고 볼 수 있는데 그 기원은 신화나 설화, 민담 등에서 찾아볼 수 있다.

각 나라와 민족은 자연현상이나 종족의 기원, 국가의 탄생, 꽃이나 자연물 등에 대한 각자 나름대로의 설명을 가지고 있고 이를 다음 세대에 전달하는 일을 중요한 교육으로 보았다. 원시시대부터 사회의 연장자나 족장은 부족의 기원이나 역사, 사회의 규율, 모험이나 용맹 등을 자라나는 세대에 전달하였고 이를 통해 종족의 동질성을 유지하려하였다. 직업적으로 이야기를 하는 사람이 등장하면서 이러한 이야기는 좀 더 문학적 체계를 갖추게 되었으며, 전승문학으로 자리를 잡았다. 전승문학은 구전되어오면서 첨삭되는 과정을 거쳐 대중의 구미에 맞는 이야기로 다듬어 졌다. 아이들은 성인의 이야기에서 자신들이 좋아하는 이야기를 적절히 선택하여 즐겼는데, 이렇게 이야기가 세대에서 세대로 전해 내려오면서 아동문학의 기초가 형성되게 되었다.

1 우리나라의 아동문학사

우리나라 아동문학사의 시대적 구분은 학자들마다 조금씩 다르다.

이재철(1978)은 아동문화운동시대(1908~1945)와 아동문학운동시대(1945~)로 크게 구분하고 있으며, 석용원(1982)은 개화기 이전(갑오경장 이전), 개화기(1894~1907), 형성기(1908~1922), 성장기(1923~1939), 수난기(1940~19045), 소생기(1945~1959), 전환기(1960~1969), 팽창기(1970~현재)로 세분화하여 시대를 구분하고 있다. 박춘식(1987)은 아동문화운동 시기(1897~1923), 아동문학의 형성 및 성장 시기(1923~1950), 아동문학의 팽창 및 발전 시기(1950~)로 아동문학사의 시대를 구분하고 있다. 반면 유창근(1997)은 외형적으로는 물론 정신사에서도 큰 변화를 가져온 일제로부터의 독립을 기준으로 아동문학 발아시대(1908~1945)와 아동문학 성장시대(1945~현재)로 나누고 있다.

이들의 시대 구분을 통해 광복이전의 아동문학은 문학 본연의 목적보다는 자라나는 세대에 민족의식을 고취시키고자 하는 문화운동의 성격이 강했음을 알 수 있다.

1) 아동문학의 태동과 아동잡지의 발달

갑오경장(1894)을 기점으로 우리나라는 개화기에 들어서며 어린이를 위한 문학도 시작되었다. 우리나라 아동문학의 태동을 갑오경장 이후 최남선의 '소년'의 창간으로 보는 견해가 지배적이다(이재철, 1978; 유창근, 1997). 이를 시작으로 본다면 우리나라의 아동문학의 역사는 110여년 정도의 짧은 역사를 가지고 있다고 할 수 있다.

아동문학 태동기의 특징은 아동잡지가 발달하였다는 것이다.

육당 최남선에 의해 1908년 11월 1일에 발행된 '소년'은 우리나라 최초의 아동문학잡지로 어린이를 대상으로 한 문예물을 중심으로 편집되었으며, 간행취

지에서도 대한을 소년의 나라로 하고 그 책임을 감당하도록 교도하라고 밝히고 있다. '소년'지는 일제에 의해 발간이 정지된 1911년 5월까지 만 31개월 동안 23호까지 발간되어 되었다.

1913년 1월에는 김여제를 발행자로 한 최초의 아동용 신문인 '붉은 져고리'가 창간되어 동년 7월까지 12호를 내고 폐간되었다. '붉은 져고리'는 문학적 요소를 강화하고 동화, 우화, 동요 등의 문학 장르를 분명히 하여 작품을 소개하고 있다.

'붉은 져고리'가 폐간되자 최남선은 종합교양 잡지인 '아이들보이'와 '새별'지를 동시에 창간하였다. '아이들보이'는 12권을 발행하고 폐간되었으며, '새별'지는 16호를 발간하고 1915년 1월 폐간되기까지 순수 문예지의 역할을 하였다.

이렇듯 아동을 대상으로 한 잡지와 신문들이 출현하게 된 배경은 근대 계몽주의와 민족주의를 기반으로 한 근대교육의 등장과 최남선, 이광수 등을 중심으로 한 아동문단이 형성된 것과 관련 있다고 본다(정혜원, 2008). 가정에서의 교육이 사회의 관심이 되면서 가정에서의 책읽기라는 새로운 문화가 형성 되었고 자녀와 부모가 함께 볼 수 있는 가정 독서물을 요구하게 되었다. 이는 '붉은 져고리'나 '아이들보이' 같은 잡지의 발간으로 이어졌으며 아동용 잡지는 아이들 뿐 아니라 부모들도 함께 읽어보는 가정 독서물의 역할을 담당하였다(권혁준, 2012).

'아이들보이'는 목차나 인명을 제외하고는 한글로 쓰여 져있고, 아동들을 독자로 하였으며, '글꼬느기'란을 두어 독자들의 참여를 독려하기도 하였다. '아이들보이'는 종합교양지를 표방하였으나 잡지의 상당부분을 이야기 형식을 띠는 서사물을 담고 있으며 이는 동화의 형성과 발전에 기여하였다. '아이들보이'에 실린 서사물의 내용을 보면 외국의 옛야기나 동화·우화 등을 번역한 번역물, 우리나라의 옛이야기를 수집하고 고대 소설이나 지방에서 전해 내려오는 옛이야기를 7·5조의 형식으로 재구성 서사물, 교훈과 감동을 주는 이야기, 위인 이야기 등이다(권혁준, 2012).

아동잡지의 폐간으로 발표무대를 상실하였던 아동문학은 1920년대에 소파 방정환의 출현으로 새로운 국면을 맞이하게 된다.

소파 방정환은 1922년 세계명작동화를 번안하여 '사랑의 선물'이라는 동화집을 펴내고 천도교 소년회를 중심으로 동화대회를 개최하였으며, 어린이라는 호칭을 처음 사용하였고 어린이날을 갖게 하였다. 1923년 3월 '어린이' 잡지를 창간하여 본격적인 아동문학이 시작되도록 하였으며, 그 자신도 창작아동장편소설과 동요를 발표하여 아동문학가로 활동하였다. 또한 1923년 5월 아동문화 단체인 색동회를 창립하여 어린이의 보육과 정신지도에도 힘썼다.

이후 신소년(1923~1934), 반도소년(1924~1925), 새벗(1925~1933), 아이생활(1926~1944), 학생(1929~)등의 잡지가 발간되었다. 이를 잡지는 민족의식이라는 공통점을 갖고 있다.

1940년에서 광복이 될 때까지는 우리말의 사용금지와 일본어로의 문학창작을 요구받음으로써 문학의 암흑기를 겪게 된다.

광복과 더불어 신문과 잡지 등이 많이 발행되었다. 1945년 어린이 신문을 선두도 새동무, 별나라, 소학생, 어린이나라, 아동구락부 등이 창간되었으나, 경제적 여건과 독자의 외면, 6·25 사변으로 인해 폐간되었다.

2) 아동문학가 등장과 아동문학단체의 결성

1920년대 아동잡지가 발행되면서 아동문학가들이 작품을 발표할 지면을 많이 갖게 되었는데, 대표적인 아동문학가로는 방정환, 마해송, 윤석중, 이원수, 윤극영, 강소천 등을 들 수 있다. 윤석중은 1932년에 우리나라 최초의 동요집으로 알려진 '윤석중 동요집'과 1933년 최초의 동시집인 '잃어버린 댕기'를 출판하였다.

우리나라 최초의 창작동화는 1923년 '새별'에 발표된 마해송의 '바위나리와 아기별'로 보고 있다.

'바위나리와 아기별'은 우리의 강산에서 흔히 볼 수 있는 바위나리라는 꽃과 아기별이라는 작고 힘없는 존재를 소재로 하고 있다. 이 동화에서는 서로에 대한 염려와 사랑 때문에 바다 속에서 던져져서도 빛을 잃지 않는 아기별과 매년 꽃을 피우는 바위나리의 존재를 통해 일제강점기의 암울한 상황에서도 나라에 대한 사랑을 놓지 않은 작자의 끝없는 조국애를 상징적으로 표현한 것으로 볼 수 있다. '바위나리와 아기별'은 1998년 '길벗 어린이'에서 그림책으로 출판되었다. 마해송은 창작동화시대를 열었으며 1934년 '해송동화집'을 발간하여 순수 동화작가로서 활동을 하였다.

독립과 더불어 많은 단행본이 출판되었으며, 외국의 명작을 번역한 책들도 출판되었다.

동요·동시집으로 윤석중의 '초승달(1946)'과 '굴렁쇠(1948)', 박영종의 '초록별(1946)', 이원수의 '종달새(1948)', 권태응의 '감자꽃(1948)', 김영일의 '다람쥐(1950)' 등이 출판되었다. 동화집으로는 기성옥의 '개구리 선녀(1945)', 마해송의 '토끼와 원숭이(1946)', 이주홍의 '못난 돼지(1946)', 이원수의 '봄잔치(1948)', 노양근의 '열세 동무' 등이 간행되었다. 또한 '이솝이야기', '로빈슨 크루소', '걸리버 여행기', '사랑의 학교', '플란더즈의 개' 등 외국의 명작들도 번역되어 소개되었다.

특히 정부수립 후 '한국문협 아동문학분과 위원회'가 1949년 구성됨으로써 명실공히 문단에서 위치를 확인하게 되었다. 이후 6·25를 거치면서 통속적 문학이 범람하여 아동문학계가 오염되었으나, 마해송, 이원수, 강소천, 이주홍, 김요섭 등을 중심으로 순수문학을 지키려는 노력이 있었으며, 전쟁의 종식과 더불어 문단의 반성으로 아동문학계도 새로운 바람이 불고 본격문학으로서의 위치를 확고히 하였다. 특히 1954년 '한국아동문학회', 1956년 '새싹회', 1957년 '한국동화작가협회' 등 아동문학단체가 결성되고 아동문학단체의 활동이 활발히 시작되었다. 특히 4·19를 겪으면서 아동문학계의 자각과 반성은 이후 아동문학을 발전시키는데 큰 역할을 하였다.

3) 신인 등용문제도의 체계화와 문학상의 수상

신인등단제도의 규준이 명확치 않은 상태에서 이루어지던 신인등용제도가 1960년대 이후 신문의 신춘문예의 부활, 신인상 제도의 등장, 아동문학잡지의 신인 추천제도 등을 통해 보다 체계화되었다. 이들은 새로운 문학풍토를 만드는데 주력하였으며, 작가 층이 두터워지면서 조약돌 동인회(1960), 한국아동극협회(1961), 석류아동문학회(1963), 뉴칠드런문학회(1963), 아동문학 교단동인회(1963), 동시동인회(1968), 한국동화문학론(1969) 등 각종 동인회가 구성되어 활발히 활동하였다. 이들 동인단체 중 몇몇은 동인지를 발간하거나 문학행사를 진행하면서 작품의 질적 향상은 물론 아동문학의 방향을 설정하는데 중요한 역할을 하였다.

한편 그 동안 문학상의 수상대상에서 소외되었던 아동문학가들에게 상이 수여되면서 일반인들의 아동문학에 대한 인식에 변화를 가져왔다. 1957년 마해송이 '자유문학상'을 수상하면서 시작된 수상은 1961년 윤석중이 '3·1 문학상'을, 1963년 강소천이 '5월 문예상'을, 1964년 마해송이 '한국문학상'을 수상하였다. 또한 1966년에는 윤석중과 정홍교가 문화훈장을 수상하였다. 특히 1965년 '소천아동문학상'이 제정되어 아동문단 자체의 문학상제도가 마련되었다. 이후 1967년 '해송동화상', 1968년 '세종아동문학상', 1969년 '한정동아동문학상' 등 시상제도가 정착되어 작가들의 창작의욕을 고취하였다.

우리나라 현대아동문학의 흐름을 개괄해 보면 60년대의 혼미기, 70년대의 자각기, 80년대의 정리기로 대별된다(정진채, 1989). 그런데 80년대의 아동문학은 60년대의 운문중심에서 벗어나 산문문학이 우의를 점한다. 70년대 중반에 창간된 아동문학전문지 '아동문예'와 '아동문학평론'을 중심으로 중편동화와 소설이 발표되었으며, '새벗', '계몽사' 등의 장편동화, 소설 공모를 통해 신인작가들이 대거 등단하게 되면서 산문문학이 활성화되었다. 이들 작품은 사회현실의 병폐를 고발하고 인간성 회복을 주장하고 있다(박상재, 1990).

4) 아동도서의 발달

아동도서는 1980년대 들어와서 급성장을 이루었다. 이는 자녀 교육에 대한 관심과 경제적 여유로 책의 구입이 증가한 때문이다(임동욱 외, 1997).

1969년에는 아동도서가 268종이 발행되어 전체 도서발행 종의 11.6%이던 것이 1990년에는 8700종의 아동도서가 발행되어 전체 발행 종의 20.9%를 차지하였다. 발행 부수도 970년에는 52만 권으로 전체 발행 부수의 10.7%이던 것이 1990년에는 23.5%를 점유하였다. 전체 발행 부수를 보면 참고도서가 1위이고 그 다음이 어린이 도서이나 창작도서 보다는 서구의 동화를 번역한 것이 많은 실정이었다(김효정 외, 1992; 정연우, 1997).

90년대에 들어와서는 사회 각 분야의 문화현상을 어린이 수준에 맞도록 쉽게 서술한 다양한 도서들이 출판되었는데 환경문제, 경제문제, 자연현상, 예술세계 등을 어린이의 수준과 시각에 맞도록 편집해낸 책들이 주종을 이루고 있다. 영상시대에 맞도록 만화로 표현하거나 만화적 요소와 접목시키며, 컬러인쇄가 일반화된 것도 과거와 달라진 점이다. 또한 도서의 연령별 세분화가 꾸준히 시도되고 있으며, 편집이 세련되고 인쇄나 장정, 지질 상태가 고급화되고 있다.

1990년대 중반이후 '보림', '보리', '초방' 등 아동도서를 주로 출판하는 출판사들이 활발히 활동을 하면서 번역동화는 물론 많은 창작동화들이 선보이게 되었다. 특히 우리전통문화를 주제로 한 그림동화가 소개되면서 우리문화에 대한 이해와 자긍심을 갖도록 돕고 있다.

2 세계의 아동문학사

19세기 이전에는 근대적 의미의 아동문학이 성립되지 않은 시기로 신화나 전설, 민화 등을 구전을 통해 아동들이 문학을 경험하던 시대이다.

처음부터 어린이를 대상으로 한 도서가 출판된 것은 아니었다. 초기에는 자녀교육을 목적으로 한 교훈적인 책이나 종교적인 책이 주를 이루었다. 이는 어린이를 위한 것이라기보다는 부모를 위한 것이 많았다. 어린이 문학이 가장 먼저 발달한 나라는 영국이다.

1) 영국의 아동문학

영국에서는 자녀교육을 목적으로 쓰여 진 교과서가 7세기경에 나왔다. 엘드헬름(Aldhelm, 640~709) 주교가 쓴 라틴어 교과서와 베다(Beda)가 쓴 식물에 관한 교과서가 그 예이다.

영국에서 처음 인쇄소를 운영한 캑스턴(William Caxton, 1422~1491)은 가정교육에 관한 교훈적 내용을 담은 '예의 교본(1477)'과 '어머니는 어떻게 딸을 교육하는가(1480)'와 구전되어 오던 '여우 레나드(1481)', '이솝 우화집(1487)' 등을 출판하여 많은 사람이 읽을 수 있게 하였다.

16~17세기에 걸쳐 어린이를 위한 책으로 **혼 북(horn book)**이 있었다. 혼 북의 모양은 손거울처럼 손잡이가 있고 틀로 짜여 진 판에 인쇄된 양피지나 종이가 발라져 있으며, 어린이의 손때가 묻지 않도록 엷은 카버로 씌워져 있다. 내용은 즐겁게 읽을 수 있는 이야기가 아니고 알파벳이나 숫자, 셈 등을 가르치는 학습장이었다. 후일 알파벳을 이야기 속에 넣어 가르치기도 했다(김요섭, 1986).

17세기말에서 18세기에 걸쳐 목판인쇄의 보급으로 한 장으로 된 그림과 이야기를 한데 엮은 **채프 북(chap book)**을 행상인들이 2~3펜스에 팔고 다녔다. 1745년 뉴우베리(John Newbery, 1713~1767)가 '성서와 태양'이라는 상호를 걸고 인쇄소 겸 서점을 개업하면서 어린이를 위한 책이 출판될 수 있었다. 뉴우베리가 채프 북을 만들기 전까지는 책은 고가품으로 일반 서민은 가질 수 없는 것이었다. 채프 북이라는 유래는 정확치 않으나 행상인(chap man)이라는 말에서 유래한 것이 아닌가 짐작한다. 크기는 보통 세로 6인치, 가로 4인치이고, 분량은 표지까지 합하여 24페이지 정도이며, 내용은 다양하여 종교, 초자연, 미신, 옛날이야기, 전설 등을 담고 있었다. 뉴우베리는 민간설화, 전설, 창작품 등 200종의 책을 출판한 것으로 알려져 있으나, 아쉽게도 극히 적은 수만이 현존하고 있다. 이후 유아나 어린이를 위한 문학작품들이 많이 쓰여지면서 어린이 책의 출판도 활발하게 이루어졌다.

그러나 어린이들은 이에 만족하지 않고 성인을 위해 쓰여 진 조나단 스위프트(Jonathan Swift, 1667~1745)의 '걸리버 여행기(1726)'나 다니엘 데포우(Danile Defoe, 1661~1731)의 '로빈슨 크루소(1719)' 등 자신들의 구미에 맞는 책을 읽음으로써 어린이 도서의 필요성을 주장하였다. 18세기에 들어 세계 아동문학사에 큰 영향을 준 작가는 데포우와 스위프트이다.

데포우는 영국의 작가로 그의 소설에는 사회를 개량하려는 청교도적 정신을 표현하고 있다. 그의 작품인 '로빈슨 크루소'는 무인도에서 4년간 혼자 살았다는 해적 알렉산더 셀가크의 생활을 모델로 했다고 전해진다. 로빈슨 크루소는 무인도에 표류한 로빈슨 크루소가 귀국하기까지 겪은 고독한 생활과 그 속에서 겪는 인간 본연의 욕망, 혹은 갈망을 잘 그리고 있다는 평을 받고 있다.

스위프트의 '걸리버 여행기(1726)'는 당시 영국 정치현실을 신랄하게 풍자한 작품이다. 그의 소설은 황당무계한 세계를 사실적 현실로 느끼게 하는 힘이 있다. 전편이 4부로 구성되어 있으며 주인공 걸리버가 가공의 나라에서 겪는 체험을 그리고 있다. 이 작품은 풍부한 상상력과 밑바닥에 감추어진 예리한 사회풍자로 문학사상 불후의 명작이라 평가된다.

2) 프랑스의 아동문학

17세기 중엽 프랑스에서는 라퐁테느가 우화시집(1694)을 만들어내어 어린이들에게 사랑을 받았는데 이는 '이솝우화'와 '여우이야기'에서 소재를 따온 것이라 한다.

이 후 어린이를 위한 책으로 프랑스의 샤를로 빼로(Charles Perrault, 1628~1703)의 '빼로 동화집'이 1697년 나왔다. 빼로는 프랑스의 시인, 작가, 비평가라는 평가를 받고 있는데, 8편의 옛이야기를 모아 재화하여 출판하였다. '빼로 동화집'은 3편의 운문작품과 8편의 산문작품으로 되어있다. 이 동화집에는 구전되어온 민화를 풍자와 교훈을 담아 간결한 표현의 동화로 개작한 것이다. 그 안에 '신데렐라', '긴 장화 신은 고양이', '잠자는 숲 속의 미녀', '빨간 모자', '푸른 수염' 등 오늘날까지 어린이에게 즐겨 읽히는 이야기를 담고 있다. 빼로의 이 같은 업적을 기려 프랑스에서는 그를 '현대 아동문학의 아버지'라는 칭송한다.

3) 독일의 아동문학

19세기 초 독일의 언어학자이고 민속학자인 그림형제는 전승문학을 집대성하였다. 형 야곱 그림(Jacob Grimm, 1785~1863)이 수집한 독일의 민간 설화를 동생인 빌헤름 그림(Wihelm Grimm, 1786~1859)이 재구성하여 펴낸 '어린이와 가정을 위한 동화집(1812)'이 나왔다. 이 동화집 안에는 '백설공주', '브레멘의 음악대', '헨젤과 그레텔', '늑대와 일곱 마리의 염소', '개구리 왕자' 등 200여 편의 민화와 전설이 수록되었다. 그림형제는 전승문학을 아동문학으로 전환하는 데 큰 공헌을 하였다.

4) 서양의 근대 아동문학

근대 아동문학의 시작은 안데르센으로 볼 수 있다. 한스 안데르센(Hans C. Andersen, 1805~1875)은 1835년부터 '어린이를 위한 동화집'을 내기 시작하여 1870년경까지 시가 763편, 동화 163편, 희곡 47편, 소설 14편, 기행문 23편, 전기 11편, 에세이 서간 29편, 풍자문·유머 등 소품 7편 등 총 1,057편에 달하는 작품을 썼다. 특히 그의 작품은 민화를 재화한 것이 아닌 순수 창작물로 창작문학의 기틀을 마련하였다(유창근, 1988). 그의 작품으로는 '그림 없는 그림책', '미운 오리새끼', '인어공주', '벌거숭이 임금님', '눈의 여왕', '바보 한스', '빨간 구두', '성냥팔이 소녀' 등이 있다. 안데르센의 업적을 기려 그를 '아동문학의 왕'이라는 칭호하고 있다(Hazard, 석용원 역, 1980).

안데르센의 동화에는 평민의식이 강하게 흐르고 있으며, 가난과 괴로움 그 자체를 민중화하거나 추상화하지 않고 이를 응축하여 한 개인의 운명으로 상징화하고 있다. 이 때문에 그의 동화는 이대올로기의 벽을 초월하여 보편적 공감대와 생명력을 지지고 있다. 간결한 언어 선택과 기독교 신앙에 기초한 긍정적인 인간관, 다양한 무대 등을 특징으로 한다.

안데르센에서 시작된 아동문학은 영국의 옥스퍼드 대학의 수학 교수인 루이스 캐롤(Lewis Carroll, 1832~1898)이 1865년에 쓴 '이상한 나라의 엘리스'에 이르러 절정을 이룬다. 몸이 아픈 자신의 딸에게 선물로 준 '이상한 나라의 엘리스'는 그동안 아동문학을 지배하던 교훈성을 배제하고 어린이에게 순수한 기쁨과 즐거움을 주기 위해 환상적인 이야기를 담고 있다는 것이 특징이다.

이탈리아에서는 조국 재건을 위한 새로운 정신교육의 목적으로 신문이 많이 발행되었는데 1881년 '유아신문'에 카를로 꼴로디(Carlo Collodi, 1826~1890)가 '나무인형의 에피소드'로 연재한 이야기가 1882년 '피노키오'라는 제목의 책으로 출판되었다. 세계아동문학사의 금자탑이라 일컬어지는 피노키오는 아동에게 순순한 즐거움을 제공하고 인간성에 눈뜨는 계기를 마련하였다.

이후 과학소설의 선구자로 일컬어지는 프랑스의 쥴르 베르느(Jules Verne, 1828~1906)는 상상과 모험의 세계를 과학적이고 사실적인 방법으로 문학에 소개하였다. 1870년 '해저 2만 해리', 1873년 '80일간의 세계일주', 1888년 '15소년 표류기' 등을 발표하였다. 이들 작품은 치밀한 구성과 과학적인 안목으로 아동문학의 새로운 장을 열었다.

한편 동물을 주인공으로 한 작품들이 등장하였는데 본젤스(Waldemar Bonsels, 1881~1952)는 벌을 주인공으로 한 '꿀벌 마야의 모험(1912)'을, 오스트리아의 잘텐(Felix Salten, 1869~1945)은 사슴을 주인공을 한 '밤비(1923)'를 출간하였다.

이밖에도 스토우(Harriet E. B. Stowe, 1811~1896) 부인의 '톰 아저씨의 오두막(1852)', 올코트(Lousia M. Alcott, 1832~1888)의 '작은 아씨들(1868~1869)' 마크 트웨인(Mark Twain, 1835~1910)의 '톰 소여의 모험(1876)', '허클베리 핀의 모험(1884)' 등과 1904년과 1906년 그리고 1911년에 세 편의 시리즈로 나온 '피터 팬' 1934년부터 나온 '메리 포핀스'의 시리즈 등의 도서들이 출판되었다.

5) 유아들을 위한 그림책

20세기에 들어서는 유아를 위한 좋은 작품들도 출판되었다.

독일인 의사 호프먼(Heinrich Hoffmann, 1809~1894)의 '게으른 피터(1845)' 반너만(Hellen Banneman, 1862~1946)의 '꼬마검둥이 삼보(1899)', 포터(Beatrix Potter, 1866~1943)의 '피터 토끼(1903)', 밀르(A. S. Milne, 1882~1956)의 '아기 곰 푸우(1926)', 등이 출판되면서 코메니우스(J. A. Comenius, 1592~1670)의 '세계도회(1658)'에서 시작된 그림책의 역사가 발전하기에 이르렀다.

특히 1938년 삽화가인 렌돌프 칼데콧(Randolph Caldecott, 1845~1915)을 기념하여 아동도서 중 우수한 삽화를 그린 작가에게 주어지는 칼데콧 상이 제정된 이후 다양한 그림의 아동도서가 선보이게 되었다.

칼테콧 상은 미국 도서관협회가 매년 전년도에 미국에서 출판된 그림책 중에서 가장 아름다운 삽화를 그린 작가에게 수여하는 상이다. 칼데콧 상은 칼테코 수상작(메달)과 칼테콧 영예(아너)로 나뉘는 데 칼테콧 메달은 한명에게 주어지며 책에 골드메달이 붙게 된다. 칼테콧 아너는 1명에서 5명까지 주어지는데, 실버메달을 수여한다. 칼테콧 상 수상작 중 우리나라에 번역되어 출간된 대표적인 작품들은 비룡소의 '피터의 안경'과 '눈 오는 날'이, 시공주니어의 '깊은 밤 부엌에서', '작은 집 이야기', '태양으로 날아간 화살', 보림의 '모기는 왜 귓가에서 앵앵거릴까?', 베틀북의 '요셉의 작고 낡은 오버코트가', '시간 상자' 등이 있으며, 이외에도 많은 칼테콧 수상작이 번역 출간되었다.

CHAPTER 4

아동문학의 장르

문학자료란 넓은 의미로는 정보매체를 종합하여 읽는 행동을 하게 하는 자료를 말하며, 좁은 의미로는 인쇄된 자료, 또는 쓰인 자료로 문자기호로 읽는 자료를 말한다. 유아문학의 자료로는 그림책, 이야기 책, 동화, 소설 및 희곡, 역사 및 전기, 시와 노래책, 비소설, 과학 및 학습도서, 유머집과 수수께끼 집, 신문과 잡지 등을 들 수 있다(김효정 외, 1997).

아동문학이란 아동을 위한 문학이다. 작가가 어린이를 위하여, 그리고 순수한 동심을 향유하려는 어른을 위하여 창작한 시, 동화, 소설, 희곡 등을 총칭한 것이다. 문학의 장르 구분은 아리스토텔레스의 시학에서 비롯한다. 아리스토텔레스는 문학의 장르를 세 장르로 구분하여 서정, 서사, 극 등의 삼분법을 제시하고 있다. 문학의 장르를 가장 간략하게 분류하는 방법은 운문과 산문으로 분류하는 이분법이다(강정규, 1999).

1 운문적 장르

운문적 장르는 문자배열에 규칙이 있어 운율이 있는 문학 형태로 동요와 동시가 있다.

1) 동요

정형률에 충실하고 리듬과 음악성을 중요시하는데 민요와 전래동요도 여기에 속한다.

동요는 어린이의 감정이나 심리를 나타내는 정형시로 노래가사로 불려 질 수 있는 구어로 이루어져 있으며, 3·4조, 4·4조, 7·5조의 정형률을 특징으로 한다. 단순한 내용과 어린이의 순박한 감정을 표현하고 있어 누구나 쉽고 즐겁게 부를 수 있으며, 이 과정에서 동심의 아름다움을 느낄 수 있다.

일정한 작가가 없이 예로부터 전해져 내려온 동요를 전래동요라 하며, 이들 전래동요 중 시대의 흐름에 따라 첨삭 소멸되고 재발생하는 과정을 거쳐 수집 정리된 것을 구전동요라 한다. 또한 전래동요 중에 구전되는 과정에서 문헌에 기재 된 것을 기재동요라 한다. 우리나라 최초의 동요는 삼국시대에 만들어졌다고 전해지는 서동요이며, 1920년대 들어와서야 개인 작가들에 의해 만들어진 창작동요가 등장한다.

전래동요는 그 시대상이나 여론, 민심을 반영한다. 예로부터 현재까지 작자와 시청자가 따로 없는 대중의 작품으로 입에서 입으로 전하여 방방곡곡 전파하는 힘을 가진다. 이러한 과정에서 작품이 변모되면서 아동의 마음에 맞게 다듬어진 노래로 일반 대중에 맞는 쉬운 형식과 보편적인 내용을 담게 된다. 전래동화가 갖는 계급의식이나 비판의식 없으며, 농경생활과 유교를 중심으로 한 도덕성을 내포하고 있다. 소재가 다양하고, 직선적인 표현, 솔직한 비유, 순진한 감정 등이 특징이다.

넓은 의미에서 동요와 동시는 다 같은 시의 범주에 속하나 동요는 동시와는 달리 리듬에 의한 음악성과 함께 노랫말 자체에 즐거움의 요소가 강한 것이 특징이어서 어린이는 물론 어른들에게까지 가장 폭넓게 동심의 공감대를 형성하고 확산시킨다.

첸트(chant)나 마더구스(mother goose)는 어린이들이 좋아하는 운율이 담긴 시로 모국어의 가장 기본적인 모습이 남아있는 것으로 평가되고 있다. 어머니에 의해 아이에게 전달되던 첸트나 마더구스는 오늘날에는 유아교육기관에서 활용되는데, 유아들과 합창을 하거나 극화놀이, 역할놀이 등에 응용되며 손유희로도 사용된다. 특히 말을 더듬는 유아의 경우 동요를 활용하면 말하기에 두려움을 없애주므로 유용하다.

2) 동시

동시는 어린이다운 심리와 감정을 소재로 특별한 형식의 틀이나 규범에 묶이지 않고 자유롭게 쓰는 것이다. 인간 내면의 정감을 걸러서 운율적인 문장에 담아 압축된 문장, 선정된 언어, 인간 내면의 깊은 사상과 서정의 함축, 은유, 비유, 상징적 이미지가 강하다는 것이 특징이다. 동시는 형식상 특징에 따라 또 내용상 특징에 따라 다음과 같이 분류한다(이상현, 1987).

(1) 형식상 분류

동시를 그 형식에 따라 부류하면 자유 동시, 산문 동시, 장 동시, 동화 동시 등으로 나눌 수 있다.

① 자유 동시 : 형식에 구애 없이 자유롭게 써진 시

② 산문 동시 : 형식상으로 자유시에 속하면서 산문적 서술의 성격이 강한 시

③ 장 동시 : 자유시처럼 함축성이 있고 상징 또는 비유적 방법으로 쓰이면서 시의 길이가 진 것이 특징인 시

④ 동화 동시 : 시이면서도 형식면에서 양적으로 길고 내용 면에서 동화처럼 어떤 사건의 전개나 이야기가 있는 줄거리를 갖는 것이 특징인 시

(2) 내용상 분류

동시를 내용에 따라 분류하면 서정 동시, 생활 동시, 이미지 동시 등으로 나뉜다.

① **서정 동시** : 시의 소재나 내용이 자연과의 교감이나 감동을 주로 하여 형상화한 시

② **생활 동시** : 시의 소재나 주제내용이 아동의 실제생활을 사실적으로 표현하여 쓴 시

③ **이미지 동시** : 어떤 사물이나 그 사물을 통해 인식된 결과를 직접적으로 표현하기보다는 마음속에서 여과하고 다시 걸러진 이미지를 위주로 하여 형상화한 추상성이 강한 시.

2 산문적 장르

운율이나 음절의 수에 관계없이 자유롭게 쓴 글인 산문적 장르는 옛이야기부터 평론까지 다양하게 분류된다(강정규, 1999).

1) 옛이야기

옛이야기는 독일어의 메르헨이나 영어의 페어리 테일(fairy tale)을 비롯한 설화, 전설, 민화, 전래동화 등을 말한다.

(1) 신화

신화는 동화발생의 기원이며 인간의 세계관과 인생관을 제시하는 가장 원초

적인 문학 형태이다. 신들이 주인공이 되는 상징적인 이야기를 통해 우주의 기원과 발생, 인간의 유래와 운명, 세계의 본질과 장래, 인생의 슬픔, 절망, 두려움, 사물의 근원 등을 암시하는 내용을 담고 있다.

(2) 전래동화

전래동화는 민간에서 발생한 민중과 그 자녀를 위한 소박한 이야기로 그 나라의 민족성과 자연환경을 반영하고 있음은 물론 그 당시 사회의 종교 관습, 미신, 역사 등을 반영한다.

2) 동화

작가가 동심을 바탕으로 창작한 이야기로 환상적 요소가 강하다. 예술성을 강조한 본격동화와 생활 속에서 소재를 취하는 생활동화로 나뉜다. 생활동화는 아동의 일상생활과 주변 환경에서 소재를 찾고 동시대의 비슷한 또래의 경험을 다루고 있기 때문에 감정이입과 이해가 쉬워 쉽게 동일시가 이루어진다.

동화의 구성요소로는 여러 시각에서 볼 수 있는데, 여기서는 주제, 구성, 문체, 인물, 배경, 사건, 시점 등을 소개하고자 한다.

(1) 동화의 주제

주제(thema)는 이야기 속에 흐르는 작가의 생각과 작품의 중심 사상을 의미한다. 동화의 주제는 아동에 대한 교육적 영향력을 고려하여 인간의 존엄성, 기본적인 인권, 협동, 근면, 평화, 공평, 정의, 조국애 등에 뿌리를 두는 경우가 많으며 자연의 아름다움이나 동물과 식물의 생명에 대한 외경심, 가족 간의 사랑, 우정, 인내와 용기, 모험 등 아동의 꿈과 상상에 근거하기도 한다. 이를 볼 때 동화의 주제는 인류의 보편적 진리를 담고 있다.

(2) 동화의 구성

구성(plot)은 이야기를 살아 움직이게 하는 힘이며 작가가 주제를 전개해 나가는 기술로 짜임새라고도 하는데 작품의 형태(form)와 구조(structure)의 두 측면을 함께 검토하여야 하며 동시에 문체와 리듬도 고려해야 한다. 유아를 대상으로 한 동화에서 구성은 단순 간결하면서도 힘이 있어야 한다. 너무 복잡하게 얽힐 경우 이야기의 흐름을 따라 잡기 어려워지는 경우가 있기 때문이다.

구성은 흥미와 호기심을 자극하는 발단, 통일성과 간결성을 가지는 전개, 긴장감이 도는 위기, 강력한 갈등의 절정, 그리고 안도감을 주는 결말로 이루어진다.

① 발단

발단단계는 사건의 실마리로 독자의 흥미와 관심을 불러일으키는 역할을 한다. 이를 위해 작품의 주제를 암시하거나 주요한 사건을 제시하기도 하는 등 다양하게 전개되어질 수 있다. 실마리는 간결 명쾌하여 지루한 느낌을 주지 않아야 하며, 유아들이 공통적으로 흥미를 보이는 제재를 사용하여 감각에 호소하는 표현이 좋다.

② 전계

전개단계는 내용이 무르익는 과정으로 사건이 얽히고 갈등이 시작되는 단계이다. 등장인물의 성격이나 사건이 필연적인 인과율에 의한 유기적 통일을 유지하며 주제에서 벗어나지 않아야 한다.

③ 위기

위기단계는 전개단계에서 시작된 갈등이 발전하는 단계로 전개단계부터 이어온 긴장감이 지속되어야 한다.

④ 절정

절정단계는 대단원 또는 클라이맥스라고 하는데, 발단단계에서 뿌려진 흥미의 씨앗이 꽃을 피우는 흥미가 절정에 이르는 단계이다. 이 단계에서 흥미와 정서의 절정을 경험하도록 하여야하며 절망이나 곤혹보다는 기쁨, 즐거움, 행복 등의 쾌 정서를 경험하도록 하는 것이 좋다.

⑤ 결말

결말단계는 이야기의 끝으로 긴장감을 풀어주고 참된 즐거움과 안도의 순간을 가져오기 위해서도 필요하므로 명쾌한 결말이 좋으며, 교훈을 열거하는 것은 바람직하지 않다.

(3) 동화의 문체

문체(style)는 작가의 개성의 산물인 문장 스타일을 말한다. 동화의 문체는 독자의 발달 상태와 언어능력, 그리고 언어가 유아에게 미칠 정서적 영향 등을 고려하여 쉽고 재미있는 것이 좋다.

유아를 위한 동화를 선택할 때 동화의 문체는 다음의 사항을 고려하여야 한다.

① 유아의 이해를 돕기 위해 유아들이 일상적으로 사용하는 언어 중에서 적절한 낱말을 선택하는 것이 좋다. 동시에 새로운 낱말을 익혀 지적인식의 범위를 넓힐 수 있도록 배려해야 한다.

② 사고의 혼란과 지루함을 막기 위해 문장의 길이가 짧고 구조가 단순한 것이 좋다.

③ 유아의 언어학습에 도움이 되도록 바른 단어와 표준어를 사용하는 것이 좋다. 때로 등장인물의 성격을 드러내고자 사투리를 쓰는 경우도 있으나 기본적으로 바탕글은 표준어를 사용하는 것이 좋다.

④ 비유법을 적절히 사용하여 상상력을 자극하고 연상을 하도록 돕는다. 이때 지나치게 암시적이 되지 않도록 한다.

⑤ 유아는 구체적인 이름에 친근감을 느끼므로 동화에서는 3인칭 대명사인 그, 그녀, 그들 등은 피하고 이름을 불러준다.

⑥ 문장자체에서 감흥을 느끼도록 적당한 리듬과 속도, 톤 등을 유지하고 반복을 통해 리듬감과 생동감을 주어 율동적 문장을 만드는 것이 좋다.

⑦ 동화의 문장은 존대 구어체인 '습니다'가 일반적으로 아동을 존중하는 작가의 의도를 담고 있어 아동이 친근해 한다. 내용에 따라 적절한 문체를 선택할 수 있으나 보통은 존대구어체 문장이 좋다.

(4) 동화의 인물

동화 속의 인물은 이야기를 이끌어 가는 힘이며, 중심으로 고유한 성격을 지니고 있어야 한다. 아동은 동화 속의 등장인물을 실제인물로 생각하거나 친구로 생각하므로 쉽게 동일시하거나 공감할 수 있는 인물이어야 한다. 동화 속의 인물은 아동이어야만 하는 것은 아니며 어른이나 동식물을 비롯한 사물이 될 수도 있는데, 사물의 경우 성격을 부여하여 인격화 한다. 아동은 지혜롭고, 용감하며, 외모가 좋은 주인공을 선호하기는 하나 지나치게 모범적인 판에 박힌 전형적인 주인공을 쉽게 잊을 수 있으므로(이상금·장영희, 1996) 개성이 있고 생동감 있는 주인을 등장시키는 것이 좋다.

(5) 동화의 배경

배경(setting)은 이야기가 전개되는 공간과 시간을 의미한다. 이야기 속에서 배경이 상세하게 묘사될 필요는 없으나 이야기의 현실감을 위해 배경을 밝힐 필요가 있다. 배경에 대한 묘사는 동화의 앞부분에 나오는데, 이는 이야기의 바탕이 되는 상황설정과 배경이 밀접한 관계가 있기 때문이다. 생활동화에서는 배경이 가정, 학교, 골목 등 아동의 생활의 장과 일치하나 환상동화에서는 시공을 초월하여 제한이 없다.

(6) 동화의 사건

동화는 사건(story)이 중심이 되어야 한다. 오늘날 동화에서는 인물의 성격이나 상황의 묘사를 강조하기도 하나 사건이 없는 인물의 표현이나 배경의 묘사는 의미가 없다고 할 수 있다. 사건은 계속해서 변화하여야 하는데 독자는 사건의 변화를 통해 호기심과 탐구심을 가지게 된다. 동화 속의 사건은 유아가 친근하게 느끼며, 지적인 욕구를 자극하고 상상력을 길러주며, 생활에 긍정적 변화를 가져올 수 있는 것이 좋다.

(7) 동화의 시점

시점(point of view)은 작가가 이야기를 전개하는 화자의 관점을 말한다. 대체로 주관적 시점과 객관적 시점으로 나누는데, 주관적 시점은 '나'가 관찰자나 사건의 참여자로 자신의 이야기나 자신을 둘러싼 환경의 이야기를 풀어나가는 1인칭 시점을 말한다. 객관적 시점은 제3자의 입장에서 사건을 바라보며 이야기를 전개해나가는 3인칭의 형식을 취한다. 동화의 시점은 하나로 전개되는 것이 좋으며, 다양한 시점을 지닌 여러 동화를 접하는 과정에서 아동은 자기중심성에서 벗어나는 계기를 갖기도 한다.

3) 아동소설

현실적 소재와 사실적 표현 수법을 특징으로 하는 어린이를 위해 창작된 소설이다. 소년 소설이라고도 하며, 내용의 성격을 부각시켜 명랑소설, 탐정소설, 공상과학소설, 해양소설, 모험소설 등으로 나눈다.

4) 아동극 대본

어린이를 대상으로 하는 공연을 위해 쓰여 진 대본이다. 연극을 위한 희곡, 영화 대본인 시나리오, 어린이 방송극본, 뮤지컬 대본 등이 이에 속한다. 공동의 경험을 제공하는 생활지도 목적이나 창의성 표현을 위한 공연발표를 위해 아동들이 참여하는 공연물에 대한 관심이 많아지면서 아동문학가들의 관심을 받고 있는 분야이다.

5) 재화문학

설화나 일반 문학작품을 어린이들이 이해하기 쉽도록 재구성하여 다시 쓴 글이다. 옛날부터 아동에게 들려주던 구전되어 내려 온 구비동화를 소재로 이를 당시대의 유아들의 욕구에 맞게 각색하고 재화하여 동화를 구성한다. 대표적인 재화문학으로는 구비동화를 예술적 동화로 창조한 프랑스의 아동문학가인 사를르 빼로의 '빼로 동화집'이나 독일의 그림 형제의 '가정과 유아를 위한 동화집' 등을 들 수 있다.

우리나라의 경우 1926년에 심선린이 '조선동화 재집성'이라는 동화집을 내어 우리 전래동화를 기록하였다.

현재에도 '이솝 우화'나 '라 퐁텐 우화집' 등은 계속해서 재화되고 있다. '라 퐁텐 우화집'은 '세상에서 가장 지혜로운 이야기'라는 부제를 달고 2001년 출판되기도 하였다.

[그림 4-1] 라 퐁텐 우화집

6) 아동문학평론

문학평론가들에 의해 쓰인 아동문학전반에 관한 비평, 평론, 작가론, 작품론, 서평 등이 있다. 이 분야는 아동들과는 직접적인 관련이 적은데, 아동들을 위한 좋은 문학작품을 선택하려는 부모나 교사들에게 도움이 된다

CHAPTER 5

유아문학의 종류

유아를 위한 문학의 장르도 아동문학의 장르에 포함 될 수 있는데, 유아의 발달적 특성을 고려하여 아동문학의 장르와 구별하여 유아를 위한 문학자료로 활용되고 있는 전래문학, 그림책과 동화, 동요, 아동극 대본 등(조대현, 1996)에 관해 살펴보고자 한다.

유아를 위한 도서의 경우 크게 지능계발용 도서와 그림 동화책으로 구별되는데 지능계발용 도서는 사물의 모양, 색채, 수리감각, 공간감각, 생활 질서와 예절 등을 가르치기 위해서 만들어진 책이며, 그림 동화책은 그림을 통해 이야기를 전달하는 책을 말 한다.

1 전래 문학

유아를 위한 전래문학에는 옛 부터 내려온 이야기로 구전되어 오다가 기록된 신화, 전설, 민담, 전래동화 등이 있다.

1) 신화와 전설, 민담

신화는 신, 여신, 영웅 등이 주인공이 되는 상징적인 이야기를 통해 우주의 기원과 발생, 인간의 유래와 운명, 세계의 본질과 장래, 인생의 슬픔, 기쁨, 절망, 두려움, 사물의 기원 등을 암시하는 내용을 담고 있다. 인간의 세계관, 인생관 등을 제시하는 가장 원초적인 문학 형태로 저자 없이 구전되어온 것이다. 또한 민족 발생적인 것으로 민족적 공감대 위에서 이루어졌다는 특징이 있다(이상금·장영희, 1986).

(1) 다른 나라의 신화

각 나라와 민족이 가지고 있는 신화는 동화발생의 기원이 된다. 오늘날 전해져 내려온 대표적인 신화는 그리스·로마 신화와 북구의 신화인 '엣다'를 들 수 있다.

그리스 신화는 신들의 생활이나 인간과 신들의 갈등과 조화 등의 상상의 세계를 아름다운 언어로 표현하고 있다. 그리스·로마 신화에서의 신은 전지전능한 존재가 아닌 인간처럼 웃고 화내고 슬퍼하는 인간과 신의 중간적인 존재로 그려지고 있다. 이들의 삶을 통한 비유적인 이야기를 통해 인간이 지켜야할 도덕적 의미도 제시한다. 반면 **북구의 '엣다'**는 영웅적 기질을 가진 신들을 통해 불리한 자연조건 속에서 생존하려는 노력과 지혜를 장식성 없는 직접화법의 간결한 언어로 기록하고 있다.

(2) 우리나라의 신화

우리나라의 신화는 건국신화나 개국신화가 대부분으로 개국시조의 유래와 출생에 대한 인간신화이며 난생사상이나 태양숭배사상을 담고 있다. 예를 들면 단군 신화, 박혁거세 신화, 고주몽 신화 등이 있다. 이들 신화는 국조 신화로 문헌에 기록되어 전해져 내려오고 있는데 동화적인 흥미와 내용을 담고 있다.

또한 무가에서 그 원형이 전해져 내려온 구송 신화가 있는데 서울 경기지역에서 전해져 내려온 대표적인 구송 신화인 '바리공주'는 연극으로도 시연되었다.

이밖에도 각 지방에는 별이나 동물과 식물의 기원, 또는 신앙, 애국, 민속 등을 주제로 한 민간설화도 전해져 내려오고 있다. 설화는 어느 민족이나 나라에 예로부터 전승되어 오는 이야기이다. '견우와 직녀', '불개', '백일홍', '큰 도둑 거믄이', 제주의 할망 신화인 '마고할미', '설문대 할망' 등은 오늘날 그림책으로 다시 각색되어 유아를 위한 좋은 문학 소재가 되고 있다.

[그림 5-1] 신화를 모티브로 한 그림동화

2) 전래동화

전래동화는 신화, 전설, 설화, 민담의 형태나 내용을 아동들에게 맞게 개작 또는 재구성하거나 현대적 감각이나 기법으로 재현한 것이다. 따라서 국가나 민족의 생활, 문화 풍속, 사상, 신앙과 정신이 담겨있으며, 옛날부터 구전되어 온 구비문학의 한 형태다(이상현, 1987).

민족마다 조금씩 다른 색채의 전래동화를 가지고 있으나 실은 전래동화의 뿌리는 하나이다. 민화학자들의 연구에 의하면 전래동화의 가장 오래된 뿌리는 중동지역에 있다고 한다. 사람들의 입에서 입으로 시대를 초월하여 전파되므로 전래동화 속에는 각 민족의 꿈과 세계에 대한 해석이 있는가 하면 개인의 인생관과 자기 운명에 대한 이해가 담겨있다(김요섭, 1986).

(1) 전래동화의 역할

전래동화는 그 나라의 민족성과 자연 환경을 담고 있으며 공동의 가치관과 목표를 제시하고 있어 각 사회의 결속제 역할을 하고 사람의 생각과 믿음 행동들을 강화하거나 제재하는 역할을 한다. 또한 당시 사회의 종교, 관습, 미신, 역사 등을 포함하며 인간의 기본적인 정서적 욕구를 충족시키는 기능을 한다. 인간이 공통적으로 갖는 정서적 갈등이나 갈망 등을 상징적으로 표현한다.

전래동화의 소재는 자연이나 동식물, 부모에 대한 오이디푸스적 사랑이나 부모 권위에 대한 증오, 형제간의 사랑과 질투, 희로애락의 인간이 갖는 보편적 감정 등 다양하다. 예를 들어 '헨젤과 그레첼'은 인간이 식욕을 적절히 절제해야 한다는 내용을 담고 있으며, '소가 된 게으름뱅이'는 부지런함을 격려하며 게으름에 대한 강력한 경고의 메시지를 담고 있다.

(2) 우리나라의 전래동화

우리나라의 전래동화는 민중의식을 담고 있어 특권층에 대한 항변을 소재로 하는 동화가 많으며 효, 보은, 우애 등을 강조하는 교육성이 강한 것이 특징이다. 권선징악을 강조하나 악에 대해 소극적이어 악인에 관대하다. 또한 현실세계를 비극적이고 염세적으로 묘사하고 지하나 지상 또는 초현실의 세계를 화려하고 살기 좋은 곳으로 묘사하고 있다는 점이 서양의 전래동화와 다르다. '흥부와 놀부', '해님과 달님', '콩쥐팥쥐', '토끼전', '심청전', '도깨비 방망이', '선녀와 나무꾼', '견우와 직녀' 등은 유아들에게 들려주는 대표적 전래동화 이다(이상현, 1987).

(3) 전래동화의 종류

전래동화의 종류는 여러 가지가 있으나 크게 누적적 이야기, 익살과 유머가 있는 이야기, 동물 이야기, 마술 이야기 등으로 나눌 수 있다.

① 누적적 이야기

사건이 점진적으로 연이어 일어나며 행위는 반복과 반전을 계속하는 이야기로 '욕심 많은 할머니', '금도끼 은도끼', '해와 달이 된 오누이', '팬케이크' 등이 있다.

② 익살과 유머가 있는 이야기

바보나 못난이가 등장하는 우스꽝스럽고 엉뚱한 이야기를 담고 있다. 사회의 권위나 경직된 관념을 풍자함으로써 삶의 진실과 인간의 진실을 보여준다. 예를 들면 '게으름장이 책', '나귀를 이고 가는 이야기'가 있다.

③ 동물 이야기

의인화된 동물이 주인공으로 교훈적 암시가 있다. '브레멘의 음악대', '늑대와 7마리 아기 염소', '아기돼지 삼 형제' 등이 그 예이다.

④ 마술 이야기

요정이나 괴물, 도깨비, 마귀, 거인 등이 등장하여 마술적 힘을 통해 현실에서 얻지 못한 보상을 얻는 내용이 주를 이룬다. 카타르시스적 보상이 특징이며, '소가 된 게으름뱅이', '백설공주', '콩쥐팥쥐' 등이 있다.

(4) 전래동화의 특징

전래동화는 공통적인 특징을 갖고 있는데 이를 살펴보면 다음과 같다.

① 서두와 결말

전래동화의 서두와 결말에는 공통점이 있다. '옛날 옛날에'로 시작하여 '행복하게 살았습니다'로 결론을 맺는다는 특징이 있다.

② 시간과 공간의 초월

전래동화의 시간적 배경과 공간적 배경은 명확하지 않으며 시간과 공간을 초월한다. 전대동화의 시간은 옛날이며, 장소 역시 분명하지 않아 '어느 마을, 어느 숲 속에' 등으로 표현되거나 그 개념이 제시되지 않는다.

③ 표현형식

전래동화는 그 표현형식에서 대립법, 반복법, 소거법, 의인법 등을 많이 사용하며 직접화법을 쓴다. 또한 행동중심의 서술이 많으며 인물, 정경, 심리묘사는 적다.

④ 시간적 순서

전래동화에서는 등장인물의 행동이나 사건의 흐름이 시간적 순서에 따라 순차적으로 전개된다.

⑤ 현실과 환상 세계

전래동화에서는 귀신, 요정, 도깨비, 말하는 동식물 등의 환상적인 주인공이나 등장인물이 등장하며, 사건의 배경도 하늘세계, 지하세계, 바다세계 등의 다양하고 그 왕래도 자유롭게 표현된다.

⑥ 이야기의 구성

전래동화는 이야기가 짧고 구성이 간단하며 극적인 요소와 주제가 분명하다.

⑦ 교훈

전래동화는 권선징악의 도덕률과 인과응보의 윤리관을 담고 있다.

2 그림책

그림책은 이야기가 담겨진 그림으로 시와 같은 본문과 삽화가 함께 있다. 그림만으로도 독자적인 이야기를 만들 수 있으며, 그림이 글의 내용과 단어를 지배하는 형태이거나 적어도 글과 그림이 똑같이 중요시되는 책이다.

1) 그림책의 정의

그림책에 대한 학자들의 정의를 살펴보면 유애로(1982)는 서적의 형태를 갖추고 그림 또는 글이 융합되어 생기는 예술적 소산으로 이야기, 동화, 어린이 주변세계의 사물이나 현상, 동식물이나 기계 등의 관찰을 주로 하는 내용을 가진다고 하였다. 석용원(1990)은 그림책이란 그림과 글이 합쳐서 인쇄된 것으로 문장을 중심으로 한 것이나 문장이 없이는 것 모두 그림책이 될 수 있지만 그림이 없으면 그림책이라고 할 수 없으며 하나의 시각적 질서를 갖는 몇 개의 화면으로 구성되는 것이 그림책의 특징이라고 하였다.

그림책은 '글을 읽지 못하는 아이들이 글 대신 그림으로 이야기를 이해하는 책이 아닌 회화처럼 공간적이면서 영화처럼 시간적인 이미지들이 시의 언어와 만나는 일종의 종합 예술'이라 할 수 있다(최윤정, 2001)

그림동화책은 이야기와 그림이 조화되어 있는 책이다. 인쇄술이 발달되면서 20세기에 들어 크레인(Crein), 그린 어웨이(Green Away), 칼데콧(Caldecott) 등이 삽화가로 활동하면서 다양한 그림이 소개되었다. 이들 책의 특징은 그림과 이야기가 서로 보충해 준다는 것이다. 이야기의 소재는 가족이야기, 친구 관계, 유치원에서의 일, 자연현상, 동물에 관한 것, 새로운 기술의 습득 방법을 소개하거나 태도의 형성을 돕는 등 일상생활에서 경험하는 모든 것을 포함한다.

2) 그림책에서 그림의 역할

코메니우스가 1658년 '세계도회'에 그림을 삽입하면서 시작된 그림책에서 그림은 초기에는 이야기의 줄거리와 내용의 이해를 돕는 역할을 하였으나, 오늘날에는 그림 자체가 훌륭한 이야기를 전달하는 매체로 인식하고 있다(김효정 외, 1992).

그림책은 그림으로 사상과 감정, 주제를 시각적으로 전달한다. 그림에 나타난 형태만이 아니라 색채, 질감, 표현 기법에 따라 인간의 상상력을 통하며, 시각적 간접 경험을 지각하였다가 새로운 개념의 이미지를 접하게 되었을 때 이를 바탕으로 인지가 구성되고 미적인 것에 대한 인식력과 창의력도 길러지게 된다. 특히 유아에게 풍부한 시각적 메시지를 경험하게 함으로써 이야기 내용을 충분히 전달함은 물론 상상력을 오래 동안 지속시키는 효과가 있다(송혜영, 1998)

그림책에서 그림은 전달하고자 하는 메시지와 주인공의 인물묘사를 더 잘 표현하기도 하는데 그림을 통해 유아는 지식과 경험을 재구성하게 되며, 이러한 경험은 상상력을 자극한다. 아직 글을 읽지 못하는 영유아는 책에 있는 그림을 보고 줄거리를 이해하는 동안 이미 알고 있는 사실에 근거하여 지식을 구성하며, 좋은 그림책은 어린이에게 기쁨을 주고 이해의 폭을 넓혀준다(이경우, 1996).

서더랜드와 아브슈낫(Sutherland & Arbuthnot, 1986)은 그림책을 통하여 유아의 삶이 긍정적이고 풍요롭게 되며, 다른 사람의 삶에 대해여 이해할 수 있는 기회를 제공함으로써 유아자신의 삶을 이해하는 데도 도움을 준다고 하였다.

3) 그림책의 종류

그림책의 대상연령은 보통 2~8세 사이로 보는데, 생후 10개월이 되면 그림책에 관심을 보이기 시작하는데 이때는 사물이나 동물, 식물 등의 물체를 인식하는데 도움이 되는 그림책이 좋다. 1세에서 2세경에는 언어가 발달되고, 기본 생활습관을 익히는 시기이므로 올바른 생활습관을 알려주는 생활동화를 반복해서 읽어주는 것이 좋다. 3세에서 4세는 상상력과 호기심이 발달하는 시기로 즐거움을 주면서 상상력을 자극하는 창작그림동화가 좋다. 5세 이후에는 그림책을 통해 자연스럽게 읽기와 쓰기를 익힐 수 있도록 문장이 짧고 글씨가 크며, 내용이 조금 긴 그림책을 주는 것이 좋다.

그림책에는 촉각, 시각, 청각 등의 감각적 경험을 통해 지능을 개발시킬 목적으로 구성된 그림책, 운율과 리듬을 즐기도록 구성된 책, 글자가 없이 그림만으로 구성된 책, 문자를 익히게 할 목적으로 만들어진 가나다 책, 수 개념 형성을 돕는 숫자 책, 사물의 명칭을 가르치기 위한 개념 책 등 그 종류가 다양하다(한윤옥, 1997).

(1) 글자 없는 그림책

읽기 준비도를 형성시키는 데 도움이 되는 책이다. 이런 종류의 책을 통해 책에 대한 이해를 하게 되고 책이 즐거움을 준다는 것을 알게 한다. 글을 읽는데 기초인 위에서 아래로, 왼쪽에서 오른쪽으로의 방향감각을 익히는데 도움이 되며, 앞에서 뒤로 페이지를 넘기면 이야기가 이어진다는 것을 알게 된다. 그림을 보면서 개념을 형성하게 되고 상상력을 키울 수 있으며, 기쁨이나 슬픔, 분노, 성취 등의 감정을 경험하게 된다.

예를 들면 '시간 상자(데이비드 위즈너, 2007)', '빨간 풍선의 모험(엘라 마리, 1995)' 등은 글 없이 그림만으로 구성된 그림책이다.

(2) 장난감 책

장난감 책은 글을 읽기 이전의 유아를 위하여 만들어진 책이나 현재는 장난감과 같은 느낌이 드는 책을 말하며, 책에 대한 흥미를 갖게 하는 효과가 있다. 그림을 입체적으로 꾸미거나 돌출 되도록 꾸민 책, 구멍을 뚫어서 이야기가 연결되게 하거나 잘라서 재미있게 꾸민 책, 인형이나 사물의 모형을 넣어 만든 책 등이 있다(Sutherland & Arbuthnot, 1991, Vandergrift, 1980). 우리나라에도 영아나 유아를 위한 장난감 책이 많이 나오고 있는데, 오감을 경험할 수 있도록 만든 책, 주인공이나 동물 또는 사물의 모양을 본떠 만든 책, 소리가 들리는 책, 색칠을 할 수 있도록 물감 세트가 붙어 있는 책, 리본, 핀 방울 등의 머리 장식이 붙어 있는 책 등 다양한 책들이 나와 있다.

[그림 5-2] 그림책과 개구리, 나비 헝겊 퍼즐

[그림 5-3] 손가락 인형동화

[그림 5-4] 물에서 가지고 노는 책

(3) 가나다 책(알파벳 책)

한글이나 알파벳을 가르치고자 만들어진 도서로 자음이나 모음뿐 아니라 자모음이 들어간 사물을 소개하는 개념 책이기도 하다. 이때 소개되는 사물은 어린이에게 친숙한 것이 좋다.

예를 들면 '무궁화 꽃이 피었습니다(1992)'나 '기역은 공(2002)'은 한글의 자음순서에 따라 자음이 들어가는 동물을 소개한 가나다 책이다.

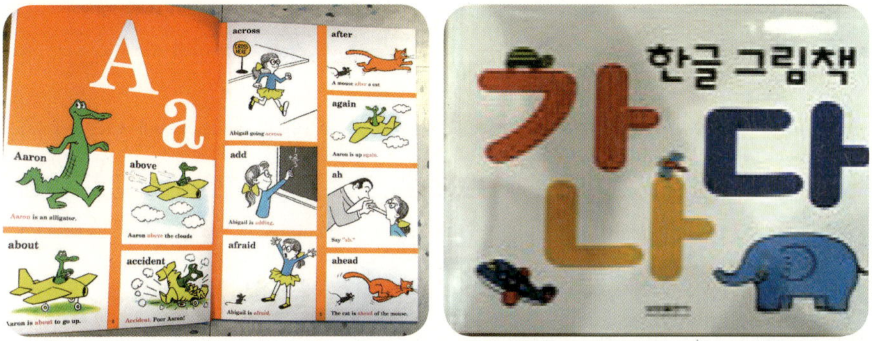

[그림 5-5] 알파벳 책과 가나다 책

(4) 숫자 책

0에서 9까지의 수나 큰 수 세기를 가르치기 위해서 만들어진 책이다. 수만큼의 사물을 제시함으로써 수세기는 물론 수 개념의 형성도 돕는다. 운율을 사용하여 발음을 표현하도록 돕는 책도 있다. 우리의 전래동요인 '하나하면 할머니가'는 유아들에게 서수를 가르쳐주는 내용인데 '숫자풀이(한국어린이육영회, 1994)'로 출간되었으며 '거북이가 풍덩(캐스린 폴웰, 2002)'은 10에서 1까지 숫자를 거꾸로 소개하고 있고 '가족 1, 2, 3(전상경, 1999)은 1~12까지의 숫자를 소개한다. 'Cookie Count(Robert Sabuda, 1997)'는 1부터 숫자가 제시되면서 과자나 케이크 등이 돌출 되어 나오는 pop-up 그림동화로 유아가 홍미를 가지고 수를 배울 수 있다.

[그림 5-6] 숫자 책

(5) 개념 책

언어능력의 발달을 돕고, 사물간의 관계나 분류 등을 배우는 데 도움이 되는 책으로 지능개발용 도서이다. 크기나 시간, 공간, 모양, 도형, 반대말 등 다양한 것이 소재로 사용될 수 있다.

'열어보세요 살짝살짝(예림당, 1996)'은 유아들에게 모양과 도형을 가르치고 있으며 '매운 꿀은 없나요(웅진출판사, 1997)'는 맛에 대한 소개를 하고 있다.

4) 그림의 종류

그림동화책은 그 내용에 따라 물체 그림책, 생활 그림책, 동요·옛이야기 그림책, 창작 이야기 그림책, 관찰 학습 그림책, 명작 그림책 등으로 분류된다.

그런데 어린이가 선호하는 그림의 종류는 이야기의 내용에 따라 달라지며 (Groff, 1977), 그림의 종류가 어린이의 도서 선택에 영향을 준다는 보고(Ramsey, 1982)도 있다. 그림의 종류는 사실화, 반사실화, 추상화, 반추상화, 만화, 민속화 등으로 나누고 있다(한윤옥, 1997; 김세희·현은자, 1995).

(1) 사실화

사물의 윤곽을 정확하고 정밀하게 보이는 그대로 그린 그림으로 대부분의 어린이용 그림책이 여기에 속한다.

(2) 반사실화

사물의 윤곽을 실제보다 생략하여서 그린 그림책이다. 또한 사물의 크기도 강조하는 내용에 따라 사실과 다를 수 있다. 집보다 주인공이 더 크게 크려질 수도 있다.

(3) 추상화

어린이 책에서 추상화는 드문데, 화가가 내용을 형상화하여 표현한 것으로 환상적 경향이 있다.

(4) 반추상화

사물에 대한 화가의 주관적 느낌을 표현하므로 어떤 부분이 강조되거나 생략된다. 예를 들어 '마고할미(정근, 1995)'는 반추상화로 볼 수 있다

(5) 만화

사물의 상황이나 특성을 유머러스한 형태로 표현하여 화가의 느낌이나 감정을 강조하여 그린 그림이다.

(6) 민속화

민속화는 어떤 한 민족의 지배적 분위기를 재창조하고자 표현한 그림이다. 오랜 과거나 단순한 시대를 회상하기 때문에 색깔이나 원근법에서 단순한 것이 특징이다. 예를 들어 '까막 나라에서 온 삽사리(정승각, 1994)'는 민속화이다.

5) 유아가 선호하는 그림

아동도서에서 그림은 책의 전체적 이미지를 형성하는 것이므로 이야기의 주제를 잘 나타내며 동시에 그림으로서의 예술성도 갖고 있어야 한다. 그림은 내용을 이해하는데 도움을 주어 추리형 질문에 대한 오류를 줄이고 책의 내용을 자기지식으로 만드는데 도움이 되는 것으로 보고되고 있다(한윤옥, 1997; Holmes, 1987; Kintsch & Dijk, 1978).

2~3세의 유아는 파스텔 톤의 색조보다는 원색에 강한 반응을 보이며, 5~6세 유아는 그림을 보는데 익숙해져 이야기가 잘 이해되지 않는 부분은 그림을 통해 해석하며, 그림의 변화나 세부적인 묘사를 즐긴다.

계몽아동연구소(1993)의 보고에 따르면 4,5세 유아는 노랑, 분홍, 빨강, 파랑색 순서로 색깔을 좋아하며, 구성주의적 또는 만화적 그림을 좋아하는 것으로 나타났다. 헌트(Hunt, 1991)는 어두운 색보다는 빨강, 노랑, 오렌지, 초록 등의 밝은 색을 선호하며, 추상적인 그림보다는 사실적으로 묘사된 그림을 선호한다고 보고하고 있다.

어린이는 자신이 본 사실적인 것을 책에서 확인하고 싶어하고 자신이 좋아하는 것을 보려하는 경향이 있으므로 그림을 평가할 때는 어린이가 좋아하고 공감하는 그림인가를 우선적으로 고려하여야 하며, 이야기 내용을 잘 전달하고 있는지, 이야기에 기초한 사실적 내용을 잘 표현하고 있는지를 고려하여야 한다(이원복, 1988).

또한 페이지의 공간 활용도와 인쇄된 색상, 선의 처리 등도 고려하여야 한다. 선은 사물의 경계를 나타냄은 물론, 정서적 반응을 표현하는데도 사용되므로 적절한 선 처리가 되어 있는 책이 좋다. 색은 사실에 가까운 색을 사용하는 것이 좋으나 색에 대한 관습적 의미를 부여하는 것은 바람직하지 않다.

그림을 그리기 위하여 사용한 재료와 예술적 기법도 고려의 대상이 된다. 표현재료에 따라 다른 느낌을 주는데, 수채화는 선명하고 투명하여 신선한 느낌을 주고, 파스텔은 환상적이고 부드러운 신비감을 준다. 유화는 붓의 터치를 이용하여 세밀한 변화를 표현할 수 있으며, 수묵화는 여백의 여운과 공간을 살린 화면구성을 통해 민족적 분위기를 나타내 준다(계몽아동연구소, 1993). 따라서 이야기의 내용이나 분위기, 그림의 대상에 따라 적절한 재료가 사용되었는지를 평가하여야 한다.

6) 그림책의 교육적 가치

그림책은 유아가 접하는 최초의 문학경험이며 처음 만나는 독서 자료로 보는 즐거움을 제공할 뿐 아니라 교육적 효과도 있다. 이를 자세히 보면 다음과 같다,

① 그림책은 유아의 경험과 직접 관련되어 아름다운 환상의 세계로 이끌어 심미감을 발달시킨다.
② 그림책을 통해 유아는 자신의 느낌과 행동을 표현하는 방법과 감정을 처리하는 방법 등을 배우며 다양한 정서적 경험을 한다.
③ 그림을 통해 책의 내용을 쉽게 이해하고 작가의 의도를 더 잘 이해하게 된다.
④ 주인공의 표정과 의상을 통해 주인공이나 등장인물에 더 쉽게 동일시할 수 있다.
⑤ 어휘가 없이도 그림의 뜻을 읽도록 하여 창의성을 개발할 수 있다.
⑥ 그림책을 통해 글의 문법체계나 도식을 형성하도록 도와주어 읽기에 대한 준비를 시킨다.
⑦ 그림의 다양한 표현기법을 접함으로써 미술을 알게 하고 그림을 통해 또 다른 예술작업(만들기나 신체표현하기)을 이끌어낸다.
⑧ 그림을 통해 배경을 설정해 주고 생생한 묘사를 해줌으로써 구체적이고 세부적인 것을 관찰하게 해준다.
⑨ 그림책은 유아의 사회화 과정에 영향을 준다. 즉, 그림책을 통해 상대방의 가치를 알게 되며 성역할, 사회규범, 사회적 행동과 반사회적 행동 등을 익혀간다. 더욱이 어린이에게 제시하기 어려운 사회적 가치관을 제시하는 매체로서의 역할을 담당한다.

이상에서 살펴본 바와 같이 유아들은 그림책을 통해 자신의 주위환경을 넘어 바깥 세상에 대해 알게 되고, 옳고 그른 것이 무엇인지를 학습하게 된다. 또한 또래의 유아들에게 기대되는 역할이 무엇인지도 이해하게 되며 성인이 되었을 때 행해야 하는 역할에 대해 배우게 된다(강인언·김영숙, 1988).

3 동화

동화는 유아를 위한 흥미 있는 이야기로 시에 가까운 산문의 표현 형식을 가지며, 그 내용에서 현실과 환상을 담고 있다.

1) 동화의 분류

동화의 구분은 시대에 따라 오랜 옛날부터 구전되어온 전래동화와 근대에 와서 아동문학작가에 의해 창작된 창작동화로 나누어지는데 전래동화는 앞에서 설명하였으므로 여기서는 창작동화를 중심으로 살펴보고자 한다.

창작동화는 작가의 순수한 창작에 의해 쓰여 진 동화로 환상성을 문학적 특성으로 한다. 제작 연대와 작자가 분명하며 소재에 따라 순수문학동화와 생활동화로 나누기도 하고 국적에 따라 외국 동화와 우리나라 동화, 동화의 내용에 따라 환상동화와 생활동화로 나누고 있다. 어린이의 일상생활과 주변 환경에서 소재를 찾는 생활동화는 동시대의 같은 또래의 비슷한 경험을 다루고 있어 감정이입이 쉽고 이해가 쉬워 쉽게 동일시할 수 있다. 옛날이야기와는 달리 체계화된 사상과 객관적이고 논리적인 구성요소가 있어 가공의 세계 속에도 현실성이 존재한다. 또한 불가사의한 세계를 의도적으로 포함시켜 줄거리의 독창성을 유지하기도 한다(김효정 외, 1992).

2) 동화의 특징

유아를 대상으로 하는 창작동화는 유아의 발달특성상 다른 창작물과 구별되는 특징이 있는데, 이를 살펴보면 다음과 같다.

① 성장기 아동이 독자라는 점에서 최대한 이상적인 인간상을 추구한다.

② 자연과 사물의 인격화를 통한 생명과 삶의 가치관을 추구한다.

③ 주제 면에서 사랑과 모험, 권선징악을 보편적으로 수용한다.

④ 예술형식에 있어 작품의 길이가 짧고 문장은 간결하다.

⑤ 미래지향적인 꿈의 문학이다

⑥ 소재 면에서 우주성과 전원성이 강하다.

⑦ 창작기법으로 의인화, 우화적 수법을 자주 활용한다(이상현, 1987).

3) 듣는 동화와 읽는 동화

동화를 형식면에서 보면 구연에 적합한 읽어주는 듣는 동화와 스스로 읽어보는 보는 동화가 있다.

유아를 대상으로 하는 동화는 주로 들려주는 동화로 유아에게 적합한 말로 구성되며 문장이 짧고 율동적이다. 구성이 단순 명쾌하여 한 문장 안에 두 가지 이상의 사건을 담지 않아야 하며 의성어, 의태어 등의 감각적 어휘를 사용한 것이 좋다.

(1) 듣는 동화와 읽는 동화의 비교

듣는 동화와 읽는 동화를 비교하면 다음과 같다(이오덕, 1984).

표 5-1 : 듣는 동화와 읽는 동화

구 분	듣는 동화	읽는 동화
표현 형식	● 말하는 언어로 구성된다. ● 순간적으로 이해되는 말 ● 비슷한 말, 같은 소리의 말은 목소리의 억양에 의해 구별된다. ● 심리적인 표현이나 장면묘사가 어렵다.	● 읽는 언어로 구성된다. ● 어려운 말도 앞뒤를 보거나 되풀이하여 읽음으로써 이해할 수 있다. ● 주어나 술어를 생략할 수 있다. ● 심리, 배경 묘사를 할 수 있다.
대상	● 화자와 청자는 1대 1 또는 1대 1 이상이다. ● 보편적이고 일반적인 말을 쓴다. ● 개성적인 표현이 어렵다.	● 작가와 독자는 1대 1의 관계이다. ● 구체적인 말을 쓴다. ● 개성적인 표현이 가능하다.
내용	● 이야기의 줄거리가 위주가 되며 시적인 분위기나 수필적인 내용은 용납되지 않는다.	● 줄거리가 분명하기는 해야 하나 때로 시적이거나 수필적인 것이 있을 수 있다.
이해 방법	● 청각위주로 이해하여야 한다. ● 목소리의 높낮음과 강약이 중요하다. ● 표정과 제스처로 이해를 돕는다. ● 기타 실물의 제시, 판서, 게시물의 이용이 가능하다.	● 시각에 의존한다. ● 삽화 이외에는 문장 표현이 유일한 수단이다.

(2) 읽어 주기에 좋은 동화의 특징

유아는 직접 읽어야 하는 동화보다는 다른 사람이 들려주는 듣는 동화를 더 많이 경험하게 되므로 읽어주기에 적당한 동화의 특징을 살펴보면 다음과 같다.

① 책의 크기는 유아가 보기에 적당히 커야 한다.

② 그림은 색깔, 선, 단순도 등을 볼 때 단순하고 강한 선으로 확실하게 그려져 있어 잘 보여야 한다.

③ 이야기의 줄거리에 따라 그림 장면에 변화를 주어야 하며, 장면의 전환과 문장의 양이 적당하여야 한다.

④ 한 페이지 당 그림을 적당히 배분하여 줄거리의 중요한 내용이 한 장면에 하나씩 들어가게 한다.

(4) 동화의 교육적 가치

동화 속에는 예술성, 생활성, 정서성, 활동성, 직관성 등을 담고 있어 유아의 인격 형성에 큰 영향을 미친다. 이를 자세히 기술하면 다음과 같다.

① 동화는 유아에게 미의 의식을 길러주고 예술적 심미감을 발달시킨다.

② 동화 속에 포함되어 있는 환상성은 아동에게 현실과 환상의 세계를 대비시켜 실제세계를 분명하게 드러나게 하며, 아동의 상상력을 자극하고 창의력을 길러준다.

③ 동화 속에는 유아의 삶의 특징이 그대로 표현되어 유아의 마음속 깊이 파고드는 실제생활이 담겨있다. 이를 통해 삶의 다양한 경험이 가능해 지며 자신의 주변환경뿐 아니라 주변세계에 대해 보다 잘 이해하게 된다.

④ 유아의 정서적 본능과 닮은 시적 정서가 동화 속에 내재되어 있어 유아가 안정된 마음으로 기쁨을 누리고 일생을 좌우할 도덕적 가치를 학습하게 되어 전인적 발달에 도움이 된다.

⑤ 언어를 매개로 한 문학작품을 통해 듣기와 읽기의 관계를 파악하고 의사소통능력은 물론 이해력과 자기표현능력을 길러준다.

⑥ 일상생활에서 볼 수 있는 사물들이 직관적으로 표현되어 있어 유아의 사고발달에 크게 기여한다. 동시에 개인적인 문제나 사회적 문제에 대한 통찰력을 배우게 된다.

⑦ 유아의 일상과 친숙한 경험과 정서를 다루고 있어 아동이 주인공과 쉽게 동일시하게 되어 심리적 일체감이나 정서적 카타르시스를 경험하게 한다.

⑧ 인간의 삶의 방식을 이해하게 하고, 다양한 삶의 방식을 접하게 되어 전형적인 인간의 모습으로부터 자유로울 수 있다.

⑨ 주인공이 문제를 해결해 나가는 과정을 경험함으로써 현실을 극복할 수 있는 용기와 문제해결 능력, 그리고 삶에 대한 자신감을 길러준다.

4) 동요와 동시

동요와 동시는 짧고 리듬이 있어 유아들이 좋아하는 문학 장르이다.

(1) 동요와 동시의 정의

동요는 어린이의 감정이나 심리를 나타내는 정형시로 노래가사로 불러질 수 있는 구어로 이루어져 있으며, 3·4, 4·4조의 정형율과 단순한 내용을 담고 있다. 어린이의 순박한 감정을 담고 있으며 누구나 쉽고 즐겁게 부를 수 있는 동심의 아름다움을 느낄 수 있다는 것이 특징이다.

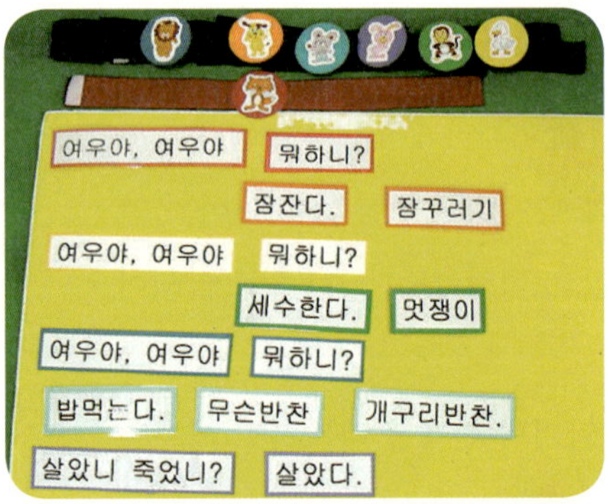

[그림 5-7] 전래동요 '여우야 여우야'

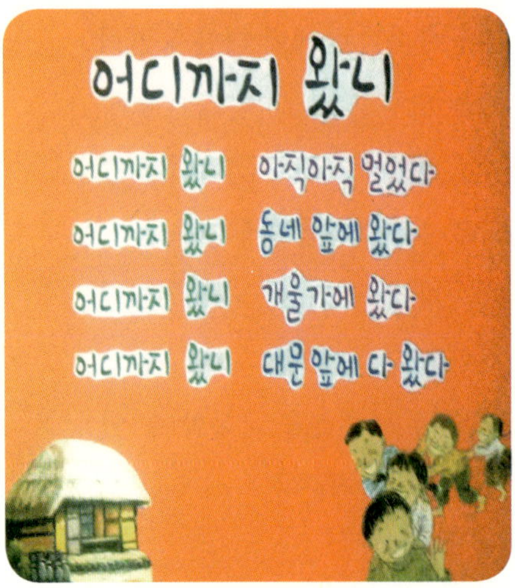

[그림 5-8] 전래동요 '어디까지 왔니?'

전래동요는 민요와 그 맥을 같이 하는데 어린이들이 읽을 수 있는 독서자료로 동요와 동시집이 많이 출판되고 있다. 특히 우리의 전통문화에 관심을 갖으면서 전래동요에도 관심을 갖게 되었는데 한국어린이육영회(2001)에서 출간된 '영아용 사물 그림책'은 전래동요의 리듬을 응용하여 영유아에게 동요를 들려주도록 고안되어있다.

동시는 내용면에서 동요와 비슷하나 형식면에서 가요적 성격이 적고 그 표현이 자유롭다. 어린이다운 심리와 감정을 소재로 인간내면의 감정을 걸러 운율적 문장 속에 담은 것으로 압축된 문장, 농도 짙은 언어, 인간 내면의 깊은 사상과 서정이 깃들여 있는 것이 특징이다.

(2) 유아에게 좋은 동시

어린 아동을 위한 시는 유아가 이해할 수 있는 언어로 써진 간결하면서도 생동감이 있어야 한다. 지나치게 애매하거나 난해한 시나 설교조의 시는 피하고 추상적인 관념보다는 행동을 묘사한 시가 좋다.

뷰커(Burke, 1990)는 좋은 동시의 선택기준을 다음과 같이 제안한다.

① 진실하고 정직한 표현이 담겨있어야 한다.

② 독창적이면서도 정서적인 공감대를 형성할 수 있어야 한다.

③ 언어의 리듬과 운율, 음악적 요소가 뚜렷하여야 한다.

④ 생동감 있는 움직임이 묘사되어 있고 간결한 심상이 있어 그림으로 그릴 수 있어야 한다.

⑤ 듣는 즐거움을 경험할 수 있도록 재미있는 소리를 담고 있어야 한다.

⑥ 분명하고 정확하면서도 상상력을 자극하는 언어로 구성되어 있어야 한다.

⑦ 유아에게 친숙한 소재를 다루고 있어야 한다.

⑧ 전달하고자 하는 주제를 담고 있어야 한다.

⑨ 교사가 읽어보아 재미있고 다시 듣고 싶은 동시가 좋은 동시다.

특히 유아들은 동물이나 사물에 관한 시, 공통적인 경험을 다룬 시, 반복되는 리듬을 가진 시, 의성어나 의태어 등의 재미있는 소리가 포함되어 있는 시, 유아 자신의 이야기를 담은 시 등을 내용으로 하는 시를 좋아한다. 이를 구체적으로 보면 다음과 같다.

① 유아의 성숙단계에 맞는 유아가 이해할 수 있는 언어나 생활체험을 바탕으로 한 언어로 되어 있는 동시.

② 추상적 관념보다는 행동을 묘사한 시.

③ 즐길 수 있는 구체적 이야기나 반복되는 특이한 운율과 리듬을 지닌 시.

④ 긴 시보다는 짧은 시.

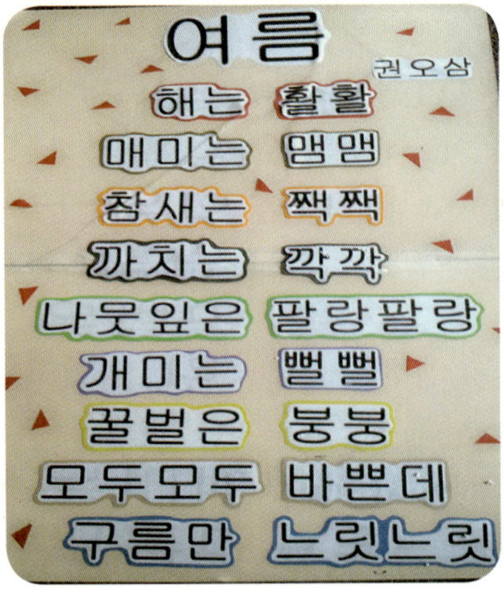

[그림 5-9] 동사 '여름'

이러한 특징을 지닌 동시를 소개하면 [그림 5-9]와 같다. 이 동시는 유아들에게 친숙한 사물을 소재로 하고 있으며 우리 언어의 특성인 의성어와 의태어의 묘미를 맛볼 수 있어 시를 읽을 때 리듬감을 느낄 수 있어 재미있다.

(3) 동시의 교육효과

유아가 시각적 자극인 그림이 없이 처음 접하는 문학경험은 자장가일 것이다. 자장가를 들으면서 익힌 리듬과 음악을 통해 유아는 자연스럽게 동시에 즐길 수 있게 된다. 어린 유아를 위한 동화는 그림과 문장 속에 운율과 반복되는 리듬을 가진 단어들이 들어있어 이것을 읽는 것 자체가 시를 낭송하는 효과가 있다.

유아기에 시적 경험을 많이 하면 시의 아름다움을 경험하고 생각을 자유롭게 표현하게 되며, 더 나아가 자신의 삶을 시적으로 보는 능력을 발달시켜 성인이 되어서도 삶의 활력소로 시를 자연스럽게 받아들이게 된다.

유아들은 동시를 통해 다음의 경험을 하게 된다.

① 정서함양은 물론 유아가 지닌 감정과 상상력을 통한 인간 교육의 기초가 된다. 즉, 풍부한 상상력을 길러준다.

② 선택되고 정선된 시어를 통해 언어의 신비스러운 기능을 체험하며 언어의 아름다움 특히 모국어의 아름다움을 느낄 수 있다.

③ 반복, 리듬, 운율을 통해 혀와 귀에 감각적인 즐거움을 경험할 수 있다.

④ 사물에 대한 직관력을 길러주고 아름다움을 구체적으로 느끼게 해준다.

⑤ 유아들의 감정세계를 풍부히 해줌은 물론 유아 자신의 감정을 자연스럽게 표현하는 능력을 길러준다.

5) 시나리오

우리나라 연극의 기원은 판소리로 보는데, 아동극은 여러 예술매체 중에서 인간의 정서적 갈등구조를 가장 현실에 가깝게 재연하고 언어와 행위, 기타 예술적 소재를 동원하여 표현하므로 어떤 예술매체보다도 호소력이 크다. 책을 읽고 이것을 연극화하는 것은 아동에게 기억 속에 저장되어 있는 읽은 내용을 숙지하도록 하는 효과가 있으며 등장인물이나 장면에 대한 이해를 깊게 하는 효과가 있다(McLane & McNamee, 1990).

(1) 동화와 아동극 대본

아동극을 위한 시나리오는 동화만큼 다양하지 않으므로 교육현장에서는 동화를 이용하여 아동극을 하고 있다. 그런데 동화를 극화 활동으로 연결하려면 동화를 아동극 대본으로 바꾸는 작업이 필요하다. 다음은 동화 '용감한 개미'를 유아 뮤지컬로 공연할 수 있도록 시나리오(윤태빈·전영숙·김경희, 2001)로 재구성한 것으로 본문 전체는 '부록 1'에 제시하였다.

[동화 '용감한 개미']

아름답고 평화로운 숲 속에 작은 연못이 있었어요.
숲 속 친구들은 연못에 무엇이 있을까?
늘 궁금했답니다.
어느 날 사자 임금님은 '모두들 떡갈나무 아래로 모여라, 어흥~'
모두 조용히 해!
그래 우리 사자 임금님 말을 들어보자.
내가 이렇게 널 부른 건 연못 속에 무엇이 있는지 알아보려고 한다.

【시나리오 '용감한 개미'】

나오는 사람

개미(몸집이 작은 아이)
사자(남자 어른)
토끼(덩치 큰 어린이)
늑대(어른)
붕어들(여자어른 및 어린이)
가재(남자어른)
올챙이들(어린이들)
그 외 동물들(어린이들)

연못이 있는 작고 아름다운 숲 속

배경음악 1(숲)

조명이 밝아지면 무대 한 가운데 사자가 우뚝 앉아 있다.

해설 : 숲 속 마을에는 조그마한 연못이 있었는데 숲 속에 사는 동물 친구들은 연못 속에 무엇이 있을까 늘 궁금해 했답니다.

노래 1(사자노래)

나는 야
나는 야 나는 야 숲 속의 왕
이름만 들어도 벌벌 떠는 사자
누구든 나를 보면 무서워하지.
어흥~ 하고 소리치면 모두 놀라지.
숲 속의 동물들을 지켜주는 사자
언제나 용맹스런 숲 속의 용감한 사자

사자 : 연못 속에는 무엇이 살고 있을까? 정말 궁금해.

노래 2(사자와 동물들 합창)

연못 속에는
연못 위에 보이는 내 모습
그 모습 정말 내 모습이네.
연못 속엔 무엇이 있을까?
어떤 것이 숨 쉬고 있을까?
연못 위에 밝은 빛 비치면
하얀 구름 연못에 떠가네.

사자 : 연못 속에 무엇이 사는지 모두 궁금하지?

동물들 : 네.

동화와 동화를 바탕으로 공연을 위한 시나리오를 구성한 대본을 비교하여 보았는데, 극 활동을 위해서는 동화를 개작하여 대본으로 만드는 작업이 선행하여야 한다.

(2) 아동극의 종류

교육현장에서의 극은 개방적이고 창의적이며, 이야기 구성에 융통성이 있도록 교사가 적절히 개입해야 하는데 연극을 공연하는 방식에 따라 다음과 같이 분류한다(임원재, 2000).

① 무대나 의상을 필요로 하지 않는 임의극

② 시나리오, 의상, 소도구 등을 준비하여 무대에 상연하는 형식극.

③ 주인공과 관객이 상호 대화를 나누며 관객의 능동적 참여를 이끄는 열린 관찰극

④ 관객의 감상활동이 주가 되는 단순 관찰극

현재는 보는 연극, 관람하는 연극에서 느끼는 연극, 참여하는 연극으로 변화하여 관객의 참여를 적극적으로 유도하는 추세이다. 또한 음악과 접목한 뮤지컬이나 오페레타의 다양한 형태가 제공되고 있는데 관객의 참여가 적극적일 때 교육적 가치를 확대 할 수 있다. 특히 교육의 목적이 과거 '지식의 전수'에서 '개인의 잠재능력의 발현을 돕는 것'으로 전환되면서 교육현장에 연극이나 뮤지컬 등이 새롭게 소개되고 있다.

(3) 아동극의 교육적 가치

아동극은 어린이의 경험과 환상이 결합하여 어린이의 실존적 경험을 통합시켜주고, 등장인물에 대한 강한 동일시를 통해 도덕성을 길러주며, 삶의 의미를 찾는 심리적 성숙을 도우며, 성장의 고통을 일깨우고 정리하여 치료해준다.

아동극을 통해 얻을 수 있는 교육적 가치를 살펴보면 다음과 같다.

① 아동극을 연습하고 공연하는 과정에서 다양한 개념을 습득함으로써 지적발달을 도모한다.

② 놀이공간과 사물을 활용하거나 신속한 움직임을 연습해 봄으로써 신체적 발달을 증진시킨다.

③ 아동극을 통해 상상의 세계를 자극하여 상상적 사고와 창의적 사고를 발달시킨다.

④ 어린이는 아동극을 통해 다양한 역할을 경험함으로써 사회적 발달을 도모한다.

⑤ 다양한 문제를 해결할 수 있는 능력을 발달시킨다.

⑥ 놀이과정에서 어린이 스스로 만족스러운 경험을 한다.

⑦ 아동극을 통해 어린이는 다양한 감정을 경험하고 이해함으로써 예술적 의미를 습득하여 자신의 정서를 발달시킨다.

⑧ 현실 속의 어린이를 그 수준 이상의 가능성으로 끌어올려 그들의 잠재력을 개발시켜준다.

⑨ 어린이는 자신과 타인을 동일시하는 성향이 있으므로 아동극 속의 인간상은 어린이 품성을 간접적으로 형성해 주며 판단력과 좋은 취향의 기준을 형성해준다.
⑩ 아동극에 직접 참여하는 동안 새로운 언어를 배워 활용할 기회를 가지게 되고 어휘력을 풍부히 한다.

다음 사진은 어린이날을 맞아 교사들이 준비한 인형극 공연 장면이다.

[그림 5-10] 공연 장면 공연무대 뒷면

CHAPTER 6

문학작품의 선정

문학교육은 문학작품의 선정, 읽기 지도, 감상과 창의적 표현지도의 과정을 거쳐 이루어지는 데, 이 중 문학작품의 선정은 읽기 지도와 감상과 창의적 표현 지도의 방향을 바꿀 수 있으므로 신중해야 한다.

어린이가 책을 좋아하게 되는 것은 대체로 책을 얼마나 잘 접할 수 있느냐(도서의 접근성)와 얼마나 적절한 책을 추천해 주느냐(적절한 도서의 추천)에 달려 있다(Morrow, 1982). 여기서 **도서의 접근성**은 체계적으로 구성된 서가나 도서관의 장서, 잘 설계된 쾌적한 독서 공간, 사서나 교사의 역할, 책읽기를 위한 총체적 프로그램 등이 될 것이다. **적절한 도서의 추천**은 적절한 도서자료의 제공을 의미하는데 이 적절성을 평가하는 기준이 다양하다. 어린이의 발달단계에 따른 발달과업을 성취하는데 도움이 되는 책(Robinson, 1973), 글의 뜻을 이해하는데 도움이 되는 책(Athey, 1983), 필요한 정보를 제공해주는 책(한충옥, 1989) 등 적절성의 기준이 다양한데 공통적으로 어린이의 정신세계에 도움을 주고 발달과정에 유익한 책이 좋은 책이라고 한다. 부모나 교사는 이상이나 가치가 담긴 책을 읽히고 싶어 하나 어린이는 이를 쉽게 받아들이지 않으므로 책을 선택하는 과정에서 갈등이 생길 수 있다.

어린이 도서는 교육적 배려가 그 바탕에 깔려 있어야 하며, 도서의 내용이나 제작형식에 있어 어린이의 취향에 맞도록 심리적으로 세심하게 고려되어야 한다. 책제목과 표지 디자인은 어린이의 언어심리와 정서감각을 순화시킬 수 있도록 해야 한다.

어린이 도서 출판은 단순한 상행위가 아니라 교육적 사명감을 가지고 책의 형태, 활자의 크기, 선명한 인쇄, 삽화와 그림, 제본 등에 전문적 안목을 가지고 다루어야 한다.

1 어린이 독서 형태의 변화

어린이들의 독서 형태도 시대의 변화에 따라 변모되었는데, 유아들은 추상적이거나 관념적으로 서술된 책에는 관심이 적고 구체적이고 감각적으로 묘사된 책에 반응을 보여 유아의 의식이 감각적인 면으로 발달되어 있음을 알 수 있다. 동시에 긴 글을 읽거나 무엇을 깊이 생각하려 하지 않는 경향이 뚜렷하며 독서를 통해 정보를 얻기보다는 스트레스를 해소하거나 재미를 추구하는 경향이 강하다.

요즘 어린이는 책을 읽을 때 글자를 한자 한자 읽지 않고 듬성듬성 건너뛰어 읽어도 그 내용을 머릿속에서 재구성하여 전체내용을 파악하는 입체독서기능이 발달되어 있다. 이는 만화 영화나 컴퓨터 게임을 통해 새롭게 획득된 기능이다. 지식과 정보의 양이 폭주하는 현대 사회에서 책 속에 담겨 있는 수많은 정보 중, 필요한 정보를 뽑아 재구성하는 능력은 꼭 필요한 능력이다. 독서는 책의 내용을 이해하고 파악하는 데 머물러서는 안 되고 이를 활용하여 좀 더 새로운 지식과 정보를 창출하는 독서가 되어야 할 것이다.

2 좋은 책의 기준

유아들을 위한 좋은 책이 어떤 책인지에 관해서는 많은 기준을 제시하고 있는데, 이를 살펴보면 다음과 같다.

1) 좋은 책의 기준

유아에게 좋은 책은 유아의 성장 발달에 따라 적절한 책이어야 하는 데, 좋은 책의 기준으로는 이해성, 흥미성, 예술성, 교육성 등을 들 수 있다.

(1) 이해성

유아의 경우는 언어이해능력이 성인에 비하여 부족하므로 알기 쉬운 책이 좋다. 글자, 낱말, 문단, 글의 짜임새 면에서 알기 쉬워야 하고, 제재는 유아의 생활에 친숙한 내용이어야 한다. 주제는 유아의 사고 범위를 벗어나지 않아야 한다.

(2) 흥미성

내용이 재미있어 유아가 흥미를 가질 수 있는 것이어야 한다.

(3) 예술성

유아를 위한 책도 문학으로서의 예술성을 지녀야 한다.

(4) 교육성

지나치게 교훈적인 경우 역효과를 낼 수도 있으므로 이를 고려해야 한다.

2) 질 좋은 책

해링(Herring, 1988)은 질 좋은 책의 기준으로 다음의 여섯 가지를 제안하고 있다.

① 사실이나 개념을 포함하고 있는 책
② 흥미나 창조성을 자극하는 책
③ 가르치고 배워야 할 것을 강조하는 책
④ 기본 기술을 개발시키는 책
⑤ 다른 형태로 정보를 표현하는 책
⑥ 즐거움을 제공하는 책

3) 추천할 만한 독서자료

코너(Conner, 1990)가 제안하고 있는 아동에게 추천할 만한 가치가 있는 책은 다음과 같은 도서이다.

① 다른 문화, 다른 나라, 다른 사회를 소개하는 책
② 어린이가 세계를 이해하도록 돕는 책
③ 자신의 문화적 배경을 소중히 소개하여 자존감을 개발시키는 책
④ 선과 악, 옳고 그름, 보편적 가치와 올바른 태도 등 사회적 도덕적 문제를 이해하도록 돕는 책
⑤ 미래의 실현 가능한 꿈에 관심을 갖도록 다양한 주제를 탐색하게 도와주는 책
⑥ 즐거움을 제공하는 책
⑦ 읽는 사람의 인격을 개발하고 풍부히 하는 책
⑧ 유아의 마음, 상상, 호기심, 창조성을 확대하도록 돕는 책
⑨ 과거, 현재, 미래의 사실과 상상의 세계를 탐색하는 책
⑩ 새로운 정보를 주는 책,

3 도서선정

유아에게 좋은 책에 대한 이해를 바탕으로 유아에게 좋은 책의 선정 기준이 어떤 것인지 알아보자.

1) 좋은 책 선정 원리

유아에게 좋은 책을 추천할 때는 다음의 사항을 고려하여 적절한 책을 추천한다(조대현, 1996)

(1) 균형의 원리

유아가 책을 골고루 읽을 수 있도록 과거에 읽은 책과 현재 읽고 있는 책을 살펴보아 한 분야에 치우쳤다면 다른 분야의 책을 볼 수 있도록 격려하여 다양한 분야의 책을 볼 수 있도록 지도한다.

(2) 보완의 원리

특정 분야의 책을 선호한다면 부족한 분야를 보충할 수 있도록 다양한 분야의 책을 보도록 권장한다.

(3) 계발의 원리

유아의 특기를 고려하거나 능력계발을 위해 어떤 분야의 책을 집중적으로 읽힐 필요가 있을 때는 그 목적에 따라 도서를 제공한다.

2) 좋은 책의 선정기준

좋은 책의 선정 기준은 크게 일반적인 면과 내용적인 면, 형식적인 면 등으로 나누어 생각할 수 있다.

(1) 도서의 일반적인 측면

작품이 쓰여 진 연대나 시대적 배경이 뚜렷한 책, 문장의 구성이 간결하여 유아의 수준에 맞는 책, 흥미롭고 여럿이 읽을 수도 있는 책 등이 좋다.

(2) 도서의 내용적인 측면

유아도서의 경우 교육성을 우선 고려하여야 하므로 책에서 전달하는 주제가 유아의 발달적 욕구를 채워주면서도 내용이나 소재가 독특한 것이 좋다.

유아 도서의 내용으로는 다음과 같은 주제가 좋다.

① 인간 생명의 존귀함을 가르치는 내용

② 자아 존중감과 자신의 힘을 믿는 마음을 가르치는 내용

③ 인내심과 용기를 담은 내용, 공명정대함을 가르치는 내용

④ 명랑 쾌활한 성격과 유머를 이해하는 마음을 키워주는 내용

⑤ 근면한 태도를 가르치는 내용

⑥ 진리를 탐구하는 마음을 담고 있는 내용

⑦ 창의력을 길러주는 내용

⑧ 꿈을 길러주고 희망을 주는 내용

⑨ 가난하여도 비굴하지 않은 내용

(3) 도서의 형식적인 측면

도서의 일반적 측면이나 내용적 측면이외에 형식적 측면에서도 살펴볼 필요가 있는데 이는 바로 확인이 되는 것이므로 책을 선택할 때 먼저 고려한다.

① 제목

제목은 책의 내용을 잘 담고 있어야 한다.

② 어휘의 난이도

유아가 이해할 수 있는 것보다 한 단계 높은 어휘가 포함되어 있어야 한다.

③ 간결한 문장

복문이 아니며, 한 문장의 길이가 10~15단어를 넘지 않는 것이 좋다.

④ 활자와 인쇄

활자는 18~20포인트를 중심으로 14~21포인트를 넘지 않으며, 인쇄는 이중으로 얼비치지 않으며, 선명하여야 한다. 3~5세 유아는 22포인트의 글자크기를 선호하며(계몽아동연구소, 1993), 본문용 글 크기는 9~12포인트가 적당하다(Rehe, 1979).

⑤ 교정

오자나 탈자가 없어야 하며 띄어쓰기가 잘 되어 있어야 한다. 부호는 제자리에 알맞게 되어 있어야 하고 글씨의 크기도 일정해야 한다.

⑥ 삽화

그림이 차지하는 부분이 글자가 차지하는 부분보다 넓어야 한다. 그림은 내용을 잘 담고 있어야 하고 창의적이면서도 정확 간결해야 한다. 아동화를 전문으로 하는 사람의 그림이면 더욱 좋다.

⑦ 여백

적당한 여백이 있어야 하며 지면이 꽉 차면 중압감을 느낀다.

⑧ 종이의 재질

종이가 얇아서 뒷면이 비치는 종이, 광택이 있는 종이는 눈에 피로를 크게 한다. 종이의 색은 백색 또는 연한 황색으로 광택이 나지 않는 질긴 용지가 좋다. 인쇄가 선명하지 못한 경우, 강한 원색의 그림이나 사진은 눈을 자극하여 피로가 빨리 오게 한다.

⑨ 제본

오래 사용하여도 책장이나 표지가 떨어져 나가지 않도록 견고하게 제본 된 것이 좋다. 유아용 책들은 제본이 튼튼하더라도 유아들이 책을 반복해서 읽는 경우가 많고, 책장을 넘기거나 책을 다루는 방법이 미숙하며, 또 산만한 행동 등으로 인해 제본이 잘 떨어지기도 한다. 낱장으로 떨어질 경우 책에 대한 흥미가 줄어들고 책읽기가 싫어질 수도 있다.

⑩ 내용 분량

한 작품은 15면을 중심으로 30면을 넘지 않는 것이 좋다. 영문의 경우 유아 그림책 한 권의 전체 면 수는 32면이 표준적인 분량이며, 그림책에 실리는 문장의 양은 문장이 없는 것부터 100단어에서 400단어가 있는 것이 보통이고, 많아야 1,000단어 정도를 사용하고 있다(계몽아동연구소, 1993).

⑪ 책의 판형

판형의 크기를 정할 때는 아동의 발달 수준, 문자와 그림의 비, 어린이의 키, 책상과 책장의 크기 등을 고려하여 결정한다. 유아는 곰형이나 원형의 판형과 국배판의 크기를 선호하는 것으로 보고되고 있다(계몽아동연구소, 1993)

⑫ 책의 크기

어린 아동에게는 작은 크기의 책이 다루기 손쉽다는 이점이 있으나 여러 아동이 동시에 보아야 하는 경우는 큰 책이 좋다(부산직할시교육연구원, 1993).

3) 좋은 책의 선정

좋은 책을 선택하는 것은 쉬운 일이 아니나 기본적으로 다음 사항 등을 고려한다.

(1) 서지적 사항

저자가 분명한가, 책이름과 내용이 일치하는가, 믿을 만한 출판사인가, 출판연도가 최근인가, 책의 가격이 적절한가 등을 고려한다.

(2) 형태적 사항

제본이 견고하고 아름다운가, 활자의 크기가 알맞고 선명한가, 오자와 탈자가 없는가, 삽화, 사진, 도표 등이 정확하고 선명한가, 지질이 좋은가, 낱장과 페이지에 잘못된 것은 없는가 등을 본다.

(3) 적서의 선택

좋은 책을 양서라고 하는데 이는 상대적 개념이며, 적서가 개인에게는 더 적절한 표현이다. 적서는 개인의 도서 흥미에 맞거나 또는 개인의 독서 능력에 맞아 내용을 쉽게 이해할 수 있는 책을 말한다.

4 유아에게 좋은 책

유아에게 좋은 책이 어떤 것이지 일반적인 기준과 그림책을 중심으로 살펴보겠다.

1) 유아에게 좋은 책의 기준

유아에게 좋은 책을 선택할 때에는 어린이의 다양한 심리적 요구를 고려하고, 발달단계와 개인적 수준에 알맞으며, 예술성과 교육적 내용을 갖추고 있는 책을 선정하여야 한다. 동시에 재미있는 책, 유아의 건전한 흥미와 요구에 부합되는 내용을 담고 있는 책, 유아의 생활 경험에 비추어 적절한 책, 유익한 유머를 담고 있는 책, 도서의 내용이 독자의 관심사와 지식을 넓혀주는 책 등이 좋다.

(1) 유아의 발달 수준에 맞는 책

유아에게 책을 선정해 줄 때 가장 먼저 고려해야 할 사항은 유아의 발달수준이다. 아무리 좋은 책이라도 유아가 읽은 내용을 이해하지 못한다면 독서 감상은 불가능해진다. 따라서 문장이 알기 쉽고 간결하게 표기된 책으로 이야기가 쉽고 짧으며, 등장인물이나 사건이 복잡하지 않으며 자연스러운 언어를 사용한 책이 좋다. 내용과 분량도 유아 수준에 알맞아야 한다.

(2) 유아의 발달과업을 격려하는 책

책에 유아기 아동의 특성인 자율성이나 주도성을 형성하는데 도움이 되는 내용을 담고 있어 유아가 스스로 해보려는 시도를 격려하는 책이 좋다. 또한 유아기 발달과업을 달성하는 데 도움이 되는 책을 주는 것이 좋으므로 주인공이 독자의 연령층과 비슷 책을 선택한다. 매력적인 주인공이 있는 책이면 더욱 좋다.

유아의 발달과업을 고려할 때 상상력이나 도덕성 발달, 성역할 발달, 개념 형성 등에 도움이 되는 옛날이야기, 그림책, 전래동화, 생활동화, 과학동화 등이 적절하며, 세계명작동화나 위인전 등을 통해 폭 넓은 학습경험과 아름다운 감동, 미래에 대한 꿈 등을 줄 수 있는 책이 좋다.

(3) 유아의 언어발달에 도움이 되는 책

유아용 도서는 발행 연도가 너무 오래되지 않아 맞춤법이 정확해야 한다. 국내 작가, 시인들이 쓴 문학작품, 동요, 동시 등 우리말의 아름다움과 주체의식을 높일 수 있는 책이며 더욱 좋다. 저자가 분명하고 삽화나 사진이 글의 내용과 어울리는 책을 선택한다.

2) 유아 책의 선택 요령

이상에서 열거한 기준을 고려하여 양서와 적서를 선택하여 읽되 편독을 하지 않도록 다양한 장르의 책들을 소개하며, 감동을 주는 책은 여러 번 되풀이하여 읽도록 지도한다.

(1) 꼭 필요한 책 선정

유아에게 꼭 필요한 책만 고른다. 많은 책을 읽히려다 꼭 읽혀야 할 책을 놓칠 수 있으므로 우선순위를 정하여 반드시 일어야 할 책을 선정하여 이것부터 읽히도록 한다. 또한 읽을 수 있는 시간을 고려하여 꼭 필요한 책만을 골라준다.

(2) 유아 수준에 맞는 책 선정

유아의 수준에 맞는 책을 선택한다. 유아의 독서 수준은 개인차가 있으므로 내용과 문장의 난이도, 글자 크기, 글자와 삽화의 비율 등을 고려하여 다양한 수준의 책을 비치하여 모든 유아가 책을 볼 수 있도록 배려한다.

(3) 교육적인 내용의 책 선정

유아의 호기심이나 흥미를 고려해야겠지만 교육적 의도가 있는 책을 선택한다. 교육적으로 좋은 책은 인류의 보편적이고 영원한 가치관이 담겨있는 책, 창조적인 상상력과 미의식을 길러주는 책, 합리적인 사고와 과학적 탐구심을 길러주는 책, 역사에 대한 바른 이해와 진로 설정에 도움을 주는 책, 사회인으로서의 건강한 교양을 폭넓게 길러주는 책이다. 과학서나 역사서는 통계자료나 도표가 정확한지와 저자가 전문가인지도 고려하야 한다.

(4) 현대의 가치관과 일치하는 책

오랜 시간을 거치며 검증된 책이 좋으나 오늘날의 가치관과 일치하는지를 살펴보고 선정하며 신간의 경우는 반드시 교사가 먼저 읽어보고 선택한다.

고전 명작은 시간과 공간을 초월한 보편적 가치를 전달하고 있어 어린이의 정신 건강에 유익하다. 그러나 개중에는 오늘날의 가치관과 부합되지 않는 내용이 담겨져 있는 경우도 있는데 '신데렐라', '백설공주', '콩쥐팥쥐' 등의 '신데렐라'류의 이야기는 계모를 부정적 인물로 묘사하고 있으며, 이솝우화는 눈에는 눈, 이에는 이의 철저한 보복논리로 일관되고 있어 왜곡된 관념을 심어줄 수 있다. 또한 번역물의 경우 책에 담긴 정서가 우리의 문화 의식과 차이가 나는 점이 있는 지를 고려하여 책을 선정한다.

(5) 그림이 아름다운 책 선정

유아의 책에서 그림은 글을 대신하여 내용을 전달하고, 이를 통해 꿈을 길러주고 정서를 순화시킬 수 있도록 아름다운 것이어야 한다. 선과 색채가 미적 감각을 길러줄 수 있도록 아름다우며 그림을 보고 이야기를 꾸밀 수 있도록 장면 연결이 자연스러워야 한다. 둥근 원형이나 동물모양의 장난감 책을 유아들이 선호하므로 이점을 고려하여 책을 선정한다.

(5) 기타 고려 사항

유아를 위한 그림책은 삽화나 사진 그림 등이 알맞게 들어 있고 선명하여야 하며, 글자가 철자법에 맞고 인쇄가 깨끗하여야 한다. 또한 제본이 튼튼하고 내구성이 있으며, 보관이 편리하여야 하고 무엇 보다고 예산의 범위에서 구입 가능한 적당한 가격이어야 한다.

[그림6-1] 인형이 있는 책

[그림6-2] 팝업 책

[그림6-3] 모양 책

[그림6-4] 헝겊 책

[그림 6-5] 조작 책

CHAPTER 7

3~5세 연령별 누리과정과 표준보육과정

본 장에서는 교육현장에서 유아들과의 문학경험을 계획할 때 고려해야할 '3~5세 연령별 누리과정'과 문학과의 관련성을 살펴보고 유아교육현장에서 활동 가능한 문학경험 방법들 소개하고자 한다.

1 3~5세 연령별 누리과정과 문학경험

2013년부터 시행되고 있는 3~5세 연령별 누리과정은 유치원과 어린이집으로 이원화 되어있는 유아교육과정과 보육과정을 통합하여 만 3~5세의 모든 유아들이 공통교육과정을 배우도록 하고 있다. 누리과정을 통해 유아기 단계에서의 교육의 질을 제고하고 생애초기 출발점에서 평등을 보장한다는 데 의의가 있으며 인성교육을 강화하여 타인을 배려하고 존중하며 공감하는 역량을 기르는데 중점을 둔다.

3~5세 연령별 누리과정은 만 3~5세 유아의 심신의 건강과 조화로운 발달을 도와 민주 시민의 기초를 형성하는 것을 목적으로 신체운동·건강 영역, 의사소통 영역, 사회관계 영역, 예술경험 영역, 자연탐구 영역의 5개의 영역으로 구성되어 있다(교육과학기술부, 보건복지부 & 육아정책연구소, 2012).

1) 신체운동 · 건강 영역

(1) 신체운동 · 건강 영역의 교육목표

누리과정의 신체운동·건강 영역의 목표는 '기본 운동 능력과 건강하고 안전한 생활습관을 기른다.'이다(교육과학기술부, 보건복지부 & 육아정책연구소, 2012). 신체운동·건강 영역의 하위목표들 중 '라. 건강한 생활습관을 기른다.'와 '마. 안전한 생활습관을 기른다.'는 문학교육을 통해 효과적으로 달성할 수 있는 하위목표다.

(2) 신체운동 · 건강 영역의 내용과 문학경험

신체운동·건강 영역 '중 '건강하게 생활하기'와 '안전하게 생활하기'의 내용은 문학경험을 통해서 효과적으로 제시할 수 있는 부분이다. '건강하게 생활하기' 의 내용은 '몸과 주변을 깨끗이 하기', '바른 식생활 하기', '건강한 일상생활 하기', '질병 예방하기'로 구성되며, '안전하게 생활하기'는 '안전하게 놀이하기', '교통안전 규칙 지키기', '비상 시 적절히 대처하기'의 내용으로 구성된다. 이러한 내용들은 이와 관련된 문학작품을 소개함으로써 그 목적을 효과적으로 달성할 수 있다.

부록 2에서 생활주제 '건강과 안전'에 소개되어 있는 그림동화는 바른 식생활 습관, 건강, 안전 등을 유아에게 이해하기 쉽게 소개해 준다.

2) 의사소통 영역

(1) 의사소통 영역의 교육목표

3~5세 연령별 누리과정에서는 의사소통 영역의 목표를 '일상생활에 필요한 의사소통 능력과 바른 언어 사용 습관을 기른다.'라고 명기하고 구체적으로 다

음 사항을 하위목표로 들고 있다(교육과학기술부, 보건복지부 & 육아정책연구소, 2012).

가. 다른 사람의 말을 주의 깊게 듣는 태도와 이해하는 능력을 기른다.

나. 자신의 느낌과 생각을 말하는 능력을 기른다.

다. 글자와 책에 친숙해지는 경험을 통하여 글자 모양을 인식하고 읽기에 흥미를 가진다.

라. 말과 글의 관계를 알고 자신의 생각, 느낌, 경험을 글로 표현하는 데 관심을 가진다.

(2) 의사소통 영역의 내용과 문학경험

누리과정의 의사소통 영역은 듣기, 말하기, 읽기, 쓰기의 내용범주로 구성되며, 내용범주는 다시 11개의 내용으로 구성 되어 있는데, 이들 중에서 문학경험과 관련된 내용을 살펴보면 다음과 같다.

① 이야기를 듣고 이해하기

이야기를 듣고 바르게 이해하는 일은 문학경험의 시작으로 들은 내용의 요약에서부터 비판적 듣기까지 포함한다. 유아들을 개별 혹은 소집단으로 다양하게 구성하여 이야기를 들려주고, 들은 내용을 기억하여 말하게 하거나, 이야기 내용을 요약하여 말하게 할 수 있다. 또한 유아의 생각이나 경험과 관련하여 이해한 것을 말하게 한다. 이때 유아가 이야기를 듣는 동안에는 주의를 분산시키는 방해 환경이 발생하지 않도록 주의한다.

② 동요, 동시, 동화 듣고 이해하기

유아들이 좋아하는 활동 중 하나가 동화 듣기이다. 동화를 들려 줄 때는 동화 내용을 가장 잘 전달할 수 있는 전달매체를 선택하여 교구를 준비하며, 적절한 구연도 함께 하도록 한다. 또한 재미있고 운율적인 동시를 들려주고 동요를 부르는 과정에서 어휘력이 길러지고 기억력도 길러질 수 있다.

③ 바른 태도로 듣기

유아는 말을 할 수 있기 이전부터 어른의 품에 안겨 부드러운 목소리를 듣는 과정을 즐겨왔다. 교사가 읽어주는 동화를 즐기게 하여 말하는 사람의 이야기를 주의 깊게 끝까지 듣는 습관을 길러줄 수 있다. 동화를 들으면서 고개를 끄덕이거나, 표정을 변화시키는 방법을 활용하여 반응을 보이며 주의 깊게 듣는 습관도 길러 줄 수 있다.

④ 느낌, 생각, 경험 말하기

이야기를 듣거나 책을 읽은 경험은 유아들이 말을 할 수 있는 공통의 소재를 제공한다. 리듬이 있는 문장을 따라 읽거나, 재미있는 구절을 모아 동시 짓기나 이야기 꾸미기 등의 활동을 해 볼 수 있다. 이러는 과정은 즐기면서 문학경험을 할 수 있게 한다. 또한 읽어 준 동화의 내용에 대해 다른 아동이나 교사와 서로 이야기를 나눔으로 경험과 느낌, 생각 등을 공유하는 방안을 배우게 된다.

⑤ 읽기에 흥미가지기

유아는 주변에서 친숙한 글자를 찾아보고 읽어 주는 내용에 관심을 가지고 또 읽어보려는 활동을 통해 글자가 갖고 있는 표상을 인식하게 되고, 말이 글로 상징화되는 과정을 시각적으로 관찰하게 된다. 교사는 간단한 글로 구성되어 있는 동시나 동화를 짚어가며 읽어주거나 유아에게 그림책을 보고 이야기를 꾸미게 한 후 이를 받아 적고 다시 읽어주는 활동 등을 통하여 유아가 읽기에 대한 흥미를 갖도록 한다.

⑥ 책읽기에 관심 가지기

유아는 책을 주변의 놀잇감 중 하나로 인식하고 책을 가지고 노는 단계에서 책에 대한 개념을 형성하면서 책이 정보를 제공하고 즐거움을 주는 자원이라는 것을 이해하게 된다. 교사는 매력적이고 견고한 책을 선택하여 유아 가까이 두고 원할 경우 언제라고 펴 볼 수 있도록 하여 유아가 책을 좋아하고 친숙함을 느낄 수 있도록 한다. 더 나아가 책을 소중히 다루고, 궁금증을 풀기 위하여 책을 찾아보도록 지도한다.

3) 사회관계 영역

(1) 사회관계 영역의 교육목표

3~5세 연령별 누리과정에서는 사회관계 영역의 목표를 '자신을 존중하고 다른 사람과 더불어 생활하는 능력과 태도를 기른다.'라고 설정하고 있다(교육과학기술부, 보건복지부 & 육아정책연구소, 2012). 사회관계 영역은 '나를 알고 존중하기', '나와 다른 사람의 감정 알고 조절하기', '가족을 소중히 여기기', '다른 사람과 더불어 생활하기'. '사회에 관심 갖기' 등의 5가지 내용 범주로 구성되어 있다.

(2) 사회관계 영역의 내용과 문학경험

사회관계 영역의 내용범주는 유아 자신을 알고 존중하는 개인생활을 출발점으로 하여 유아를 둘러싼 가정생활, 집단생활, 사회현상과 환경 등의 내용을 포함하고 있다.

사회생활을 하는데 필요한 예절, 질서, 절약 등은 반복을 통해 습관화하여야 하는 개념이나 그 개념과 목적이나 필요성 등을 유아에게 제시하는 것은 쉬운 일이 아니다. 이때 이러한 개념을 제시하는 문학을 소개한다면 효율적 교육이 될 것이다.

'나를 알고 존중하기'에서는 유아가 자신의 특성을 알고 자신과 다른 사람의 차이를 알고 자신에 대해 긍정적으로 생각하며 소중히 생각하기, 스스로 할 수 있는 일과 하고 싶은 일을 계획하기 등은 문학작품을 통해 쉽게 소개할 수 있다.

'나와 다른 사람의 감정 알고 조절하기'도 책을 동해 주인공을 동일시하며 자신의 감정을 알고 표현해 보는 활동을 통해 자신의 감정을 인식할 수 있다. 또 다양한 등장인물의 표현된 감정을 통해 다른 사람의 정서를 이해 할 수 있으며,

유아 자신의 감정을 조절하는 방법을 배울 수 있다.

'가족을 소중히 여기기'의 '가족과 화목하게 지내기'나 '가족과 협력하기'도 문학작품을 통해 효과적으로 소개할 수 있는 개념이다.

'다른 사람과 더불어 생활하기'의 '친구와 사이좋게 지내기', '공동체에서 화목하게 지내기', '사회적 가치를 알고 지키기' 등의 내용은 문학경험을 통해 그 당위성이나 타당성 등을 유아가 이해하기 쉽게 제안해줄 수 있다.

'사회에 관심 갖기'에서 유아 자신이 살고 있는 동네나 지역사회에 대한 소개나 직업에 관한 소개, 돈의 쓰임에 대한 이해, 우리나라의 상징과 전통, 역사, 문화 등에 관심을 갖고 다른 나라에 대한 예절을 지키도록 하는 일이나 세계 여러 나라의 문화 등을 소개하고 존중하도록 하는 활동은 문학작품을 통해 효과적으로 소개할 수 있는 내용들이다.

부록 2의 '나와 가족', '우리 동네', '우리나라', '세계 여러 나라', '환경과 생활' 등의 생활주제에서 소개 되고 있는 그림동화들은 바른 생활, 가족 간의 사랑, 우리 문화, 우리 생활과 다른 나라의 생활, 환경 보호나 생태계 등을 유아에게 소개하는 데 도움이 되는 책이다.

4) 예술경험 영역

(1) 예술경험 영역의 교육목표

3~5세 연령별 누리과정에서 예술경험 영역의 목표는 '아름다움에 관심을 가지고 예술 경험을 즐기며, 창의적으로 표현하는 능력을 기른다.'이다. '아름다움 찾아보기', '예술적 표현하기', '예술 감상하기' 의 내용 범주의 하위 내용 중 문학경험과 관련되는 하위 내용은 '극놀이로 표현하기'이다(교육과학기술부, 보건복지부 & 육아정책연구소, 2012).

(2) 예술경험 영역의 내용과 문학경험

유아는 문학작품을 보고 듣고 즐기는 과정에서 생각과 느낌을 공유하게 되고 자신이 감상한 것을 표현함으로써 정서를 순화하고 심미감을 발달시킨다. 특히 문학작품은 유아에게 표현하고자 하는 욕구를 자극하여 다양한 극놀이 활동이 이루어지게 한다. 극놀이에 참여하면서 또는 다른 유아의 극놀이를 감상하면서 언어나 미술, 작업 등의 영역과 연계된 다양한 표현활동이 자연스럽게 일어난다. 문학작품을 듣고 이해한 내용이나 관찰한 내용 등을 그림, 음악, 신체 등으로 다양하게 표현하거나 동극을 위한 소품과 배경을 준비하고 분장을 하면서 자연스럽게 표현활동을 할 수 있다.

예를 들면, '우리 집과 물건 그리기(문근성, 1993)', '삐악이는 흉내쟁이(사토 와키코, 2001)', '알록달록 동물원(로이스 엘리트, 2001) 등을 읽고 등장인물이나 표현된 사물들을 그려보거나 표현된 그림을 감상해 볼 수 있다.

5) 자연탐구 영역

(1) 자연탐구 영역의 목표

3~5세 연령별 누리과정에서는 자연탐구 영역의 목표를 '호기심을 가지고 주변 세계를 탐구하며 일상생활에서 수학적·과학적으로 생각하는 능력과 태도를 기른다.'이다(교육과학기술부, 보건복지부 & 육아정책연구소, 2012). 자연탐구 영역의 내용범주는 '탐구하는 태도 기르기', '수학적 탐구하기', '과학적 탐구하기'이다.

(2) 자연탐구 영역의 내용과 문학경험

'수학적 탐구'에서 수나 공간과 도형의 기초개념은 유아를 위한 문학작품에서 자주 다루고 있는 개념이며, 측정과 관련된 경험도 문학을 통해 소개할 수 있는 개념이다.

미국의 수학교사협회(NCTM: National Council of teachers of Mathematics)에서는 유치원과 초등학교 4학년까지의 아동을 대상으로 기초 수 개념, 수의 확장과 연결, 공간 개념 등을 가르치는 데 활용할 수 있는 아동도서를 분류, 추천하고 있다(NCTM, 1989).

'과학적 탐구'에서 제시하고 있는 물체와 물체의 특성 및 변화, 자신과 다른 사람, 동식물의 출생과 성장, 생명체를 소중히 여기는 마음, 생명체가 살기 좋은 환경, 날씨와 기후 변화, 자연현상 등은 문학작품을 통해 소개할 수 있는 개념이며 도구와 기계 역시 문학작품 속에서 많이 다루지고 있는 개념으로 유아에게 효과적으로 교육할 수 있다.

예를 들면 부록 3에 제시되어 있는 '건강과 안전', '생활도구', '교통기관', '환경과 생활', '봄·여름·가을·겨울' 등의 생화주제에 소개 되어 있는 동화를 통해 숫자와 관련하여 길이, 무게, 시간 등을 소개하고, 사물의 특성, 자연 현상이나 계절의 변화 등을 소개한다.

2 어린이집 표준보육과정

어린이집 표준 보육과정은 어린이집에 다니는 0~5세 영유아들에게 보편적이고 공통적인 보육의 목표와 내용을 국가수준에서 제안한 것인데 0~1세 보육과정, 2세 보육과정, 3~5세 보육과정(누리과정)으로 구성되어 있다. 어린이집 표준보육과정은 영유아의 전인적 발달과 우리문화에 적합한 내용을 일관성 있게 연계적으로 실천하며 궁극적으로 사회에서 추구하는 인간상을 구연하고 전국 어린이집의 질적 수준을 높이는데 기여하고자 개발되었다(보건복지부, 2012).

앞에서 소개했듯이 3~5세 보육과정은 신체운동·건강 영역, 의사소통 영역, 사회관계 영역, 예술경험 영역, 자연 탐구 영역의 5개 영역으로 구성되어 있으나, 0~1세 보육과정과 2세 보육과정은 기본생활 영역, 신체운동 영역, 의사소통 영역, 사회관계 영역, 예술경험 영역, 자연탐구 영역 등의 6개 영역으로 구성된다.

1) 0~1세 보육과정

0~1세 보육과정 중 문학활동과 관련되는 내용을 보면 의사소통 영역 중 '그림책과 환경 인쇄물에 관심가지기'이다. 어린 영아기 부터 다양한 감각 책을 탐색하고, 읽어주는 짧은 그림책에 관심을 갖는 과정을 통해 책에 대한 흥미를 갖고 책을 경험 할 수 있게 된다.

또한 사회관계 영역에서 기본 정서를 표현하고 다른 사람의 감정에 주위를 기울이는 내용도 문학경험을 통해 기본 정서를 인식하고 감정을 표현하는 용어를 자연스럽게 소개 받을 수 있다.

자연탐구 영역의 경우 사물에 관심 가지기나 주변 동식물에 관심 가지기, 생활도구 탐색하기 등도 사물 책이나 동식물 책을 동해 그 목적을 달성할 수 있다.

2) 2세 보육과정

2세 영아의 경우 보다 적극적으로 주변 사람들과 관계를 맺으며 주변 사물과 환경에 관심을 표하게 되는데 이시기 영아의 호기심을 충족 시켜주는데 문학작품이 유용하게 사용될 것이다.

기본생활 영역에서 '몸을 깨끗이 하기', '바르게 먹기', '질병에 대해 알기' 등의 건강하게 생활하기는 문학작품을 통해 영아가 알기 쉽게 이해하도록 개념을 소개 할 수 있다. 또한 배변 훈련이나 하루 일과에 따른 예술경험 영역에서도 모방과 상상놀이하기의 내용은 동화에서 소개된 활동을 모방해 보거나 상상해서 놀이 하는 활동을 해 볼 수 있다.

사회관계 영역의 '나를 구별하기'와 '나의 감정 나타내기', '내 가족 알기', '또래와 관계 갖기', '사회적 가치 알기' 등의 개념을 문학작품을 통해 소개할 수 있다.

의사소통 영역의 '짧은 이야기 듣기', '그림책과 환경 인쇄물에 흥미 가지기' 등은 문학활동과 직접 관련 있는 내용으로 영아들이 그림과 내용에 관심을 가지고 읽는 흉내를 내보거나 좋아하는 그림책을 읽어주면 집중해서 듣는 활동 등을 해 볼 수 있다.

자연탐구 영역에서는 '수량 인식하기'나 '공간 도형에 관심 가지기' 등은 관련 책자를 통해 직접 가르칠 수 있다. '물체와 물질 탐구하기'나 '주변 동식물에 관심 가지기' 등도 그림책을 통해 자연스럽게 달성 될 수 있는 내용이다.

예술경험 영역에서도 '모방과 상상놀이하기'의 내용은 동화에서 소개된 활동을 모방해 보거나 상상해서 놀이 하는 활동을 해 볼 수 있다.

누리과정의 생활주제에 따라 유치원이나 어린이집에서 동화활동에 활용할 수 있거나 언어영역에 비치할 수 있는 동화의 목록은 부록 2에 제시하였다.

CHAPTER 8

유아문학교육 방법

유아를 위한 문학교육은 적절한 도서의 선정, 흥미유지, 이야기 전달하기, 감상과 창작지도의 단계를 거쳐 이루어져야 효과적인 문학활동이 된다.

유아를 위한 문학교육은 유아에게 책을 읽을 수 있는 환경을 마련해주어 책 읽는 습관을 길러주어 책읽기를 생활화 하고 책읽기를 통해 사고력, 판단력, 창의력 길러주기 위한 것이다. 유아는 주의집중시간이 짧고, 언어능력이 부족하고, 흥미영역이 다양한 반면, 책에 대한 선호가 분명하지 않아 책 읽는 활동이 잘 이루어지지 않을 수도 있다.

1 유아문학교육의 기초

유아를 위한 문학교육의 기본적인 방법을 살펴보면 다음과 같다.

1) 책에 대한 흥미의 유발 및 유지

책에 대한 흥미가 생기고 동기가 있으면 책을 보게 되므로 책에 대한 흥미를 유발하고 그 흥미를 유지할 수 있도록 지도하는 것이 문학교육의 제일 과제이다. 유아 개개인이 어떤 책에 관심이 있고 교사가 어떻게 문학작품을 소개할 때 흥미를 보이는지를 잘 살펴보아 문학활동에 적용하여야 한다.

2) 책 읽는 능력 함양

책을 잘 읽거나 듣고 이해하기 위해서는 어휘력, 언어력, 이해력, 감상력 등을 갖추고 있어야 한다. 따라서 이러한 능력을 길러줄 수 있도록 교사는 관심을 가져야 한다. 동시에 유아들에게 책을 읽어주는 모습을 많이 보여주고 유아가 보이는 책 읽는 흉내 내기나 읽는 척 하는 활동들을 격려하여 읽는 활동이 자연스럽게 이루어지도록 한다.

3) 발달단계에 적절한 책의 선택

유아의 어휘 수준, 독해 수준 등을 고려하고 유아의 정서에 적절한 책을 선택해야 한다. 좋은 내용을 가지고 있는 문학작품이라 하더라도 유아들이 이해할 수 없는 내용을 담고 있다면 활동의 효과는 반감이 될 것이다. 유아의 발달 수준에 적절하면서도 학습효과를 가져오는 내용과 유아들의 흥미를 끄는 그림을 가진 그림책을 선택한다.

4) 문학감상 후 창의적 표현활동의 격려

책을 읽은 후 그 느낌과 연계된 다양한 표현활동을 할 수 있도록 지도한다. 문학작품을 경험하고 감동이 있다면 이는 다양한 형태로 표현 되어야 그 감동이 오래 지속되고 책의 내용을 오래 기억 할 수 있을 것이다. 따라서 책을 읽고 나서는 그림, 끼적이기, 글자로 쓰기, 노래, 동작, 극 놀이 등 다양한 활동으로 연결 되도록 격려한다.

2 문학을 이용한 책 경험 나누기

글을 읽는 데 어려움을 겪는 유아를 대상으로 한 유치원에서의 문학교육으로 책 경험 나누기(Shared-book)를 중심으로 살펴보겠다.

1) 책 읽어주기(reading books)

유아기 문학교육 방법은 주로 읽어주기 형식이 바람직하다. 유아는 이야기의 진전이 빠르고 활동적인 것을 좋아하며, 주인공의 심정을 공감하지만 스스로 긴 이야기를 읽을 능력이 부족하다. 유아가 성장하면서 점차 복잡한 이야기나 긴 이야기를 즐기지만, 문자 지도를 목적으로 혼자 읽도록 하는 것은 이야기를 이해하는데 어려움이 따르고 재미도 반감되어 책을 멀리하게 될 수도 있다. 따라서 유아들이 책읽기를 즐길 수 있도록 교사가 읽어주는 것이 필요하다.

책 읽어주기 시간에 교사가 유의할 점을 살펴보면 다음과 같다(Davidson, 1996).

① 책 읽어주기 시간이 다른 사람과 따뜻함을 나누는 시간이 되도록 배려하여야 한다.

② 교사가 읽고 유아는 듣기만 하는 수동적인 읽기 시간을 변화시켜 교사와 유아가 협동적으로 주고받으며 책읽기에 참여하도록 배려한다.

③ 창의적인 책 경험 나누기를 위해 교사와 유아는 좋아하는 책들과 특별한 상호작용을 가져야하므로 이를 격려한다.

④ 상상놀이나 극 놀이에 책을 통합하는 것을 격려한다. 상상놀이나 극 놀이로 책을 읽은 경험을 표현하게 되면 책의 내용을 보다 더 정확하게 이해하고 사고를 확장시킬 수 있다.

⑤ 책 다시 읽기를 통해 책들을 보다 더 잘 이해하도록 돕는다.

[그림 8-1] 교사의 동화 읽어주기

[그림 8-2] 책 읽고 이야기 나누기

2) 책 다시 읽기(rereading books)

유아는 성인과는 달리 한번 읽어준 책을 반복해서 보여주어도 지루해하지 않는다. 때로는 유아 스스로 반복해서 책을 읽어 주기를 청하기도 한다. 반복해 이야기를 들으면서 내용을 좀 더 명확하게 이해하기도 하고 처음 읽었을 때와 다른 감정을 느끼기도 한다. 반복해서 읽어줄 때 목소리를 달리하거나 다른 소품 등을 이용하면 보다 새로운 경험이 되며, 반복되는 대사나 리듬이 있는 문장을 유아들과 함께 합창을 할 수도 있다. 때론 그림만을 보여주는 것도 한 방법이며 이러는 과정에서 유아가 책을 읽는 척 놀이하거나 이야기 꾸미기를 할 수 있다.

데이빗슨(Davidson, 1996)은 유아들이 좋아하는 책을 반복해서 읽기 때문에 흔히 책 속에서 일어나는 일을 알고 있고 예측할 수 있게 된다며 이는 단순히 이야기를 듣는 것이 아니라 의식을 나누는 일이라고 설명하고 있다.

유아가 책읽기 과정에 능동적으로 참여할 수 있기 위해서는 책과 친숙해져야 한다. 책을 반복해서 읽어주게 되면 처음에는 듣기만 하던 유아가 읽은 책과 관련된 말하기 활동에 참여하게 됨으로써 책의 사건을 공유하여 협조적인 동반자가 될 수 있다. 교사는 책을 반복해서 읽어주는 기회를 많이 가져야 하고 대집단으로 책을 읽어준 후에도 읽은 책을 탐색할 수 있는 시간을 주어야 한다.

교사가 반복해서 같은 책을 읽어줄 때 유아들이 이미 알고 있는 내용이라는 반응을 보일 때에는 당황하지 말고 유아들이 좋아하는 책이므로 다시 읽어보기로 하였다고 말하고 읽는 것을 도와달라고 요청한다면 유아와 교사 모두 책 다시 읽기를 즐길 수 있을 것이다. 하나의 특별한 이벤트로 다시 읽기를 제안한 할 수 있으며, 이때 유아가 책을 선택할 수도 있고 상품화된 인형이나 제작한 인형 또는 융판동화 등의 전달방법을 사용한다면 새로운 느낌을 줄 것이다.

이러한 활동을 통해 읽기가 일상적인 일과가 될 수 있으며, 그림 그리기 활동이나 질문하고 설명하기 등 이야기 나누기 활동으로 발전한다. 유아가 책을 반복해서 읽다보면 그에 대한 반응에 변화가 오는데, 처음 책을 읽을 때는 사물이나 등장인물에 이름을 붙이는 데 관심을 가지나 책에 익숙해지면 등장인물의 행동이나 그 원인에 초점을 두게 된다.

3) 구연하기와 다시 이야기 해주기(telling and retelling stories)

큰 소리로 읽거나 구연(telling stories) 같은 활동은 언어와 문해를 학습하는데 또 유아들과 문학경험을 나누는데 있어 효과적인 방법이다. 그 동안은 이야기 읽기가 문해를 발달시키는 중요한 기술로 여겨진 반면 구연은 부차적인 방법으로 간주되곤 했으나 말란(Mallan, 1996)은 이야기나 이야기 말하기(storytelling)는 인간존재에 관한 기본적인 것으로 문해발달을 위한 풍부한 기초를 제공하며, 구어의 발달을 촉진하는 뛰어난 기술이라 특징짓고 있다. 이야기를 듣는 경험은 보다 사적이고 듣는 사람과 관련된다. 이야기를 읽어주는 사람은 페이지나 단어에 눈을 맞추고 책을 정확하게 따라가는 반면에 구연하는 사람은 이야기를 듣는 유아에게 맞추어 이야기를 말 할 수 있고 눈을 맞출 수 있다. 구연에 사용되는 언어는 인쇄된 교재보다 덜 형식적이다.

구연은 표현적 언어(말하기와 쓰기)의 발달을 촉진하며 새로운 단어와 복잡한 문장을 제시하여 의사소통능력을 길러준다. 또한 자신의 언어와 경험을 사용하여 이야기에 친밀감을 형성하도록 한다. 교사는 유아가 이야기와 사건을 머릿속에 그릴 수 있도록 표정, 몸짓, 생생함 등을 사용한다. 교사는 이야기를 말 하면서 유아에게 강력한 언어모델이 되며 구어와 읽기, 문학 등에 대한 유아의 태도에 강력한 영향을 미친다. 이러한 경험은 유아의 이야기 다시 말하기와 이야기 꾸며 말하기 등으로 발전된다.

교사가 집단으로 유아에게 처음 구연을 하는 것은 내용을 소개하는 과정이고, 같은 이야기를 다시 말하는 것은 유아가 이야기에 빠져들게 하고 자신이 이해한 것을 보다 정교하게 다듬는 과정이 된다. 이러한 반복되는 즐거운 경험은 단어, 인쇄물, 책에 관한 개념을 발달시킨다.

다시 이야기해 주기는 이야기에 친숙하게 하고 이야기를 듣는 동안 더 많이 참여할 기회를 제공한다. 이러한 경험은 유아가 자신의 이야기를 만들어낼 때 이야기 줄거리, 등장인물, 어휘 등을 구성하도록 돕는다. 교사는 유아가 자신의 이야기를 말하는 경험을 하도록 격려해야 한다. 이야기 말하기는 집중력과 상징으로, 은유로 사고하는 능력을 길러준다(Maguire, 1985). 또한 상상력을 격려하고 시각적 영상을 창조하도록 격려하며 이야기 만들기 활동에 유아들을 참여시키거나 교사와 함께 이야기 꾸미기를 하도록 하여 적극적 참여를 유도한다.

유아는 파트너와 또는 소집단에서 또는 가족과 함께 이야기 다시 말하기를 할 수 있다. 중요한 것은 이야기를 말 하려는 노력에 가치를 두고 격려하는 것이며 자신의 속도로 발달하도록 하는 것이다. 어떤 유아는 자신의 이야기를 녹음하기를 원할 수도 있고 또 사적으로 이것을 반복해서 듣고 싶어 하기도 한다.

교사는 유아가 이야기를 꾸미려는 시도를 하도록 '다음에는 무슨 일이 일어났니?', '그러면 무슨 일을 할 수 있을까?', '그가 무어라고 말했을까?', '그래서?' 등의 언어적 지원을 제공해야 한다. 때론 자신의 이야기를 그림으로 그리기도 하고 또 유아가 말하는 것을 교사가 받아쓰거나 유아 스스로 씀으로써 기록을 남기는 것이 좋다.

이야기 말하기의 순환은 교사가 구연해주기 → 유아의 듣기와 참여 → 교사가 다시 이야기 해주기 → 유아의 듣기와 참여 → 유아가 자신의 이야기 말하기 → 유아가 이야기 읽고 쓰기 등의 과정으로 이어진다(Isbell, 2002).

이렇듯 교사가 열정적으로 들려주는 이야기를 많이들은 유아는 구어와 문해 발달에 유리한데, 이때 유아는 이야기를 창조하는 활동을 경험하게 된다.

다음은 전래동화 '소가 된 아이'를 듣고 유아들이 구성한 동화이다(김지은 외, 2006).

[그림 8-3] 동화 '소가 된 아이'

글이 아직 어려운 유아들은 동화 내용을 그림으로 표현하거나 인쇄된 글자를 찾아 글자를 오려 붙일 수 있다. 이때 교사가 유아들이 말하는 동화 내용을 적어 준다(김지은 외, 2006).

[그림 8-4] 동화 '개미 오누이'

4) 이야기 나누기(story time)

유아들과 동화를 읽고 난 다음 동화에 관한 내용이나, 주인공, 등장인물에 관해 이야기 나누기를 하면 동화내용에 대한 이해를 도울 수 있다.

이야기 나누기는 단순히 말하기와는 다르며 의사소통을 의미한다. 의사소통은 누군가와 함께 말하는 것이며, 피드백이 있고 이러한 피드백에 반응을 보이는 것이다. 이를 통해 유아의 언어발달을 촉진할 수 있는데 이야기 나누기 시간에 언어발달이 늦은 유아를 확인할 수 있으며 이들을 도와줄 수도 있다.

이야기 나누기에서 지켜야할 규칙은 한 번에 한사람씩 말하고, 말하기 주제의 선택권을 모든 유아가 돌아가면서 가지며 모든 이야기가 끝날 때까지 자리를 뜨지 않는 것이다(Selman, 2001). 또한 온정적인 관계 속에서 이야기를 나누어야 하며 모든 유아가 책에서 서술하고 있는 감정, 생각, 사건 등을 공유하여 이야기 전개에 초점을 맞추도록 한다(Davidson, 1996).

5) 책 경험 공유하기

유아교육기관에서 가정과의 긴밀한 협조를 위해 또는 부족한 교구를 보충하는 방법으로 어떤 특별한 날을 정해 유아들이 가정에서 가지고 있던 자신에게 소중하며 다른 유아들과 경험을 함께 나누기에 적당한 장난감이나 책, CD 등을 가져오게 할 수 있다. 이 중 동화책은 다른 유아들과 함께 읽으면서 그 동화가 주는 특별한 의미를 나눌 수 있으며 대집단으로 동화 CD를 함께 보면서 문학감상을 할 수 있다.

[그림 8-5] 혼자 책 보기

[그림 8-6] 함께 책 보기

[그림 8-7] 책 읽고 이야기 나누기

3 동시지도 방법

동요와 동시를 지도하는 데 있어 교사의 역할로 가장 중요한 것은 유아의 수준에 맞는 좋은 동시를 경험하도록 하는 것이다. 이를 위해 교사는 시적 표현의 아름다움에 대한 감각을 가지고 있어야 하며, 유아와 함께 시를 나누는 경험을 즐겨야 한다.

1) 동시지도에서의 고려 사항

동시를 지도할 때는 아동의 흥미를 자극하여 지속적인 관심을 끌도록 하는 것이 중요하므로 다음의 사항을 고려하여야 한다.

(1) 동시를 지도하는 목적 인식

교사는 동시를 소개하는 기본 목적이 아동이 동시에 대해 흥미를 느끼고 시를 즐길 수 있는 안목을 기려주는데 있음을 항상 기억한다.

(2) 충분한 시간 제공

교사는 아동이 동시를 충분히 감상하고 즐길 수 있도록 시간과 자료를 충분히 제공한다.

(3) 좋은 동시 암송

교사가 동시를 몇 편 기억하고 있다가 시간이 날 때마다 암송해주는 것은 동시에 대한 관심을 증진시키는 좋은 방법이다.

(4) 적합한 동시 선정

교사는 아동들의 발달정도, 성격, 경험여부, 흥미, 상황 등에 적합한 동시를 선정할 수 있어야한다.

(5) 동시 소개 방안

교사가 동시를 분석하거나 장면이나 주제 등을 지나치게 설명하는 경우 즐거움을 없앨 수 있으므로 시를 소개하는 것에 중점을 둔다.

(6) 자연스러운 암송

동시의 암송은 자연스럽게 이루어져야 한다. 동시의 암기는 유아가 자발적으로 참여하는 가운데서 이루어져야 하므로 암기할 것을 강조하지 않는다. 유아는 반복해서 동시를 듣고 낭송하는 과정에서 자연스럽게 동시를 암기하게 된다.

(7) 자연스런 감상

동시에 대한 느낌은 주관적인 것이므로 교사가 좋아한다고 아동에게 일방적으로 감상하도록 강요하지 않는다. 유아 개개인의 자연스러운 감상을 격려한다.

(8) 동시 소개 방법

동시는 소리 내어 읽어 보거나 들음으로써 즐기는 방법을 스스로 배워야하므로 좋은 시 한두 편을 반복해서 들려준다. 또한 교사가 동시에 친숙해 있어야 하므로 동시를 소개하기 전에 여러 번 읽어보아 시어의 의미와 발음을 살펴보고, 저자의 의도와 단어 속에 숨겨진 감정을 미리 파악한다. 그리고 시를 낭송할 때는 속도와 목소리의 높낮이, 크기 등을 조절하여 강조점이나 의미의 변화를 부각시킨다.

2) 동시지도 과정

동시를 잘 지도하기 위해서는 먼저 교사가 시를 좋아하고 즐길 줄 알아야 한다. 낭송을 하는 과정에서는 단어에 대한 의미의 토론을 하지 않는 것이 좋으나 어휘의 뜻을 물어오면 짧게 그 뜻을 알려준다. 낭송 후에는 유아들과 다함께 말하는 과정을 통해 집단 속에서 안정감과 참여 의식, 리듬감을 경험시키는 것이 좋다.

동시를 지도하는 과정은 다음과 같다.

(1) 동시 판 제작 및 읽어주기

4절 크기의 판에 동시와 동시의 내용을 상징하는 그림이 있는 동시 판을 보여주며 동시를 읽어 준다.

(2) 함께 읽기

유아들과 모두 함께 동시를 읽어본다. 이때 시 전체를 제창할 수도 있고, 후렴 부분을, 또는 어떤 특정 소절을 제창할 수도 있다. 동시에 따라 대화식으로 읽을 수도 있고 한 부분을 유아에게 읽도록 할 수 있다.

(3) 동시 내용 이야기 나누기

동시의 내용에 대해 유아들과 이야기 한다. 이때 주의할 사항은 내용에 대한 이야기가 동시에 대한 즐거움을 없애지 않도록 하는 것이다. 유아들이 부담스러워 하지 않는 범위에서 동시에 대한 유아들의 의견을 들어본다.

(4) 동시 감상활동

동시를 듣고 난 후에 감상 후 활동을 해본다. 예를 들면 동시에 표현된 내용

중 반대 개념이나 유사 개념 있다면 이를 찾아 볼 수 있으며 동작으로 표현할 수 있는 부분이 있다면 동작으로 표현해 본다. 또 다른 말로 바꾸어서 동시를 지어 볼 수도 있다

(5) 동시 다시 읽어 보기

동시의 의미를 음미하거나 감상활동을 기억하면서 동시를 다시 읽어 본다.

다음은 교사가 동시판을 이용하여 동시를 읽어주고 유아가 활동지에 동시를 지어보는 활동을 한 예이다.

[그림 8-8]
동시를 읽어주는 교사

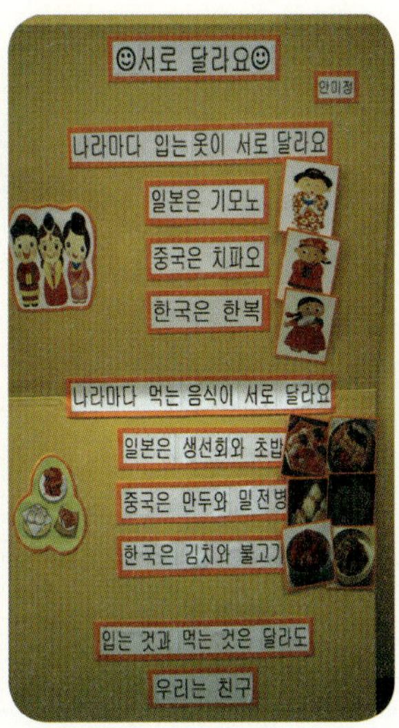

[그림 8-9]
동사판

[그림 8-10]
동시를 짓는 유아

CHAPTER 08

4 동화지도 방법

동화활동을 지도하기 위해서는 주제에 맞는 동화를 선택하고 동화의 내용을 기초로 수영역이나 과학영역, 사회영역 등과 통합하여 연계된 활동이 이루어지도록 한다.

1) 문학적 접근의 전개 : 수 · 과학, 사회 영역과의 통합

'만희네 집'이라는 동화를 기초로 각 활동영역에서 가능한 활동을 계획하였다.

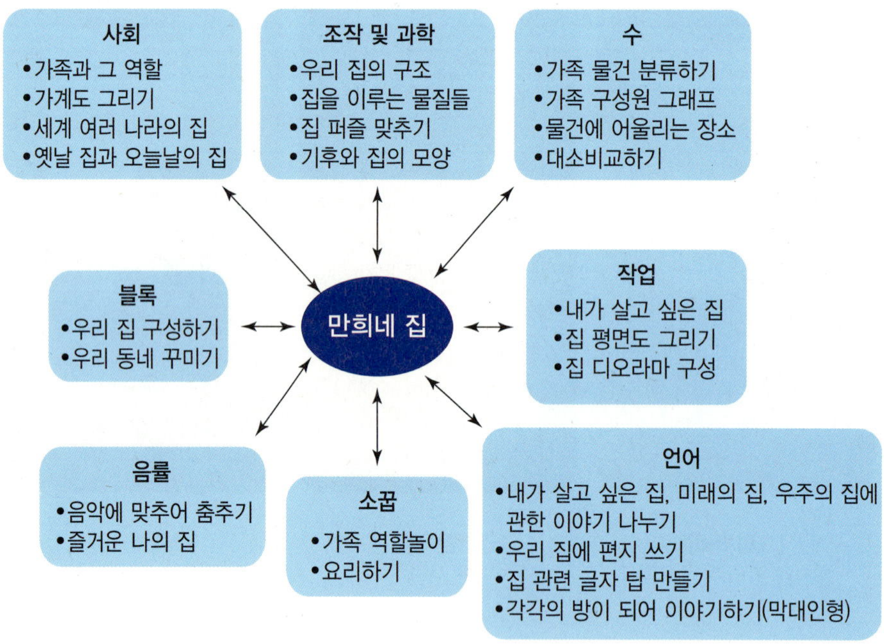

2) 동화의 전달 방법

유아는 사고의 발달단계에서 전조작기에 있다. 즉, 사물을 자신이 알고 있는 사상에 맞추어 사물을 파악하고, 사물의 가장 현저한 특성에만 주의집중을 하며, 자기중적이고, 비가역적인 사고를 한다. 따라서 동화를 소개할 때는 그 동화를 가장 잘 전달 방법이 무엇인가를 결정하고 전달매체를 잘 이용하는 것이 필요하다.

특히 유치원에서 유아에게 동화를 들려줄 때에는 적절한 책의 선정, 동화의 내용에 따라 적절한 전달매체의 선택, 책을 읽고 난 후의 감상표현 활동 등에 주의 깊은 계획을 세워야 한다. 이 중 동화를 전달하는 방법으로는 구연동화, 그림동화, TV동화, 입체동화, OHP동화, 융판동화, 자석동화, 막대 인형동화, 손 인형동화, 손가락 인형동화, Table 인형동화, 그림자 인형동화, 줄 인형동화 등 다양하다.

문학작품을 매체를 통해 전달하고자 할 때에는 다음의 사항을 고려하여야 한다(Rickelman & Henk, 1990).

① 원작의 질을 유지할 수 있어야 한다.

② 매체의 특성을 가장 효율적으로 이용할 수 있는 방식을 택하여야 한다.

③ 유아가 원작인 책에 흥미를 갖도록 할 수 있어야 한다.

동화의 전달방법과 감상표현활동은 11장과 12장에서 소개하였다.

[그림 8-10] 융판동화 활동

[그림 8-11] TV동화 활동

5 문학교육에서의 일반적 고려사항

유아들과 문학경험을 나눌 때 일반적으로 고려해야 할 점을 생각해보면 다음과 같다.

1) 규칙적인 동화 활동

동화의 이야기 자체로도 가치가 있으므로 유아가 규칙적으로 이야기를 듣거나, 읽도록 지도한다. 유아는 동화의 이야기를 통해 다른 사람에 관한 정보뿐 아니라 다른 세계, 다른 시대, 다른 문화에 대한 정보를 얻게 되어 다양한 시각과 사물을 보는 바른 눈을 갖게 된다. 또한 이야기 속 주인공들이 직면한 문제를 어떻게 해결하는가를 배우게 된다. 이는 일상생활에서나 TV를 통해서는 배울 수 없는 것이므로 규칙적으로 이야기를 접할 수 있는 기회를 제공하는 것이 좋다. 이야기 나누기 시간을 이용하여 유치원에서는 좋은 그림책이나 큰 책, 시 등을 활용하여 자연스럽고 규칙적으로 문학경험을 줄 수 있다.

2) 유아의 읽기 능력 파악

교사는 유아에게 문학교육을 하기 전에 유아의 읽기에 대한 기본 능력을 파악하고 있어야 한다. 유아발달과 관련하여 듣기, 말하기, 읽기, 쓰기에 대한 흥미, 시력발달, 방향감각, 사회·정서적 행동 등을 고려하여 적절한 준비활동을 계획하여야 한다. 또한 듣기, 말하기, 읽기, 쓰기 활동이 상호 연계되어 발달됨을 고려하여 유아가 정서적으로 긴장하지 않고 즐거운 가운데서 문학경험을 하도록 통합적인 활동계획을 세워야 한다.

3) 새로운 단어 소개

유아의 어휘력을 길러주기 위해 새로운 단어를 소개하거나 문맥 안에서 단어를 쉽게 사용할 수 있도록 이야기나 동시의 문장을 활용한다. 이야기나 동시를 이용하여 익숙한 단어의 괄호 넣기나, 동의어 찾기, 반의어 찾기, 재미있는 표현 찾아보기 등의 활동을 할 수 있다. 이런 활동을 통해 단어를 쉽게 배울 수 있으며, 문장 속에서의 어의를 파악할 수 있어 어휘력이 길러진다.

4) 흥미로운 준비 시간 제공

문학활동을 시작하기 전에 준비하는 시간이 필요하다. 책을 읽어주기 전에 어려운 단어를 소개해주거나 작가와 이야기의 배경이나 줄거리를 간략하게 소개하는 활동은 이야기에 대한 흥미를 높여주고 이야기를 올바르게 이해하게 해주며, 미리 상상해 보기 등을 가능하게 한다.

5) 문학경험의 목적 인식

교사는 유아들에게 문학경험을 주는 목적을 분명히 알아야 한다. 문학경험의 목적이 분명할 때 작품에 더 잘 주의집중을 할 수 있다. 따라서 목적을 유아들에게는 이야기하지 않는다 하더라도 교사는 소개하는 책을 통해 전달하고자 하는 목적을 분명히 인식하고 있어야 한다.

6) 적절한 책의 선정

유아들이 읽는 책을 선정할 때에는 유아의 발달단계에 맞는 책을 선택한다. 유아의 인지 발달단계와 작품의 예술성, 교육성, 흥미성 등을 고려하여야 한다. 따라서 교사가 먼저 읽어보아 감동을 주는 책을 선정한다. 유아의 가치판단에 혼란을 갖게 하는 내용을 선정하거나, 왜곡된 관점이나 교사의 자의적 기준에 따라 책을 선정해서는 안 되며, 보편적 진리에 기초한 책을 선정하는 것이 좋다.

유아를 위한 좋은 책은 6장 문학작품의 선정에서 자세히 소개하였는데 재미있는 단어를 사용하고 내용이 반복적이어서 운율이 있으며 다음에 나올 단어나 문장이 쉽게 예측되는 쉬운 책이 좋다. 그림과 이야기가 일치하고, 내용이 유아의 경험이나 일상생활과 연관되는 것이 좋으나 유아가 읽는 책이라고 너무 단순한 내용의 책만 선정하지 않도록 한다.

7) 책읽기 모델

부모나 교사가 책읽기의 좋은 모델이 된다. 교사는 유아의 행동학습에 있어 기준이 되고 모델이 되므로 교사자신이 책을 가까이 하는 모델이 되어야 한다. 부모나 교사가 유아가 읽는 책을 같이 읽는다면 책을 읽는 모습이 유아에게 교육적인 좋은 환경이 되고 유아와 대화할 소재를 제공하게 된다. 또한 유아의 사고 수준을 알 수 있어 유아를 보다 잘 이해하는데 도움이 되며, 교사와 유아, 부모와 유아 간에 상호작용을 빈번하게 하여 서로에 대한 애정과 신뢰감을 형성하게 한다.

8) 책 소개 방안

유아가 책에 대한 흥미를 갖도록 책을 소개하는 것도 하나의 방법이다. 작가에 대한 소개, 책이 쓰여 진 시대적 배경, 내용과 관련되는 에피소드, 주요 등장인물, 그림이나 삽화 등을 소개하고 재미있는 표현이 담긴 문장을 이야기하거나 낭독해주는 등의 방법을 사용하여 책을 소개한다면 유아는 책에 대한 흥미를 가질 것이다.

9) 유아의 신체적 특성 고려

유아 신체의 생리적 기능을 고려하여 무리가 되지 않는 독서가 되도록 한다. 유아기는 시력의 발달이 완성되는 시기이므로 시력에 무리가 가지 않도록 지도를 철저히 하는 것이 중요한데 책과 눈의 거리는 30~40㎝가 적당하며 똑바른 자세로 앉아 읽도록 지도한다. 교사가 유아들에게 집단으로 책을 읽어주는 경우는 교사와 유아들 간의 거리를 1m에서 1.5m 정도 떨어져 앉도록 한다.

CHAPTER 9

문학교육에서의 교사의 역할

문학교육에서의 교사의 역할을 다양한데 교사는 의도적인 문학교육이 이루어지는 교육과정을 잘 이해하고 이에 따른 적절한 지도방법을 선택하여야 한다.

1 문학활동에서의 교사 역할

유아가 문학작품을 가까이 하고 문학활동을 즐기며, 문학활동 내용을 이해하는 능력을 길러주도록 교사는 문학경험을 위한 교육계획을 충실하게 세워야 한다.

1) 문학활동 계획에서의 고려 사항

문학교육을 계획할 때는 다음 사항을 우선 고려하여 의도적인 문학교육이 되도록 한다.

① 교육 대상자를 정한다. 몇 명의, 어느 연령대의 유아를 대상으로 문학활동을 계획하는지를 분명히 한다.

② 교육 대상자의 능력과 흥미 성장발달의 요구사항 등 문학경험의 실태를 조사하고 파악한다.

③ 구체적인 문학교육 방법을 마련한다.

④ 필요하다면 관련되는 참고 자료나 도서 자료를 확보한다.

2) 문학활동의 계획

문학활동을 위하여 교사가 해야 할 역할은 다음과 같다.

(1) 목표의 설정

주간교육계획이나 일일교육활동의 목표와 연계하여 문학활동에서의 목표를 정한다.

목표는 구체적이 되도록 정하며 활동 후 평가를 통해 그 달성 여부를 파악 할 수 있어야 한다. 특히 유치원에서의 생활, 가정생활, 누리과정이나 보육과정 등과의 연계되는 문학활동이 되도록 목표를 설정한다.

(2) 문학작품의 선정

문학활동의 목표를 달성할 수 있는 도서를 선정한다. 이때 1년 또는 1학기 단위로 읽을 도서목록을 선정하거나 최소 단원별 도서목록을 작성하여 지도하는 것이 좋다. 대략적인 도서 목록이 작성되면 유아와 함께 읽을 책의 우선순위를 정하여 읽기 활동을 진행한다.

(3) 읽기 지도

유아가 선정한 책을 충분히 이해할 수 있도록 반복하여 책을 읽어 주거나 스스로 읽을 수 있도록 지도한다. 읽기 지도는 교사가 대·소집단으로 동화를 읽어 주거나 유아 개인별로 읽기 목록을 작성하여 유아가 개인적으로 또는 부모나 글을 아는 다른 유아나 성인들과 함께 책읽기를 하였는지 확인한다.

(4) 감상표현 지도

책을 듣거나 읽으면서 느낀 점과 경험을 다양한 방법으로 표현하도록 격려하여 책읽기 경험의 효과를 극대화하고 책읽기가 즐거운 경험이 되도록 한다. 문학활동 후 감상표현 지도방법은 12장에서 소개하고 있는데, 이들 중 읽은 책에 가장 적절한 방법을 선택하여 감상을 표현하도록 지도한다.

(5) 평가

계획된 문학활동의 목표가 달성되었는지, 문학활동을 지도하는 과정에서 문제점이나 잘된 점 등은 무엇인지를 평가한다. 이때 평가방법은 유아의 작품을 수집한 포트폴리오를 이용하는 것이 좋다.

(6) 새로운 목표 설정

새로운 문학활동을 위한 보다 발전된 목표를 설정하고 이전의 문학활동과 연계하여 문학활동 계획을 수립한다.

2 문학경험 습관의 형성과 교사의 역할

유아의 문학경험 습관 형성을 위하여 교사가 할 수 있는 방안을 소개하면 다음과 같다.

1) 매력적인 그림책 제공

유아에게 책 읽는 습관을 형성하기 위해 유아가 그림책에 흥미를 갖도록 매력적이며 재미있는 그림책을 제공한다. 동시에 유아가 그림책을 즐길 수 있도록 충분한 시간과 안락한 공간을 제공한다.

2) 다양한 작품의 소개

유아가 문학경험을 잘 할 수 있도록 다양한 장르와 내용의 책을 소개한다. 전설, 신화, 동화, 동시, 관찰문, 기행문 등 다양한 장르의 책을 제공함은 물론, 내용(전설, 옛날이야기, 생활동화)과 표현방식이 다른 여러 종류의 책을 유아가 접해볼 수 있도록 한다.

3) 전설과 민담 소개

유아에게 우리의 전설이나 민담 등을 소개한다. 전설에는 오랜 시대를 걸쳐 그 민족에게 이어져 온 보편적 가치가 내재해 있으며, 플롯의 구성이 단순하여 유아의 정서에 잘 맞는다. 이를 많이 소개하면 책에 대한 유아의 흥미를 높일 수 있다.

4) 발달에 따른 작품 소개

유아의 발달에 따라 다양한 길이의 책을 제공한다. 유아의 독서능력이 길러지면 그림만 있는 책에서 단순한 줄거리가 있는 그림책, 긴 문장을 담고 있는 그림책 등으로 바꾸어 제공함으로써 책에 대한 흥미를 지속시킨다.

5) 감상표현활동

유아가 문학활동을 하고 난 후에는 감상표현활동을 하도록 한다. 책을 읽고 난 후 유아가 자신이 이해한 내용과 느낀 점을 언어나 글 또는 그림, 몸동작, 미술 활동, 작업 활동, 극 활동 등 다양한 형식으로 표현해 볼 수 있도록 격려한다.

3 읽기 지도에서의 교사의 역할

교사는 유아가 책에 관심을 보일 때 유아에게 관심을 표명하며 책읽기를 격려하여야 하는 데 가끔씩 책을 읽는 모델이 되기도 하여야 하며 책을 수시로 교환해주고, 새로운 책이 비치된 경우에는 유아에게 책을 소개하는 시간도 갖는다. 또한 책을 읽음으로써 해결할 수 있는 과제를 제시하여 책읽기를 조장할 수도 있다. 가정과 연계하여 주말에 도서를 대출해 주거나 부모에게 좋은 책을 추천해준다. 도서관이나 도서전시회 등을 방문하거나 서점에 가서 직접 책을 구입하는 경험을 하는 것도 유아가 책과 가까워 질 수 있는 계기가 되며, 출판사를 견학하여 책이 만들어지는 과정을 알도록 돕는 것도 유아가 책을 좋아하게 하는 기회가 될 것이다.

유아의 문학활동은 스스로 읽거나 또는 개별적으로 읽어주고 상호작용 하는 것이 바람직하다. 교사나 부모의 역할은 유아에게 발달적으로 적합한 문학성 있는 좋은 책을 선정하고 그 책의 내용이나 장르에 따라 적절한 전달 방법으로 제시하여주어 유아가 책을 즐길 수 있도록 하는 것이다. 더 나아가 이해력, 추리력, 논리적 사고력, 주의력, 창의성 등을 길러주고 언어발달에 기여할 수 있도록 하는 것이다(Sutherland & Arbuthnot, 1991).

1) 소리 내어 읽어주기에서 지켜야 할 사항

브룸리(Bromeley, 1988)는 소리 내어 읽어주기 활동을 할 때 교사가 지켜야 할 지침으로 다음을 제시하고 있다.

① 읽기 좋은 문학작품을 선택한다.

② 아동에게 읽어주기 전에 교사자신이 읽어보아 동화의 내용을 파악한다.

③ 교실에서 유아들에게 읽어주기 전에 교사가 소리 내어 읽는 연습을 한다.

④ 유아가 편안하게 이야기를 들을 수 있는 공간을 마련한다. 때에 따라 기대거나 누워서 이야기를 들을 수도 있어야 한다.

⑤ 이해를 돕고 감상을 위해 그림책의 그림을 보여준다.

⑥ 읽은 그림책을 다시 보거나 읽을 수 있는 기회를 제공한다.

⑦ 유아의 반응을 관찰한다.

⑧ 유아가 잘 듣지 않는 경우 그 원인을 파악한다.

2) 책 읽어 줄 때의 고려 사항

유아의 경우 혼자 읽는 것이 어려우므로 책을 읽어주는 경우가 많은데 책을 읽어 이야기를 들려줄 때 고려해야 할 사항을 소개하면 다음과 같다.

① 책의 줄거리를 벗어나지 않도록 한다.

② 책을 읽어주는 도중 질문을 하여 듣는 재미를 반감시키지 않는다.

③ 책의 이야기를 듣는 유아의 반응으로 이야기의 효과를 판단하지 않는다. 몰

두를 하여 이야기를 듣는 경우도 반응을 보이지 않을 수 있다.

④ 교사의 목소리(음성) 이외의 지나친 몸짓, 손짓, 도구 등의 사용은 자제한다.

⑤ 이야기에 대한 설명을 붙이지 않는다.

4 이야기 구조전략에서의 교사의 역할

이야기 구조전략은 유아가 이야기의 구조에 대해 생각하고 이를 다른 이야기에 일반화시키며 비판적 사고를 돕기 위한 교수전략이다(Moen, 1991). 여기서 사고는 문제를 명료화하고 해결하여 의사를 결정하도록 돕는 정신활동으로 질문에 대한 대답과 의미를 찾는 것이라고 정의된다.

1) 사고를 촉진하는 문학활동

모엔(Moen, 1991)은 문학적 접근을 통해 아동의 사고 과정을 촉진하는 원칙을 다음과 같이 제시하고 있다.

① 아동의 사고를 요하는 교재, 활동, 교수방법을 개발하여 사용한다. 예를 들어 도로의 이름을 단순히 읽고 쓰는 연습지를 사용하는 대신 집에서 유치원까지의 지도를 그리고 쓰고 읽어 볼 수 있다.

② 아동이 이야기를 재화하는 것 이상의 사고를 요하는 질문을 한다. 사실적 질문도 필요하지만 사실적 질문은 아동의 비판적이고 창의적인 사고를 제한할 수도 있다.

③ 아동에게 질문을 하거나 아동의 질문에 반응하기 전에 기다리는 시간을 제공한다. 3~10초 정도의 기다리는 시간은 아동의 상상을 자극한다.

④ 아동이 사고하도록 교사가 시범을 보인다. 교사는 문제를 진술하고 문제해결방법을 검토하고 선택하여 적용하는 단계에서의 모델이 되어야 한다.

2) 문학활동과 지적 기능 모형

코스타(Costa, 1985)는 '지적 기능 모형(Mode of Intellectual Functioning)'에서 유아의 사고를 위한 입력단계의 질문, 진행단계의 질문, 자료출력단계의 질문 등의 다양한 유형의 질문을 제시하고 있다.

(1) 자료입력단계의 질문

정보를 수집하고 재화하는 단계로 정의하기, 묘사하기, 열거하기, 인식하기, 명명하기, 짝짓기, 수세기, 인용하기, 선택하기, 완성하기 등의 인지행위가 이루어진다.

표 9-1 자료입력단계의 질문

질 문	인지행위
○○에서 나오는 주인공은 누구니?	명명하기
○○에서 나오는 ○○는 어떻게 생겼니?	묘사하기
그림책의 제목과 주인공을 짝지어보자.	짝짓기
○○ 책에서 나오는 동물은 몇 마리일까?	수세기
○○에서 나온 물건들을 말해보자.	열거하기
○○에서 사용한 ○○의 뜻은 무엇이지?	정의하기
○○의○○에 나오는 것 중 ○자로 시작하는 단어를 말해보자.	선택하기
○○의 작가는 누구이니?	완성하기
○○의 표지에서 ○○과 ○○을 찾아볼 수 있겠니?	식별하기
○○의○○에서 나오는 구절을 말해보자.	인용하기

(2) 진행단계의 질문

수집한 정보를 분석, 종합, 비교, 대조, 원인과 결과에 기초한 결론을 내리는 단계로 비교하기, 대조하기, 설명하기, 배열하기, 요약하기, 추론하기, 범주화하기, 구별하기, 조직하기 등이 있다.

표 9-2 : 진행단계의 질문

질문	인지행위
'일곱 마리 아기 양과 늑대'와 '해와 달이 된 오누이' 비교해보기	비교하기
○○과 ○○ 대조하기	대조하기
'프레드릭'에서 주인공이 옥수수, 콩, 보리 등을 줍지 않은 이유는 무엇일까?	설명하기
○○에서 주인공을 ○○하게 만든 것은 무엇이니?	원인 설명하기
○○에서 ○○은 어떤 영향을 주었지?	효과 설명하기
○○을 읽고 ○○는 어떤 감정을 느낀다고 생각하니?	추론하기
○○의 사건을 배열해 보자.	배열하기
다음 몇 가지 이야기를 두 가지로 분류해 보자.	분류하기
제시한 이야기를 두 가지로 나누어 보자. 예) 주인공이 여자인 이야기, 주인공이 남자인 이야기	범주화하기
'갯벌이 좋아요'에서 바다생물에 관한 정보를 알리기 위해 포스터를 만들고자 한다. 어떻게 만들 수 있을까?	조직하기
같은 작가의 작품그림을 비교하고 다른 작가의 그림과 구별하기	구별하기
○○에서 작가가 전달하고자 하는 말은 무엇인가?	요약하기

(3) 자료출력단계의 질문

아동의 상상과 판단을 통하여 기존의 정보를 새로운 상황에 적용시키는 단계로 상상하기, 계획하기, 평가하기, 예측하기, 추측하기, 창안하기 등이 있다

표 9-3 : 자료출력단계의 질문

질문	인지행위
'브레맨의 음악대'에서 동물들은 자신이 편한 방법으로 잠을 잤는데, 자신이 편한 대로 잠을 자는 다른 동물의 예를 들어보자.	원칙 적용하기
'무지개 물고기'를 위한 다른 종류의 물고기를 만들어보자.	발명하기
○○의 그림을 ○○에 붙인다면 어떻게 될까?	가설 세워보기
'아낌없이 주는 나무'에서 나무가 얼마나 도움이 되는지 설명하고 있다. 만약 나무가 모두 없어진다면 어떤 일이 벌어질까?	상상하기
○○의 그림과 ○○의 그림 중 어느 것이 더 재미있다고 생각하니?	삽화 판단하기
'옛날에 한 생쥐가'에서 사자를 다시 쥐로 만든 결정은 올바른 것일까?	평가하기
'주만지'에서 엄마 말씀대로 하였다면 어떤 일이 벌어졌을까?	추측하기
'Ox-cart Man'에서 5월에 감자를 심고 거위는 털을 가는 장면이 나온다. 4개월 뒤인 10월에는 무엇을 하고 있을까?	예측하기
'Stone soup'을 읽고 식단을 짜보자.	계획하기

5 감상과 창의적 표현 지도를 위한 교사의 역할

유아가 재미있게 이야기 듣기나 책을 읽었다면 자신이 느낀 감상을 표현하며 더 나아가 창의적 표현을 하고자 한다. 이때 발견(지식)이나 느낌(감동)을 표현할 기회를 주면 글의 내용을 더 잘 기억하게 되고 표현하는 능력도 길러진다.

1) 감상표현 지도

책을 읽고 나서 글이나 말로 표현하는 과정에서는 사고력, 상상력, 판단력, 추리력, 문제 해결력, 창의력 같은 능력이 길러지는데 감상의 표현은 대부분은 잠재되고 그중 일부만이 밖으로 표출되게 된다. 감상표현은 문자를 매개로 한 표현과 문자 이외의 다른 표현기법을 매개로 하게 된다. 감상에 대한 반응은 생각하기, 말하기, 쓰기, 몸으로 표현하기, 그림이나 작품으로 표현하기 등 다양하다.

따라서 교사는 다양한 방법을 활용하고 문학의 장르와 유아의 발달 수준에 따라 융통성 있게 유아의 반응을 격려하여야 한다. 전통적으로 독서 후 활동은 독후감 쓰기가 대부분이었다. 모범적 독후감 쓰기는 읽게 된 동기, 줄거리 요약, 자신의 느낌으로 구성된다. 이는 언어능력에 제한이 있는 유아에게 적절치 않으며, 책을 모두 읽어야 한다는 전제하에서 가능하다. 그러나 책을 전부 읽지 않아도 감상과 창의적 표현은 가능하다. 예를 들면, 독서 감상화 그리기, 도서내용 이어 쓰기, 독서 신문, 퍼즐제작, 자료 조사하기, 시 짓기, 작중 인물에 편지 쓰기, 주인공 설명하기, 그림이나 제목에 대해 말하기, 저자에 대해 알아보기, 이야기하는 것을 녹음하여 듣기, 역할극 하기, 뒷이야기 구성하기, 그림으로 표현하기, 주인공 인형 만들기, 작은 책 만들기, 퀴즈 대회, 만화로 나타내기, 도식화하기, 미로 찾기, 독서게임 만들기, 자유 연상하기, 작품 개작하기, 앙케트 조사하기 등 다양한 표현이 가능한데 이중 교육현장에서 쉽게 활용할 수 있는 방법을 소개하면 다음과 같다.

(1) 책 읽고 토론하기

토론을 통해 도서에 대한 흥미를 길러주고 이해를 높여 줄 수 있도록 한다. 대집단 또는 소집단으로 이야기 나누기를 하며 충분히 말할 수 있는 기회를 제공한다. 쉽게 할 수 있는 토론 소재는 줄거리 말하기, 주인공이나 등장인물 묘사하기(좋은 점이나 나쁜 점 말하기) 등이 있다.

[그림 9-1] 책 읽고 이야기 나누기

[그림 9-2] 동화 듣고 융판 조각 붙이기

(2) 언어적 표현하기

언어로 표현할 수 있는 방법으로는 책에 나온 어휘 연상하기, 단어 의미 말하기, 비슷한 말 반대말 찾기, 인물평하기, 대사 말하기, 극놀이 하기 등이 있다.

[그림 9-3] 연상 단어 쓰기

[그림 9-4] 연상 단어 쓰기 작품

CHAPTER 09

(3) 시각적 표상하기

책 읽은 느낌을 시각적으로 표현하는 방법으로는 인상에 남는 그림 그리기, 무대배경 꾸미기, 주인공 만들기 등을 할 수 있다.

[그림 9-5] 동화 속 등장인물로 막대 인형 만들기

[그림 9-6] 막대 인형으로 인형극 놀이하기

2) 동극으로 표현하기

감상표현방법의 하나인 동극이나 역할극 하기는 감상표현방법 중 가장 발전된 방법이다. 극 활동은 언어적 표상과 시각적 표상 모두를 포함하는 종합적 표현이다. 이를 통해 유아의 성격이나 정서 상태에 바람직한 변화를 가져올 수 있다.

책을 읽은 경험은 유아가 미술작품(그림 또는 조형물)으로 표현되는데, 이러한 미술작품은 그에 일치하는 이야기를 만들어냄으로써 유아가 자신의 이야기를 창조하고 확장하게 된다. 이때 이야기를 말하면서(narrations) 동작을 수반하게 되는데, 이것이 발전하면 극 활동이 된다.

교사는 유아의 극 활동을 돕기 위해 소품을 계획하고 만들고 이야기를 전개하고 글을 쓸 수 있는 공간(free art table)과 시간을 제공해 주어야 한다. 또한 유아가 자신이 만드는 이야기에 열중하도록 격려하여 유아는 자신의 그림 이야기가 가치 있다는 것을 알게 한다. 컴퓨터 프로그램의 그림 자료를 활용함으로써 배경을 쉽게 만들 수도 있으며 때론 교사가 어떤 자료들을 활용할 수 있는지 알려주거나 소품을 만드는 모델이 되기도 해야 한다. 이러한 놀이는 유아의 문해경험을 풍부하게 하는데, 그림을 보고 이야기를 말하는 것과 같이 문자 언어로 쓸 수 있다. 또는 교사가 유아가 자신의 그림에 대해 이야기하는 것을 받아 기록해줌으로써 이야기 쓰기를 조장할 수 있다. 이러는 과정에서 유아는 자신이 만들어 낸 이야기를 듣고 싶어 하고 자신의 작업에 관해 글로 쓰고자 하는 욕구 갖게 된다.

극 활동에서의 소품은 이야기를 발전시키는데 중요한 자료이나 유아는 미술품에 익숙해지기까지는 극 활동에서 소품으로 사용하지 않는다. 예를 들면 밀가루 반죽을 던지고, 찌르고, 두드려 펴보고, 잘라 내는 등의 여러 방법으로 탐색을 한 뒤에야 생일 케이크로 사용하게 된다(Davidson, 1996).

7 문해발달을 위한 교사의 역할

유아의 문해발달과 언어발달에 도움이 되는 환경구성을 마련하기 위해 교사가 고려할 사항을 제시하면 다음과 같다.

① 유아들과 매일 책읽기를 하는가?

② 유아가 이야기시간에 좋아하는 책을 선택하고 적극적으로 참여하도록 격려하는가?

③ 가정에서 부모가 유아에게 책을 읽어주도록 격려하는 방법을 알고 있나?

④ 책과 읽기 경험이 유아의 학습과 연결시키는가?

⑤ 일상적인 활동으로 읽고 쓰는 다양한 방법을 유아에게 제시하는가?

⑥ 극놀이 영역에 문해 소품이나 자료를 제공하는가?

⑦ 적당한 장소에 이름표, 만화, 인쇄물 등을 놓아두는가?

⑧ 유아가 스스로 또는 친구들과 함께 책을 읽을 수 있는 사적인 공간을 제공하는가?

⑨ 유아의 문화적 종교적 배경을 긍정적으로 묘사하는 다양한 책들과 인쇄물들을 제공하는가?

⑩ 책을 유아가 쉽게 꺼낼 수 있는 곳에 두는가?

⑪ 유아가 책읽기에 흥미를 갖도록 책을 보이도록 전시하는가?

⑫ 유아의 흥미와 생생한 상상력을 불러일으키도록 극놀이 영역에 인쇄물을 교환하거나 새롭게 바꾸어 주는가?

CHAPTER 10

동화구연

동화구연은 재미있고 유익한 동화를 교구나 소품 없이 목소리로 연기하여 표현하는 것을 말한다. 구연은 이야기를 들려주는 경우 이외에도 그림책을 읽어주거나 동화를 전달하는 여러 교구를 이용하여 동화활동을 할 때 그리고 인형극을 할 때도 필요한 문학전달의 기본적인 방법이다.

전통적으로 구연은 아동에게 즐거움을 제공하고 교육적 효과를 높일 수 있는 좋은 기술로 간주되어 왔다. 구연의 역사는 이야기가 문자로 기록되기 이전부터 시작되었으며, 대부분의 문화권에서 구연자는 오락거리를 제공함과 동시에 과거와 현재를 연결하는 그 사회의 도덕적 가치를 전수하는 전달자의 역할을 하였다. 오늘날에도 구연은 글을 잘 읽지 못하는 유아에게 즐거움과 상상력을 키워주고 언어를 확장시키며, 이야기를 해석하고 내면화하는 힘을 길러주는 좋은 매체로 평가받고 있다(Morrow, 1985).

1 구연동화의 교육적 가치

구연은 즐거움을 제공하고 아동의 흥미를 불러일으키고 주의집중을 용이하게 하는 등 많은 가치를 지니는데, 이를 구체적으로 살펴보면 다음과 같다.

① 아동들에게 좋은 문학작품을 손쉽게 접할 수 있는 기회를 제공한다.

② 다른 나라나 문화권에서의 생활 모습을 생생하게 들려줌으로써 아동에게 다른 사람이나 다른 문화에 대한 이해를 높게 한다.

③ 자연스럽고 재미를 느끼는 가운데서 지식을 확장하고 어휘력을 기를 수 있게 한다.

④ 이야기를 듣는 과정에서 이야기의 이미지를 자유롭게 상상해보는 것이 가능하다. 이를 통해 상상력과 창의력의 발달을 도울 수 있다.

⑤ 읽기 능력이 부족한 어린 아동에게 이야기를 구연해줌으로써 이야기의 내용이나 구조를 더 잘 이해하도록 돕는다.

⑥ 구연하는 동안 구연자의 시선이 아동에게 있으므로 아동의 반응을 고려하여 유아들과의 적극적인 상호작용이 가능하다.

⑦ 이야기를 들려 줄 때 각색과 개작을 통해 아동의 발달수준은 물론 아동의 흥미나 관심사 등을 고려할 수 있다.

⑧ 구연자는 다른 사람 앞에서 말하기의 좋은 모델이 되어 아동이 다른 사람 앞에서 조리 있게 자신을 표현하도록 돕는다.

2 구연과정

1) 구연동화의 선정

동화를 구연을 하고자 할 때는 무엇보다도 아동의 발달과 경험에 적합한 이야기를 선정하여야 한다. 또한 아동의 흥미나 발달단계, 이야기 상황 등을 고려하여 동화를 재구성하는 것이 요구되기도 한다.

구연에 적합한 동화로는 다음의 요소들을 포함한 것이 좋다.

① 동화가 활동을 중심으로 구성되어 있어 풍부한 행동과 사건, 장면의 변화가 빠르게 전개되며 움직임이 생생하게 전달되는 것이 좋다.

② 작품의 배경은 단순한 것이 좋으나 극적인 효과를 낼 수 있는 반전이나 등장인물이 있는 동화가 좋다.

③ 감정적인 호소력이 있는 감동적인 동화가 좋다.

④ 흥미로운 시작과 만족할만한 결말을 담고 있어 이야기의 시작, 중간, 결말이 분명해야 한다.

⑤ 이야기의 등장인물의 성격이 분명한 것이 좋으며 등장인물은 3명 정도가 좋으며, 5명보다 많은 경우 구연이 어렵다.

⑥ 이야기가 대화체로 구성되어 있으며 반복적 요소와 재미있는 언어 표현, 운율 등이 담겨 있는 경우 구연이 재미있다.

⑦ 구연자가 좋아하는 동화나 재미있다고 느끼는 동화를 선정하는 것이 구연을 편안하게 느끼며 즐기면서 구연할 수 있게 하는 요소이다.

⑧ 동화의 길이가 적당한 동화가 좋다. 대개 유아는 5~7분, 저학년은 5~10분, 고학년은 10~15분 정도가 적당하다고 한다. 어린이 대상의 동화구연 대회에서는 5분 내외의 시간으로 제한하는 경우가 많으나 보통의 경우 10분 정도의 이야기가 적당하다.

⑨ 동물이나 또래의 아동들이 주인공인 아동에게 친숙한 내용을 담고 있는 것이 좋다.

⑩ 유아가 이미 알고 있는 동화의 경우 구연을 할 때는 재미가 반감되므로 유아에게 낯선 동화를 선택하여 구연하는 것이 좋다.

2) 구연의 준비 과정

구연을 잘 하기 위해서는 많은 시간과 노력을 들여야 하는데, 구연을 위한 준비 과정은 다음과 같다.

① 구연할 동화가 선정되고 나면 동화를 여러 번 읽어보아 이야기 내용과 구성, 분위기 등을 파악한다.

② 다음은 이야기를 자세히 읽는 과정에서 이야기의 장면을 나누고, 대화의 특징과 이야기 배경의 특성을 살핀다. 동시에 등장인물들의 독특한 성격을 드러낼 방안을 생각한다.

③ 이야기의 전개과정(도입, 전개, 절정, 결말)을 주의 깊게 살펴본다. 이야기에 관심을 유도할 도입부분을 소개할 방안, 절정을 이끌어 낼 사건을 소개할 방안, 결론에 도달하는데 필요한 내용과 사건을 간략하면서도 생생하게 이야기할 방안, 결론에서 이야기를 마무리할 방안 등을 고려하여야 각 부분을 어떻게 강조할지를 결정해야 한다.

④ 구연을 할 때는 이야기를 외워 전달하는 것은 이야기의 재미를 반감하며, 구연 도중에 기억이 나지 않을 경우도 있으므로 이야기를 자기 나름대로 소화하여 들려주는 것이 좋다.

⑤ 구연에서 중요한 것은 구연의 서두에서 아동의 주의를 집중시키고 마음을 사로잡는 것이므로 주의집중 방안과 흥미를 지속시킬 방안을 마련하여야 한다. 동시에 구연을 하는 동안 아동의 반응에 민감하여야 한다.

⑥ 이야기를 생생하게 전달하기 위해서는 구연자가 스스로 이야기에 몰입하여야 함은 물론 말하기 기능을 개발하여야 한다. 즉, 분명한 발음, 다정하고 부드러운 목소리, 차분한 태도, 분위기에 맞는 표정 등을 연습하여 구연을 듣는 동안 충분히 재미를 느끼도록 준비한다.

⑦ 필요하다면 이야기를 구연하기에 적합한 내용으로 개작한다.

⑧ 구연할 이야기 내용을 모두 암기할 필요는 없으며, 구연에 중요한 역할을 할 몇몇 구절이나 사건을 기억하여 이야기를 구연할 때 활용한다. 이때 이야기의 핵심 내용을 적은 단서지(cue sheet)를 만들어 이야기의 전개 과정을 잊지 않도록 준비한다.

⑨ 아동이 동화구연을 잘 들을 수 있도록 자리의 정돈과 배치를 어떻게 할지 준비한다. 자리는 교사를 중심으로 반원 형태로 구성하는 것이 좋으며 아동의 시선을 끌만한 물건은 미리 치우도록 한다. 햇빛이나 전등에 눈이 부시지 않도록 고려하며, 이야기 도중 방해받지 않고 편안한 자세로 이야기를 들을 수 있도록 배려한다.

⑩ 등장인물의 성격을 묘사할 적절한 목소리와 표정, 몸짓 등을 미리 충분히 연습하여 자연스러운 구연이 되도록 한다. 특히 아동들 앞에서 구연하기에 전에 구연한 것을 카세트에 녹음하여 자신의 말하는 속도, 목소리의 음색과 톤 등이 적당한지 살펴본다.

3) 구연하기

구연을 할 때는 유아들을 구연자와 일정한 거리를 두고 편안한 자세로 앉게 하고 다음을 주의하여 이야기를 들려준다.

① 구연을 할 때에는 먼저 자연스러운 도입이 되도록 이야기 들려주기 시간임을 알리는 노래나 손유희 등을 사용하거나 직접 언어표현을 통해 이야기 듣기 시간임을 알려 아동의 주의를 집중시킨다.

② 아동들이 교사 앞에 앉아 주의를 집중하면 구연을 시작하는데 이야기의 끝까지 아동의 흥미를 끌 수 있도록 유의한다.

③ 교사가 이야기에 몰입한 상태에서 목소리를 통해 아동을 이야기 속으로 끌어드리도록 한다. 이를 아동이 잘 알아들을 수 있도록 발음을 분명히 하고 적당한 속도와 강도, 높낮이 등을 유지하되 적절한 변화를 주어 지루하지 않도록 한다.

④ 구연을 할 때에는 여유를 가지고 천천히 이야기하여 이야기의 맥을 놓치거나 중요한 내용을 빠뜨리지 않도록 한다. 중요한 사건을 빠뜨린 경우는 구연을 멈추거나 이야기의 앞으로 되돌아가지 말고 가능한 한 빠뜨린 내용을 이야기의 다른 부분에 넣어 이야기가 자연스럽게 전개되도록 한다.

⑤ 이야기의 절정부분을 잘 구성하여 극적 효과와 감흥을 높이고 이야기를 반복하거나 교훈적 설교를 하지 말고 이야기를 마무리 짓는다.

⑥ 구연하는 동안 내내 아동의 반응을 고려하여 아동이 지루해하거나 싫증을 내지 않도록 배려한다.

⑦ 구연을 할 때 교사의 시선은 아동에게 두어야 한다. 이 경우 아동의 반응을 살피는 것이 용이하며 동시에 아동이 산만해지는 것을 막는 효과가 있다.

⑧ 풍부한 얼굴표정과 적당한 몸짓을 주어 아동이 이야기에 집중할 수 있도록 돕는다.

⑨ 분위기를 바꾸기 위해 아동의 참여를 유도하거나 질문을 하기도 하는데, 이것이 빈번해지면 이야기의 흐름을 끊어 재미를 반감시키거나 대답을 해야 하는 부담감을 느낄 수 있으므로 주의한다.

⑩ 필요한 경우 이야기에 등장하는 소품을 활용할 수도 있다. 소품은 구연활동에서 주의를 집중시킬 하나의 방안이 될 수 있기는 하나 너무 많은 경우 오히려 관심을 분산시키는 방해요인이 될 수 있으므로 꼭 필요한 것만 한두 가지 준비한다.

3 동화구연의 실제

1) 정확한 발음의 연습

동화를 구연하고자 할 때에는 아동이 구연자의 발음을 바로 따라하므로 언어발달에 긍정적인 효과를 가져 오려면 정확한 발음을 하는 것이 제일 중요하다. 정확한 발음을 할 수 있도록 자음과 모음을 결합하여 천천히 또박또박 소리 내어 발음하는 연습을 한다. 어느 정도 발음이 정확해지면 차츰 빠르게 큰소리로 발음하며, 발음이 어려운 문장을 소리를 내어 연습을 한다. 발음이 어려운 문장을 말할 때는 입 모양을 정확하게 하여 짧게 끊어 천천히 읽다가 익숙해지면 길게 이어 빠르게 발음을 한다. 자신의 말소리를 녹음하여 들어보면 언어 발성 습관을 파악하는데 도움이 된다.

2) 표정

동화를 구연할 때에는 목소리 연기는 물론 얼굴 표정, 약간의 동작 등이 필요하므로 구연내용에 따라 어떤 얼굴 표정을 짓는 것이 효과적인지 생각하여야 한다. 눈을 심하게 깜빡이거나 코나 입을 실룩거리는 것은 듣는 사람에게 불안감을 줄 수 있으므로 주의한다. 구연을 시작할 때에는 편안한 표정과 안정된 자세를 갖는 것이 좋으며, 이야기와 조화되는 다양한 표정을 지어 구연이 지루해지지 않도록 한다. 구연 시 시선은 이야기를 듣는 유아들에게 두어 유아의 표정도 읽도록 한다. 자연스러운 표정을 짓도록 거울을 보면서 표정 연습을 하도록 한다.

3) 구연의 자세

구연은 선 자세와 앉은 자세 모두에서 가능하므로 구연하는 장소나 대상자의 특성을 고려하여 서서 구연을 할 것인지 또는 앉아서 구연을 할 것인지 정한다.

서서 구연을 할 때의 기본자세는 다리는 어깨 넓이로 벌리고, 손은 가볍게 주먹을 쥐어 자연스럽게 내려뜨리고, 가슴은 바르게 핀 상태가 좋다. 턱은 약간 안으로 당긴 상태에서 시선은 정면을 바라보고, 눈은 크게 뜬다.

앉은 자세에서 구연을 할 때에는 의자등받이 까지 깊숙이 앉아 허리를 곧게 편 상태에서 무릎을 가지런히 하고, 손은 가볍게 잡아 무릎 위에 자연스럽게 놓는다. 무릎을 꼬아 앉는 자세는 좋지 않으며, 탁자가 있는 경우 탁자를 가볍게 잡는 것은 괜찮으나 몸을 기대는 자세는 좋지 않다.

인사를 할 때에는 미소를 띤 얼굴로 양손을 배꼽 정도의 높이에서 맞잡고 45도 정도 허리를 숙인다. 머리는 허리와 같이 일직선이 되도록 하며, 2~3초를 센 후에 고개를 들면서 양손을 바르게 내린다.

표정과 눈짓, 몸짓, 손의 움직임은 이야기의 뜻을 강조해주어 주의집중을 유도하고, 동화의 재미를 살려주며, 청자의 상상력을 길러주는 효과가 있으므로 사전에 어떤 표정과 동작을 지을 것인지를 생각하여야 한다. 또한 표정과 동작은 이야기 내용과 일치되어야 한다. 동작이 너무 많을 경우에는 산만하다는 느낌을 줄 수도 있으며, 동작은 자연스러우면서도 확실하게 보이도록 한다.

4) 구연 방법

구연할 때의 방법을 소개하면 다음과 같다.

① 문장 어미에 변화를 주어 지루하지 않도록 한다. 예를 들어 '~습니다'로 되어 있는 어미를 '~어요', '~단다', '~지요' 등의 다양한 형태로 바꾼다.

② 반복되는 단어나 문장이 있을 경우는 리듬을 넣어 길거나 짧게, 높거나 낮게 구연한다.

③ 단어에 맞는 뜻을 목소리에 담아 구연한다. 예를 들어 '커다란'은 큰소리로, '긴'은 길게 발음하며, '얼른', '빨리' 등은 짧고 빠르게 발음한다.

④ 해설 부분이나 극적인 대사 뒤에서는 여운을 주어 청자가 즐길 수 있도록 하며, 끝맺을 때에도 여운이 남도록 한다.

⑤ 구연의 속도는 청자의 반응을 살피며 하는데 조금 빠른 듯 진행하는 것이 박진감을 주고 지루하다는 느낌이 없게 한다.

4 동화의 개작

대부분의 동화는 읽는 동화이므로 구연하기에 적당하도록 개작을 하여야 하며, 특별히 구연을 위하여 쓰여 진 동화라 하더라도 구연자가 구연을 쉽게 할 수 있도록 개작을 하는 과정이 필요하다.

1) 동화 개작이 필요한 경우

다음의 경우는 동화의 개작이 필요하다.

① 동화가 너무 길어 제한된 시간 안에 구연을 끝낼 수 없는 경우, 또는 이야기가 너무 단순하여 이야기를 늘려야 하는 경우.

② 재미없는 부분이 들어 있는 경우.

③ 외국 작품이어서 우리 상황에 맞지 않은 내용이 있는 경우.

④ 어른용의 어려운 어휘로 되어 있어 어린이에게 적당하지 않은 경우.

⑤ 내용에 잔인한 것이나 공포를 담고 있거나 계모나 장애 등에 대한 편견이 포함되어 있는 경우.

⑥ 특정인이나 직업 등을 비하하는 내용이 있는 경우.

2) 개작을 할 때의 주의 사항

구연할 이야기가 적당치 않은 경우는 개작을 하는 것이 좋은데, 개작을 할 때에는 다음의 사항에 주의한다.

① 문어체로 되어 있는 읽는 동화를 구어체의 듣는 동화로 바꾼다.

예를 들어 '하였습니다'는 '하였어요', '하였지요', '하였답니다', '하였단다' 등의 대화체로 바꾼다.

② 설명하는 문장을 대화체로 바꾼다.

설명이나 지문이 많으면 구연을 할 때 지루해지므로 내용을 대화체로 바꾼다. 이때 주의할 점은 지나치게 개작을 하여 원작이 손상되지 않도록 하며, 대화가 내용의 흐름을 방해하지 않도록 한다. 구연하는 동화의 2/3 정도는 대화로 구성되도록 하는 것이 좋다.

예를 들면 다음과 같이 대화체로 바꾼다.

> 철수가 놀자며 나를 불렀습니다.
>
> →"영희야, 놀~자. 영희야, 노~올~자."
>
> 들에 핀 예쁜 꽃을 보시고 어머니는 아름답다고 말씀하셨습니다.
>
> →"아! 들꽃이 곱구나. 정말 아름다워!" 어머니가 말씀하셨습니다.

③ 등장인물의 특성을 분명한 이미지로 전달하여야 한다. 이때 언어적 표현은 물론 목소리나 몸짓을 통해 등장인물의 통일된 성격을 표현하여 등장인물의 특성을 생동감 있게 표현할 필요가 있다. 따라서 개작을 할 때는 등장인물의 성격이나 배경 등을 고려한다.

④ 의성어나 의태어를 포함시켜 유아의 상상력을 자극하고 언어의 재미를 느끼게 한다. 이야기의 배경을 충분히 시각적으로 상상할 수 있도록 배경을 분명히 한다.

예를 들면 다음과 같이 의성어를 넣어 개작한다.

> 영희는 기쁨에 소리를 질렀습니다.
>
> →'야호, 와~ 정말 기뻐!' 영희의 입에서 탄성이 저절로 흘러나왔습니다.

⑤ 구연에 변화를 줄 수 있도록 과장법, 반복법, 점층법 등을 사용하여 흥미를 불러일으키고 공감대를 형성하며 감정을 표현할 수 있도록 개작한다.

⑥ 구연자의 품위를 떨어뜨리는 말은 쓰지 않는다.

구연을 통해 어린이에게 바른말을 제시해 주어야 하므로 아름답고 바른 말을 골라 쓰도록 노력하여야 한다. 특별히 천한 말, 유행하는 말, 거짓말, 지나친 사투리나 외래어 등은 쓰지 않아야 한다.

⑦ 이야기의 기본 줄거리가 손상되지 않도록 한다.

개작을 하다보면 욕심이 앞서 원래 이야기와 다른 이야기를 만들어내는 경우가 있는데 개작을 할 때는 원작의 기본 줄기는 손상하지 않으면서 이야기의 살을 붙이거나 빼야한다.

다음은 이솝우화에 나오는 '여우와 포도'를 개작한 예이다.

여우와 포도

어느 무더운 날이었다. 여우는 배가 고프고 목이 말라 거의 죽을 지경이었다. 아무거나 먹을 것이 있었는데 좋겠는데 하고 혼자말로 중얼거리면서 위를 보니, 마침 잘 익은 검은 포도송이가 포도나무에 주렁주렁 매달려 있었다.

「재수가 좋구나!」하고 여우는 말했다.

「저렇게 높지만 않다면 저것을 따먹을 수 있을 텐데. 저걸 내가 딸 수 있을까.」

여우가 공중으로 깡충 뛰어오른다는 것은 쉬운 일이 아니다. 그러나 이 여우는 크게 한 번 뛰어 올랐다. 그래서 제일 낮은 곳에 있는 포도송이에 거의 닿을 뻔했다.

「이번에는 더 높이 뛰어 봐야지.」하고 여우는 말했다.

여우는 몇 번이나 해 보았으나 처음만큼도 뛸 수가 없었다. 드디어 차츰 지쳐서 포도를 따먹을 수가 없게 되자 여우는 혼자 중얼거리면서 천천히 걸어갔다.

「저 포도는 너무 시어서 나는 도저히 먹을 수가 없을 거야. 걸신들린 새들이나 먹으라고 남겨두자. 그놈들은 무엇이든 먹으니까.」

이솝우화 '여우와 포도'의 개작

「아이! 더워, 왜 이리 날씨가 덥지.
배도 고프고, 목도 마르고, 정말 죽을 지경이군.
어디 먹을 것이 없을까? 먹을 것이 있으면 좋겠는데.
와, 포도다. 정말 탐스럽게 잘 익은 포도군. 맛있겠는걸.
나는 재수가 좋단 말이야.
그런데 뭐야. 포도나무가 너무 높잖아. 내가 포도를 딸 수 있을까.
어디 한번 뛰어봐야지. 저 맛있는 포도를 포기할 순 없잖아.
하나, 둘, 셋, 의~싸.

거의 닿을 뻔했는데. 다시 한 번 해보자.
하나, 둘, 셋, 의~싸싸.
아~휴, 힘들어. 점점 힘이 빠지네.
다시 한 번 힘을 내서. 하나, 둘, 의라~차차.
휴우. 안되겠다.
아휴. 시어.
아마도, 저 포도는 시어서 먹을 수 없을 거야.
걸신들린 새들이나 먹으라고 하지. 그놈들은 무엇이나 먹는 돼지들이니.」

CHAPTER 10

5 구연에 따른 추후활동

구연이 끝난 후 아동이 들은 이야기와 관련하여 어떤 질문을 받게 된다면 이는 아동의 내적 즐거움과 감상의 기쁨을 망치는 결과를 가져올 것이다. 그러나 때론 이야기에 대한 자신의 느낌이나 생각을 함께 나누는 시간이 필요하며, 이야기를 창조적으로 표현해 보도록 유도함으로써 보다 깊이 있는 감상을 유도해야할 필요성도 있다. 구연동화를 들은 후 할 수 있는 추후활동은 본 책에서 소개하는 모든 방법이 가능하겠으나 특별히 구연활동 후에 적절한 활동을 소개하면 다음과 같다.

1) 다시 말하여 보기

구연을 들은 후 아동들이 등장인물들의 역할을 각기 맡아 돌아가며 기억에 남는 문장이나 핵심이 되는 짧은 문장을 말해 볼 수 있다.

2) 이야기 이어가기

구연한 이야기를 다시 들려주는 과정에서 교사가 한 장면이나 등장인물에 관해 이야기를 시작하여 들려주다가 어느 지점에서 이야기를 멈추고 다음 이야기를 이어갈 수 있는 내용을 말하게 한다. 이러한 활동을 몇몇의 아동과 연결하여 할 수 있다.

3) 여러 가지 소리내기

이야기 속에 등장한 배경의 효과음이나 등장인물이나 등장 동물의 고유한 소리를 내어본다. 술래나 교사가 어떤 등장인물을 말하면 다른 아동들이 그 등장인물의 소리를 내도록 한다.

4) 녹음하여 듣기

교사가 구연하는 이야기나 추후활동 과정을 녹음하여 아동들과 함께 들어봄으로써 이야기를 감상하고 구연기술을 배운다.

5) 이야기 상자

구연이 끝난 후 구연동화의 제목과 등장인물, 동화 속에 등장하였던 물건 등을 카드로 만들어 상자 속에 넣어둔다. 후에 카드를 뽑게 하여 이야기를 구성하는 놀이를 한다.

CHAPTER 11

문학교육의 전달매체

유아는 동화의 내용을 이해하는데 있어 청각적으로 제시된 정보보다는 시각적으로 제시된 정보를 더 잘 이해한다는 페즈덱과 할트만(Pezdek & Hartman, 1983)의 보고에서도 알 수 있듯이 교사는 유아들이 문학의 내용을 쉽게 이해하고 기억하도록 문학작품을 소개할 때 다양한 전달방법으로 제시하여야 한다.

본 장에서는 교사가 교육현장에서 유아들에게 동화를 전달하는 방법으로 그림동화와 인형동화 등의 방법을 소개하겠다.

1 그림동화

그림동화는 그림이라는 매개체를 이용하여 유아들에게 효율적으로 동화를 구연하여 줄 수 있도록 다양한 방법으로 제작된다. 따라서 그림동화는 제작방법에 따라 낱장그림동화, 입체동화, TV동화, 융판동화, 자석동화, OHP동화 등으로 구분된다. 그림동화의 제작방법과 제시방법에 대해 살펴보면 다음과 같다.

1) 낱장그림동화

낱장그림동화는 동화를 여러 장면의 낱장으로 그려 교사의 무릎이나 책상 위에 세워 놓고 한 장씩 뒤로 넘기면서 들려주는 전달방법이다. 상품화되어 있는 동화책은 집단활동으로 유아들에게 들려주기에는 그림이 작고, 교사가 동화를 들려주기에도 불편하므로 그림동화로 제작하여 들려주는 것이 효과적이다. 또 유아는 상품화된 동화책보다는 교사가 제작한 동화에 더 많은 흥미를 보인다.

낱장그림동화는 다른 전달방법에 비하여 제작이 간편하여서 유치원 현장에서 가장 많이 쓰이는 동화이나, 다른 전달형식에 비하여 유아의 흥미가 덜하다.

낱장그림동화의 제작 방법 다음과 같다.

① 낱장그림동화로 만들 동화를 선택하여 몇 장의 그림으로 구성할지, 어떤 도구를 사용하여 그림을 그리는 것이 적절할지 등을 결정한다.

② 종이는 너무 얇거나 두꺼운 경우는 교사가 활동하기에 어려움이 있으므로 마닐라지를 두 장 정도 겹쳐서 사용하는 것이 좋다.

③ 종이의 크기는 유아집단의 크기를 고려하여 결정하나 보통 스케치북 정도의 8절지 크기가 적당하며, 커도 4절지 크기를 넘지 않도록 한다. 가로와 세로는 4대 3이나 3대 2정도로 한다.

④ 그림의 장수는 유아의 주의 집중능력, 동화의 길이 등을 고려하여 결정하여야 하는데 대개 15장 정도가 적당하다. 어린 유아의 경우 10장 정도가 적당하며, 유치반 유아의 경우 20장 정도가 되어도 집중을 할 수 있으나, 그림이 25장을 넘지는 않도록 한다.

⑤ 동화의 그림은 사실주의에 입각하되 경우에 따라서는 강조하는 부분을 나타내기 위해 생략이나 과장도 가능하므로 이 점을 고려하여 대강의 스케치를 먼저 한다. 그림에서 각각의 등장인물은 동일인임을 나타내기 위해 같은 머리모양이나 의복 등으로 특징을 주어 그린다. 또한 표정과 행동은 분명하도록 그린다.

⑥ 그림을 그릴 도구로는 그림물감, 포스터컬러, 색연필, 크레파스, 파스텔 등이 모두 가능하며, 이들 중 그림을 가장 잘 나타낼 수 있는 도구를 선택한다. 그림을 모두 채색하여야 된다고 생각하지 말고 경우에 따라서는 여백을 두는 것도 효과적이다. 그림에 자신이 없는 선생님이라면 색상지나 한지 등을 이용하여 그림을 오려 붙여도 좋다.

⑦ 동화를 들려 줄 때 한 장씩 뒤로 넘기면서 읽어줄 수 있도록 동화내용은 앞장에 적어 놓는 것이 편리하다. 제 장에 이야기 내용을 써넣는 경우 활동하기에 불편하므로 그림의 마지막 장에는 동화 제목을 적고, 표지에는 첫 장의 내용을, 첫 장에는 두 번째 장의 내용을 적어 넣는다. 표지가 없는 경우에는 첫 장 의 내용은 마지막 장에 쓴다.

⑧ 그림동화가 완성되면 뒷면 좌측 상단에 번호를 표시하여 두는 것이 보관이나 활동을 제시할 때 편리하다.

⑨ 보관을 위해 비닐이나 투명 시트지로 싸거나 니스나 래커를 칠해둔다. 니스나 래커를 칠할 때는 번지지 않도록 주의한다. 코팅을 하여 보관하고자 할 경우에는 마닐라지가 아닌 켄트지나 모조지를 이용하며, 이야기 내용은 그림에 베껴 나오거나 비쳐지지 않도록 다른 종이에 적어 뒷면에 붙인다.

[그림 11-1] 교사 제작 그림책 1

[그림 11-2] 교사 제작 그림책 2

[그림 11-3] 전통화로 그린 그림동화

[그림 11-4] 한지를 이용한 그림동화

[그림 11-5] 색지를 이용한 그림동화

[그림 11-6] 포스터컬러 물감으로 그린 그림동화

2) 입체동화

이야기 내용에 등장인물이나 배경에 움직임이 많이 표현되어 있는 경우 또는 주인공이나 배경 등을 돌출시킬 필요가 있는 경우는 입체동화로 만드는 것이 효과적이다. 그림동화에 입체적 효과나 움직임을 주어 생동감 있는 장면을 연출할 수 있다. 그림동화보다 움직임이 있기 때문에 유아의 호기심을 끄는 데 효과적이며, 교사도 움직임을 표현하는 과정에서 여유를 가질 수 있다.

입체동화의 제작 방법은 낱장그림동화와 유사한 데 돌출되거나 움직일 수 있도록 만든다.

낱장동화에 움직임이나 입체감을 주려는 경우는 낱장그림동화를 만든 후 여기에 움직임이나 입체감을 주면 된다. 낱장그림동화와 다른 점은 입체동화에 쓰이는 종이는 두꺼운 하드보드지가 좋으며, 동화내용은 제 장 뒷면에 적어두어야 활동에 편리하다는 점이다.

돌출되는 입체동화는 니스나 래커 칠을 하며, 움직임이 있는 입체동화는 비닐이나 투명 시트지로 마무리를 한다. 가장 초보적인 입체동화는 색지나 골판지, 동화 내용과 연결되는 소품 등을 이용하여 배경이나 등장인물을 돌출되도록 하는 것이다. 예를 들어 밧줄은 노끈으로 표현하고, 눈은 솜으로, 비는 촛농으로 표현할 수 있다. 경우에 따라서는 부직포를 이용하여 배경이나 등장인물을 만들기도 한다. 그림을 그리는데 자신이 없는 사람은 색상지를 이용하여 그림을 표현하면 오히려 깔끔하다는 느낌을 줄 수 있다.

입체동화의 특징은 등장인물이나 배경을 움직이도록 하는 것이다. 등장인물이나 배경이 움직이도록 하기 위해서는 배경 판에 움직이는 거리만큼 칼집을 낸 다음 도톰한 종이를 Y모양으로 만들어 움직이는 인물이나 사물의 뒤에 붙여 뒤에서 조정하여 배경판에 낸 칼집을 따라 움직일 수 있도록 한다. 이때 종이 대신 철사도 이용할 수가 있으나 배경판이 손상될 수도 있으므로 종이를 넓고 길게 만들어 대는 것이 좋다. 이 방법은 주인공이나 사물이 수평으로 움직이는 경우에 좋다. 예를 들어 바다에서 배가 움직이거나, 구름이 떠가는 장면, 걸어가는 장면, 새나 나비가 날아가는 장면 등에 모두 응용할 수 있다.

다른 방법은 배경 판에 움직이는 거리에 작은 구멍을 하나씩 낸 다음 가늘고 질긴 실(낚싯줄)을 앞면과 뒷면이 연결되도록 묶고, 여기에 움직이는 대상물에 달아 움직이게 하는 방법도 있다. 이 방법은 움직이는 주인공이나 사물이 상하로 움직일 때 사용하는 것이 좋다. 예를 들면 원숭이가 나무에 오르는 장면이나 비가 오는 장면 등을 연출하는데 효과적이다.

등장인물의 손이나 팔다리를 움직이도록 하기 위해서는 각각 그림을 그려 오린 다음 할핀을 이용하여 고정시킨다. 다음에 움직이는 부위 각각에 철사를 부착하여 배경 판 뒤로 빼 낸 다음 배경 판 뒤에서 철사를 이용하여 조정한다. 또는 움직이는 간격만큼 배경 판에 칼집을 낸 다음 종이나 철사를 붙여 뒤에서 조정할 수도 있다.

집이나 성의 문과 창문은 한 면만 고정시키고 나머지는 칼로 오린 상태로 끼워 넣어 두었다가 이야기의 전개에 따라 앞에서 열거나 닫는 것도 재미있다. 그림을 끼워 넣는 방법이나 그림을 뒷장에서 앞으로 나오도록 하는 방법으로도 변화를 줄 수 있다. 예를 들어 갑자기 호랑이가 나타나는 장면이나 사라져야 하는 장면에서는 이 방법이 효과적이다.

배경으로 궁궐이나 꽃이 피는 장면 등을 돌출하여 연출하는 것도 가능하나 돌출로 표현되는 것보다는 움직임으로 표현되는 것이 집단 활동을 할 때 더 효과적이며, 보관도 용이하다.

[그림 11-7] 팝업 북 형태의 입체 동화

[그림 11-8] 움직임이 있는 입체동화

[그림 11-9] 입체동화

[그림 11-10] 입체동화 앞면

[그림 11-11] 입체동화 뒷면

[그림 11-12] 돌출로 입체감을 준 입체동화

3) TV동화

TV동화는 TV틀을 이용하여 그림을 보여 주면서 동화를 전달하는 방법이다. 동화를 효과적으로 전달하기 위하여 유아들에 친숙하고 좋아하는 TV를 이야기 전달 장면에 도입한 것으로 배경이나 사건이 연속되어 나타나거나 사건이 발생한 장면이나 배경이 중요시되는 동화는 TV동화로 만들어 전달하는 것이 효과적이다.

TV동화에는 TV틀에 낱장그림을 모두 넣어 놓고 위나 옆으로 그림을 빼내면서 이야기를 들려주는 낱장TV동화와 그림을 연결하여 그려서 TV화면 양쪽에 막대 또는 PVC 파이프를 고정하여 이것을 돌려 그림이 그려진 종이를 감으면서 동화를 들려주는 두루마리식 TV동화가 있다. 낱장TV동화는 낱장그림동화를 TV 틀에 넣은 것 이외에는 다른 점이 없으므로 그림이 연결되는 TV동화의 특징을 살리려면 두루마리식 TV동화로 만드는 것이 좋다.

두루마리식 TV동화의 제작방법을 보면 그림은 TV화면 크기대로 종이를 잘라 그림을 그리고 이를 이어 붙일 수도 있으나 이 경우 그림이 잘리는 경우가 많으므로 흰 벽지의 뒷면을 이용하거나 긴 종이를 이용하여 그림을 그리면 좋다.

그림을 그리는 종이는 두루마리로 마는데 지장이 없는 얇은 것으로 선택하여야 하는데, 너무 얇은 경우 글씨가 비칠 수도 있다. 벽지를 이용할 경우도 얇은 것을 고른다.

TV화면의 크기는 대상 유아의 집단크기에 따라 달라질 수 있으나 대개 가로 35~40㎝, 세로 25~30㎝ 정도가 적당하다. 화면이 큰 경우 TV틀이 커지므로 활동 시 다루는 데 어려움이 있다. 그림의 크기는 화면의 크기에 맞도록 하며, 그림 위와 아래로 3~5㎝ 정도의 여분을 둔다. 또한 그림의 첫 장과 끝 장에도 한 장씩의 여분을 두어야 막대에 연결하여 TV틀에 고정하는 데 지장이 없도록 한다.

그림은 각 장면이 자연스럽게 연결되도록 하며, 원동화의 장면과 장면 사이에 중간 장면을 넣어 그리면 더욱 좋다.

그림은 오른쪽부터 여분의 종이, 동화 제목, 첫 장면, 마지막 장면, 끝, 여분의 종이 순서로 오게 붙인다. 그림을 붙이는 경우는 여백이 생기지 않도록 주의하여 테이프로 붙인다.

원기둥 막대나 PVC 파이프에 고정시킬 때는 종이를 한 번 감고 테이프로 붙여준다. 이때 막대가 너무 가늘면 그림을 감아 돌리는데 시간이 많이 걸리고 손도 아플 수 있으므로 주의한다. 호일이나 랩의 다 쓰고 남은 심을 이용하면 손쉽게 TV동화를 제작할 수 있다.

글씨는 앞면에서 비치지 않도록 하며, 막대를 감으면서도 이야기를 들려줄 수 있도록 글씨는 쓴 줄이 사선이 되도록 쓰는 것이 좋다.

TV틀은 두꺼운 과일 상자나 하드보드를 이용하여 제작한다. 먼저 TV의 앞면을 정하여 화면의 크기만큼 잘라낸다. 이때 채널이나 번호 스위치, 화면을 움직일 막대가 들어갈 공간을 고려하여 화면을 자른다.

상자 윗면에 원기둥 막대나 PVC 파이프가 들어갈 수 있도록 구멍을 자르며, 구멍은 상자의 옆선에서 3~5㎝ 정도 들어온 곳에 뚫는다.

막대의 굵기가 가늘거나, 너무 굵은 경우는 화면을 돌리는 데 어려움이 있으므로 직경이 2~3㎝ 정도는 되어야 하며, 막대의 길이는 TV 상자보다 5㎝ 정도 긴 것이 좋다. 상자의 구멍은 막대의 굵기보다 1~2㎜ 더 굵게 한다.

상자의 아랫부분은 하드보드 종이를 이용하거나 병뚜껑, 필름 통 등을 이용하여 원기둥 막대나 PVC 파이프를 고정시킬 수 있도록 한다. 고정시키는 뚜껑이나 하드보드는 막대 두께보다 1~2㎜ 정도 더 크게 한다. 고정 구멍이 큰 경우 막대의 움직임이 커 화면이 느슨해질 수 있다.

TV 틀은 유아의 흥미를 끌 수 있도록 장식을 붙이거나 그림을 그려 TV와 같은 형태가 되도록 한다.

TV에 들어가는 그림은 마닐라지나 벽지를 이용하여 그리며 그림을 그리는 방법은 낱장그림동화와 같다.

보관을 할 때에는 그림과 TV 틀을 분리하여 보관한다. 그림은 막대와 같이 말아 비닐봉투에 넣어 두며, 봉투에 제작 날짜, 동화제목, 이용 가능한 주제나 단원 등을 기록해 둔다. TV 틀도 먼지가 쌓이거나 색이 변하지 않도록 비닐에 넣어 햇볕이 들지 않는 곳에 보관한다.

[그림 11-13] 두루마리 종이에 그림그리기

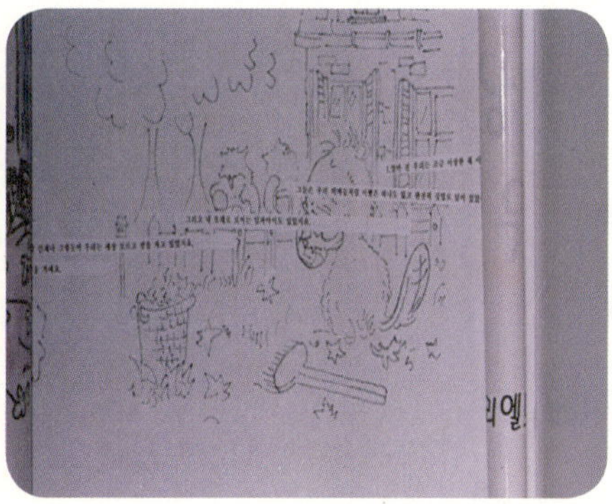

[그림 11-14] 뒷면에 동화 내용 쓰기

[그림 11-15] 병뚜껑을 이용한 막대 위치 잡기

[그림 11-16] TV틀 만들기

[그림 11-17] TV 동화 앞면

[그림 11-18] TV 동화 뒷면

4) 융판동화와 자석동화

융판동화는 등장인물이나 배경을 융이나 펠트 천으로 꾸미거나 하드보드지 또는 모조지에 등장인물이나 배경 등을 그려 코팅을 한 후 그림조각 뒷면에 융이나 벨크로 테이프(찍찍이)를 붙여 탈부착이 가능하도록 만든 것이며, 자석동화는 그림조각 뒷면에 자석을 붙여 탈부착이 가능하도록 만든 것이다.

융판이나 자석판은 동화뿐 아니라 담화자료로도 많이 사용되는 교수매체이다. 동화의 제작이 간편하면서도 이야기를 들려주는 동안에 화면구성에 변화를 줄 수 있어 유아들의 호기심을 끌 수 있으며 조작이 간편하여 유아들도 쉽게 조작할 수 있고 이야기를 재구성하는데도 효과적이다.

융판동화로 만들기에 적합한 동화는 이야기가 누적되거나 이야기가 진행됨에 따라 등장인물이 점차 늘어나거나 줄어드는 내용을 담고 있거나 전체 내용에서 한 부분만이 계속 변화하는 동화, 등장인물이 차례로 등장하는 동화 등이다. 자석동화는 융판동화의 기능에 움직일 수 있는 기능이 첨가되므로 등장인물이 차례로 등장하는 내용에 주인공이 달려가거나, 새가 날아가는 등의 움직임을 표현하기에 적당하다. 동화에서 그림이 중요한 역할을 하는 동화나, 배경이 복잡하고 등장인물이 많은 동화는 융판동화나 자석동화로 표현하기에는 적당치 않으며, 이야기가 간단하면서도 재미있는 동화가 적당하다. 예를 들어 줄거리가 진행됨에 따라 등장인물이 점차 더 등장하는 '커다란 순무', 바퀴 부분이 바뀌는 '돌돌이와 바퀴', 주인공은 일정하면서 배경이 바뀌는 '배고픈 애벌레', 등장인물이 순차적으로 등장하는 '황금거위', 배경부분이 계속 추가되는 '집을 팝니다.' 등이 융판동화나 자석동화로 구성하기에 적당하다.

유아교육기관에서 쓰는 융판이나 자석판의 크기는 가로 60~90㎝, 세로 45~60㎝ 정도가 적당하나, 동화자료의 크기와 한 번에 붙여지는 그림조각의 개수를 고려하여 결정한다. 상품화되어 판매되고 있는 융판 칠판을 그대로 사용하여도 된다.

융판은 하드보드지에 융이나 부직포 또는 코르텐지 등을 씌워서 제작하고, 자석판은 함석판에 시트지나 종이테이프 등을 붙여 만든다. 천이나 시트지로 감쌀 때 모서리나 접착부분의 처리가 깔끔하게 마무리 되도록 주의한다.

낮은 테이블에 세워놓고 활동을 할 때는 삼각형 형태로 만들거나 뒷면에 받침을 만들어 세울 수 있도록 하며 교사가 무릎에 올려놓고 활동을 할 때에는 그림 조각자료를 담을 수 있는 공간을 두는 것이 편리하다.

그림 자료는 부직포나 융 등으로 만들 수도 있으나 그림의 상세한 묘사나 채색을 하는데 한계가 있으므로 종이에 그림을 그리고 색을 칠한 뒤 코팅을 한 것이 좋다. 잡지의 그림을 이용할 수도 있으나 너무 작은 경우에는 뒤쪽의 유아에게 보이지 않을 수도 있으므로 크기를 고려한다. 그림이 완성되면 무게를 고려하여 기울거나 떨어지지 않도록 벨크로 테이프나 자석 등을 붙여 그림 자료를 융판이나 자석판에 붙일 수 있도록 한다. 그림 자료의 뒷면에는 그림 자료가 제시되는 순서의 번호를 매겨놓아 교사가 구연을 하면서도 쉽게 그림조각을 붙일 수 있도록 한다.

동화내용을 기록한 동화대본과 융판 자료는 봉투에 넣어 함께 보관하는 것이 다음번의 활동에서 자료를 활용하는데 편리하다. 동화대본을 만들 때는 각 등장인물이 하는 말을 등장인물에 따라 색을 달리하여 적어주거나 표시를 해주어야 구연이 용이하다. 또한 융판 조각이나 자석판 조각이 제시되는 시점을 표시해주어 활동할 때 시간을 허비하지 않도록 한다. 전체 조각의 개수 등을 적어두면 활동을 준비할 때 용이하며 그림조각을 잃어버린 경우 보수가 가능하다.

융판동화나 자석동화를 들려줄 때에는 미리 그림조각이 모두 있는지를 확인하고 제시되는 순서대로 그림 자료를 준비해 둔다. 이때 번호가 보이도록 뒤집어서 두면 번호를 보고 순서대로 제시할 수 있어 편리하다.

동화를 들려줄 때에는 유아들을 앉히는 위치는 융판 길이의 두세 배 정도의 거리를 두고 자리에 앉히며 반원 형태로 앉히는 것이 좋다.

【컴프 아저씨의 뱃놀이 융판 동화】

[그림 11-19] 융판 동화 1-1

[그림 11-20] 융판 동화 1-2

【무지개 물고기 자석동화 】

[그림 11-21] 자석동화 뒷면

[그림 11-22] 자석동화 배경판

[그림 11-23] 자석동화 자료

[그림 11-24] 자석동화

5) OHP동화

OHP(over head project)를 이용하여 교수자료를 만드는 것은 슬라이드나 비디오를 이용하여 교수자료를 제작하는 것에 비해 간편하고 비용도 저렴하면서, 영상매체가 지닌 효과를 낼 수 있어 교육현장에서 그 활용도가 많은 교수매체이다. 특별한 기술이 없이도 손쉽게 만들 수 있다는 것이 OHP의 가장 큰 장점 때문에 성인 대상의 교수자료로도 많이 활용되었다. OHP는 동화보다는 담화 활동에서 더 효과적으로 사용할 수 있으며, 요즘은 컴퓨터의 인터넷으로 자료를 제공받아 OHP필름에 인쇄를 하여 교수자료로 활용하는 경우도 늘고 있다. 이때는 프린터의 해상도가 높아야 질 좋은 화면을 제공할 수 있다.

OHP동화는 OHP필름이나 투명한 아세테이트지 위에 유성 매직으로 동화의 그림을 그려서 이를 OHP를 통해 스크린에 그림을 비추어 전달하는 동화다. 상품화되어 출판된 동화는 그림이 작으므로 집단 활동에서 사용하기에는 불편한 점이 많다. 이때 OHP동화를 제작하면 대, 소그룹의 활동에 편리하게 사용할 수 있다.

OHP동화로 제작하기에 적당한 동화는 그림동화로 제작할 수 있는 모든 동화가 가능하며, 채색되어 있는 동화는 물론 흑백으로만 그려진 동화를 표현하는 데도 좋다. 특히 OHP동화는 그림이 아름답고 자세하게 그려져 있는 동화를 표현하기에 적당한 방법이며 활동을 하는 과정에서 필름을 겹쳐 사용하거나 그림의 일부를 가려서 사용할 경우 융판동화와 같은 효과도 얻을 수 있다. 또한 활동하는 도중에 그림을 그려가면서 진행할 수도 있다.

OHP동화의 제작방법은 그림동화의 제작방법과 같으나, 그림을 그리는 소재가 종이와 크레파스 대신 OHP필름과 유성매직인 점이 다르다. 동화책에 필름을 대고 직접 그릴 수 있으므로 그림동화를 제작하는 것 보다 제작이 쉬우며, 투시기에 비친 색상이 아름다워 유아들도 흥미로워한다. OHP동화를 들려 줄 때 필름의 위치를 잘못 놓아 그림이 거꾸로 비쳐지는 경우가 종종 있으므로 제작할 때 우측 상단이나 좌측 상단에 번호를 적어두는 것이 활동에 편리하다. 필름전체에 그림을 그리기보다는 화면에 비치는 정도를 고려하여 상하 좌우에 여백을 두는 것이 좋다. 화면을 비출 스크린이 마련되어 있지 않은 경우 벽면에 흰 종이를 붙여서 스크린으로 대신할 수 있다.

동화를 들려줄 때는 동화내용은 따로 독서카드에 적어 두고, 그림을 비쳐주면서 교사가 읽어 주거나, 미리 녹음하여 두고 녹음기를 틀어주며 내용에 따라 필름을 바꾸어 주면 된다. 내용이 기록된 테이프와 독서카드는 OHP필름과 함께 보관하여 두어야 하며, OHP필름을 보관할 때에는 OHP필름 보관 틀에 넣어 보관할 수도 있으나 따로 구입하기보다는 OHP필름 사이에 종이를 넣어 두면 그림을 바로 확인할 수 있고 필름과 필름이 달라붙는 것을 막을 수 있다.

OHP동화 활동을 할 경우 유아를 앉히는 위치는 OHP를 기준으로 기기에서 스크린간 거리의 1.5배에서 2배 정도는 되어야 한다.

OHP동화를 들려 줄 때는 불을 끄고 커튼을 치는 것이 보다 선명한 화면을 볼 수 있겠으나 OHP는 밝은 곳에서도 선명한 색을 볼 수 있으므로 불을 꺼 어둡게 하지 않아도 좋으며, 완성된 필름을 순서대로 투시기에 올려놓는다. 이때 그림의 위치와 순서에 유의하며, 활동하기 전에 투시기의 각도와 초점을 미리 조절하여 화면이 기울어지는 일이 없도록 한다.

【OHP 동화 '사과가 쿵'】

[‘아트’의 OHP 동화 자료와 화면에 투영된 영상]

2 인형동화

인형은 유아의 흥미를 유발하고 주의집중을 가능하게 하며, 입체자료로 생동감을 주기 때문에 교육현장에서 유용하게 사용된다. 인형은 그 제작방법에 따라 간단한 막대 인형부터 전문가의 도움을 받아야하는 줄 인형까지 다양한 형태가 있다. 경우에 따라서는 여러 명의 참가자가 필요하며 공연을 위한 많은 연습을 해야 하는 경우도 있다. 본 장에서는 교사가 교실환경에서 유아들을 대상으로 동화를 들려주기 위해 또는 유아와 함께 공연하기 위해 인형을 사용하는 경우를 중심으로 인형동화를 소개하겠다.

1) 막대 인형동화

막대 인형동화는 동화의 등장인물이나 필요한 배경들을 인형으로 그리거나 만들어 그림 뒷면 또는 인형사이에 막대에 붙이고, 막대로 인형을 조절하면서 동화를 들려주는 방법이다. 동화자료의 제작방법이 간편하고 손쉽다는 장점 이외에 활용방법도 간단하다는 장점이 있다. 특히 유아가 동화를 듣는 수동적인 입장에서 직접 인형을 들고 활동을 해보는 적극적 입장으로 바뀔 수 있다는 것이 가장 큰 특징이다. 다른 인형동화와 비교해 볼 때 막대를 잡고 있기만 하여도 되므로 활동방법이 쉬워 수줍어하는 유아나 어린 유아의 경우 활동에 대한 공포감이 없이 활동을 해 볼 수 있다.

막대 인형의 제작방법은 헝겊을 이용하여 인형을 제작할 수도 있으나 모조지나 마분지 등의 얇은 종이에 인형을 그리고 색을 칠하여 코팅을 하는 것이 제작하기 편리하고 인형도 예쁜 모양을 갖출 수 있다. 동화에 등장하는 인물뿐 아니라 동물, 과일, 채소 등도 제작할 수 있으며, 그림을 앞면과 뒷면을 그려 그 사이에 막대를 끼우는 경우는 활동이 더 다양해 진다.

인형의 크기는 15~20㎝가 적당하며, 너무 큰 경우 유아들이 조작하는 데 어려울 수 있다. 막대는 보통 나무젓가락을 쓰는데, 인형 판의 2/3 정도는 막대가 닿아야 하며, 손잡이 막대는 인형의 1.5배 정도는 되어야 하므로 손잡이가 짧을 경우 나무젓가락 두 개를 이어서 쓴다.

손이나 팔을 움직일 수 있도록 만드는 경우는 손목이나 팔꿈치의 관절 부위를 겹쳐 할핀으로 고정하고 막대를 연결하면 된다. 조정해야 할 막대가 많으면 활동하는데 어려움이 따르므로 조정 막대를 세개 이상은 두지 않으며, 인형을 고정시키는 막대 하나만 있어도 된다.

막대 인형으로 표현하는 동화는 등장인물이 5~6명 정도 있는 것이 좋으며, 대사가 많은 인형부터 대사가 적거나 대사가 없는 인형까지 대사의 양에 차이를 두어 만들면 언어능력이 다양한 유아들이 활동에 참여하는데 좋다.

인형의 뒷면이나 한쪽 구석에 번호를 매겨 인형의 개수를 확인할 수 있게 하며 보관은 상자나 봉투를 이용한다. 동화 내용은 독서카드에 적되 등장인물에 따라 색을 달리 기록하여 인형과 함께 보관한다.

【막대 인형들】

2) 손 인형동화

손 인형(hand puppet)은 손을 인형 속에 넣어 조정하는 것으로 양말, 스펀지, 헝겊, 부직포 등 다양한 자료를 이용하여 인형을 제작하며 입체감을 줄 수 있어 유아들이 흥미를 보인다. 담화를 시작 할 때나, 주의 집중을 시키기 위해서 인형이 활용될 수도 있으며, 말하기 어려워하는 유아의 경우 인형을 이용하면 쉽게 발화가 가능하다. 교실에 유아들이 좋아하는 마스코트를 하나 정해 손 인형으로 만들어 놓고, 이야기할 것이 있는 경우 인형을 통해 말하게 할 수도 있다.

인형극에서는 목소리와 인형의 동작을 통해 메시지를 전달한다. 손 인형에서 동작의 연출을 위해서는 목소리에 맞추어 인형의 입을 움직이는 방법과 인형의 머리와 손을 움직이는 방법이 있다. 인형의 입을 움직일 때에는 엄지와 나머지 손가락을 입의 위와 아래 부분에 넣고 말하는 소리에 따라 입을 벌리고 오므리거나 입을 비틀어 주어 표현한다. 인형의 머리와 손을 움직일 때에는 엄지와 검지, 장지를 이용하거나 엄지와 장지, 애기 지를 이용하여 고개를 끄덕이게 하거나 팔을 벌리고 오므리는 동작을 표현함으로써 말하는 상태임을 표현한다. 이때 검지를 머리에 두고 팔꿈치까지 수직이 되게 하며, 팔이 보이지 않도록 인형의 옷을 아래까지 넉넉히 내린다.

인형의 손은 버리는 플라스틱 인형의 손이나 골무를 이용하여 만들어 부딪힐 때 소리가 날 수 있게 하면 좋다. 인형이 커서 엄지나 중지(또는 애기지)로 손의 움직임을 표현하기 어려운 경우는 막대 인형에서처럼 철사를 이용하여 손의 움직임을 표현할 수 있다. 손 인형을 이용하여 동화를 들려 줄 때에는 손과 팔이 앞으로 기울어지지 않도록 하는 것이 중요하며, 거울을 보고 동작을 연습하여 자연스러운 동작이 나오도록 한다.

등장인물이 하나나 둘인 경우 교실에서 교사 혼자서도 활동이 가능하나, 등장인물이 많은 경우 교사 한 명이 손 인형을 이용하여 동화활동을 하기에는 어려움이 있다. 어린이날이나 크리스마스 등 특별한 행사시 여러 교사가 협력하여 손 인형극을 보여줄 수 있다. 이때 사용되는 인형은 교실에서 사용되는 인형보다 크기가 커야한다.

공연용 인형은 총채나 막대를 +자 형태로 만들어 수직 막대에 몸의 기둥을 만들고 여기에 스펀지나 솜을 이용하여 머리 부분을 구성하며 수평막대를 어깨로 하여 옷을 입혀 몸을 표현한다. 팔은 수평막대 끝에 달거나 옷의 팔 끝에 손을 만들어 붙일 수 있다. 다리는 생략할 수도 있는데 필요한 경우 하체 옷의 끝에 단다. 자연스러운 팔과 다리의 움직임을 표현하기 위해서는 각각의 관절부분을 비워두거나 소시지처럼 연결하여야 하며 보통 인형의 사지는 과장되게 길게 만든다. 팔을 움직이기 위해서는 손끝에 가는 막대나 굵은 철사를 연결하여 잡고 움직임을 표현하면 된다.

[그림 11-25] 머리와 손을 움직이는 인형

[그림 11-26] 입을 움직이는 인형

[그림 11-27] 입과 손을 같이 움직이는 인형

[손 인형동화의 시연]

3) 손가락 인형동화

손가락 인형은 인형을 손가락에 끼워 쓸 수 있도록 만든 것으로 손 인형보다 교실에서 활용도가 많으며 제작방법도 손쉽다.

손가락 인형에는 세 가지 유형이 있는데, 손에 페이스페인팅을 이용하여 직접 인형이나 등장인물을 그리고 손가락으로 다리나 팔의 역할을 하게 하는 방법, 그림책에서 인형의 팔이나 다리부분에 구멍을 내어 여기에 손가락을 넣어 움직임을 표현하게 하는 방법, 그리고 골무나, 종이, 탁구공, 부직포 등으로 인형을 만들어 이것을 손가락에 끼워서 활동하는 방법 등이다. 지점토로도 인형을 만들어 활동하기도 하나 인형이 무거운 경우 활동할 때 손가락이 아플 수도 있으므로 가능하면 가볍게 만든다.

첫 번째 방법은 제작은 간편하나 일회적이라는 단점이 있으며, 두 번째 방법은 그림책에서 인형의 팔이나 다리 움직임이 많은 경우 사용되나 그림책의 크기가 작아 집단 활동에 제한을 받는다는 특징이 있다.

손가락 인형으로 유치원 현장에서 많이 쓰이는 것은 세 번째 방법이다. 인형을 손가락에 끼워서 동화를 들려 줄 때에는 등장인물이 많아도 되며, 유아도 손가락에 끼워 활동할 수 있어 손가락의 움직임을 통해 손가락 활동을 촉진할 수 있다.

인형들을 손가락에 끼우고 주먹을 쥔 상태에서 이야기를 시작하고 이야기가 진행되어 등장인물이 하나씩 등장할 때마다 해당 인형을 낀 손가락을 펴서 앞뒤로 또는 위아래로 굽혔다 폈다하면서 말하는 것을 표현할 수 있다. 서로 대화를 주고받는 인형은 왼손과 오른손에 나누어 끼는 것이 활동하기에 편하며, 대사가 많은 인형은 움직이기에 편리한 손가락에 낀다. 손가락 인형은 한 손에 세 개 이상의 인형을 끼우는 경우 활동에 어려움이 있을 수 있다. 인형의 분실을 막기 위해 인형들을 흰 장갑에 고정시켜 활동하면 편리하다.

손가락 인형의 보관은 동화 내용을 적은 카드와 함께 상자에 넣어 보관하거나 장갑에 고정되어 있는 경우 장갑에 솜을 넣어 인형을 세울 수 있게 만들어 상자에 넣어 보관한다.

[그림 11-28] 무대가 있는 손가락 인형

[그림 11-29] 장갑에 부착한 손가락 인형

[그림 11-30] 손가락 인형과 뒷면

4) 테이블 인형동화

테이블 인형동화는 테이블 위가 인형극의 무대가 되는 형태이다. 즉, 테이블에 동화의 배경그림을 만들어 세우고 그 앞에서 인형을 세워 움직여 가면서 동화를 들려주는 방법이다.

테이블 인형동화의 제작 방법을 보면 테이블 인형은 마닐라지나 하드보드 또는 부직포 등으로 인형을 만들어 요구르트 통이나 캔, 우유팩 등을 받침대로 이용하여 무대에 세우거나, 요구르트 통이나 캔, 우유팩 등을 이용하여 직접 인형을 꾸며 무대에 세우는 것이 가장 많이 활용되는 형태다. 종이 찰흙을 이용하여 인형을 만들 수도 있으나 채색과 니스 칠을 하는 제작과정이 다른 경우보다 어렵고 시간이 많이 소요된다. 스티로폼으로 바닥을 처리한 경우 등장인물이나 필요한 그림을 그려 코팅을 하여서 끼우는 방법으로 만들 수도 있다.

무대는 스티로폼, 하드보드지, 우드락 등으로 바닥을 만들고 여기에 산, 나무, 강 등의 자연물을 꾸미거나, 배경 그림을 붙인다. 배경그림은 그림동화나 입체동화로 그려 뒷면에 세우면 더 재미있는 동화 활동이 될 수 있으며,유아들의 그림을 배경으로 사용하여도 좋다. 배경 그림이 없이 인형만을 움직여서 활동을 할 수도 있다.

테이블의 크기는 등장하는 인형의 개수, 인형 역할의 중요한 정도, 유아가 조작 가능한 인형의 크기 등을 고려하여 결정하나 보통 가로 90㎝, 세로 60㎝ 정도는 되도록 한다. 테이블 인형극을 할 경우 무대는 유아들의 눈높이보다 낮아야 유아들이 잘 볼 수 있다.

【테이블 인형동화 '담비는 욕심쟁이'】

[그림 11-31] 휴지 심을 이용한 테이블 인형

[그림 11-32] 음료수 캔을 이용한 테이블 인형

[그림 11-33] 무대가 있는 테이블 인형

5) 그림자 인형동화

그림자 인형동화는 등장인물과 필요한 배경 등을 스크린에 대고 뒤에서 빛을 쏘여 그림자를 만들어서 동화를 들려주는 방법이다. 옛날부터 빛과 그림자를 이용한 그림자 놀이는 아이들이 즐겨왔던 놀이이다.

그림자 인형의 제작과정은 다른 전달매체보다 어려우나 아동들은 많은 흥미를 보이는 방법이다. 그림자 인형은 마닐라지에 인형을 그리고 오려서 제작하는데, 인형의 테두리만을 남기고 안을 오려 색 셀로판지를 붙이면 색이 있는 그림자극이 되고, 그대로 두거나 흰 셀로판지를 붙이면 흑백의 그림자가 생긴다.

인형의 안을 다 파내지 않고 형태를 표현하기 위해 필요한 칼집만을 내어 표현하기도 한다. 인형의 테두리에는 철사를 둘러 인형이 똑바로 설 수 있게 한다.

OHP필름을 이용하여 인형을 만들면 간편하게 제작할 수 있으나 색상이 덜 선명하다. OHP필름을 이용하는 경우 종이로 인형 테두리를 오려 붙이고, 색을 칠하면 된다.

인형의 손잡이는 아크릴이나 투명한 30㎝자 등을 활용하기도 하나 비용이 소요되므로 테두리를 둘렀던 철사를 더 길게 연장하여 손잡이로 활용하는 것이 비용도 절감되고 그림자도 많이 남지 않는다.

그림자 인형극의 배경은 고정되어 있는 배경의 경우는 마닐라지나 켄트지를 배경의 형태대로 오려 스크린에 핀으로 고정시킨다. 움직이는 배경의 경우는 인형과 같은 방법으로 제작하는데, 배경이 비쳐질 위치를 고려하여 손잡이를 길게 한다.

그림자 인형의 조작은 간편하여 스크린에 비추기만 하면 되나, 움직임이 없을 경우 단조로울 수 있으므로 좌우로 또는 앞뒤로 조금 움직여 준다. 그림자 인형은 스크린에 가까우면 그림자가 작으나 형태는 뚜렷하고, 스크린에서 멀어지면 그림자는 흐려지나 형태가 커지므로 이를 이용하여 인물의 등장이나 걷는 모습을 표현할 수 있다. 또한 인형을 앞뒤로 바꾸어 비추면 왼편과 오른편의 모습을 표현할 수 있다.

스크린은 흰 천이나, 비닐, 모조지 등이 가능하나 흰 천을 사용하는 것이 가장 좋으며, 막대나 앵글로 틀을 만들어 여기에 천을 붙여 스크린을 만든다. 그림자 인형극을 많이 하는 경우는 앵글로 그림자 인형극 틀을 제작하여 사용한다.

스트린의 크기는 등장인형의 크기와 개수, 영사기의 상태 등을 고려하여 결정하는데, 유아교육기관에서 사용할 경우는 융판 칠판 정도의 크기가 적당하나 이보다 작아도 좋다.

그림자 인형극을 위한 빛은 8㎜ 영사기를 사용하는 것이 좋으나 유아교육현장에 영사기가 없는 경우는 환등기나 OHP를 사용한다. 환등기는 슬라이드 필름을 넣지 않은 상태에서 사용하며, OHP를 사용할 경우 기기 화면에 그림자 인형을 놓아야하므로 인형의 크기를 작게 한다. 그림자 인형극을 할 때에는 손이나 머리 부분이 화면에 나타나지 않도록 주의한다.

【그림자 인형동화(흑백으로 구성) '뚱이는 날고 싶어요.'】

[그림 11-34]
날기를 원하는 뚱이가 나무위에서 떨어지는 장면

[그림 11-35]
풍선을 타고 하늘에 올라간 뚱이

【그림자 인형동화(흑백과 컬러로 구성) '달님이 미소 지을 때'】

[그림 11-36] 깨어있다 잠이든 개

[그림 11-37] 돌아다니고 있는 고양이

[그림 11-38] 모두 제자리에서 잠들어 웃고 있는 달님

[그림자 인형극 틀]

[그림 11-39] 그림자 동화의 전면

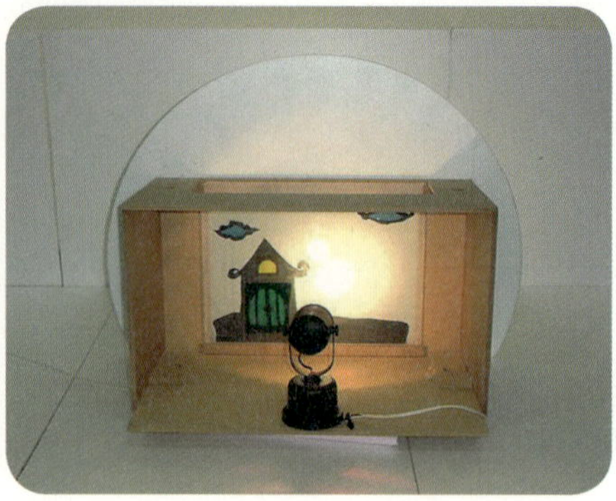

[그림 11-40] 그림자 동화의 후면

[색 셀로판지를 이용한 그림자 인형]

3 인형극

인형극(puppetry)은 극화활동의 한 형태로 무대 위에 사람이 아닌 인형이 등장하여 연기하는 극예술이다. 인형극에서는 생명을 지닌 배우와 무생물체인 인형이 함께 공연을 하기 때문에 다른 형태에서는 가질 수 없는 극적 효과와 교육적 효과를 거둘 수 있다. 어린 유아들일수록 인형을 생명을 가진 존재로 간주하며 놀라운 마술적인 힘을 가진 것으로 상상하여 인형의 세계에 몰입한다. 인형극은 창의적 예술형태 중에서도 종합적인 예술형태로 상상을 통한 자유로운 사고와 감정의 표현, 타인의 감정과 사고에 대한 이해, 자발적 참여, 동기화 등의 교수와 치료 모두에 잠재적 가능성을 지니고 있다(김상성, 1999).

인형은 유아들에게 효과적인 매체로 사용될 수 있는데 그 효과를 살펴보면 다음과 같다.

① 인형은 유아와 교사 또는 유아와 부모 사이에 중재자 역할을 한다. 인형은 관객과 인형조정자간의 의사소통을 촉진하는 효과가 있다.

② 문제의 초점이 유아에게서 인형으로 옮겨지기 때문에 비난이나 거부의 두려움 없이 자기표현을 할 수 있다.

③ 인형은 가상의 상황을 설정하므로 금기시한 문제를 자연스럽게 드러낼 수 있고 여러 대안을 제시하고 각 대안의 경과를 자연스럽게 예측할 수 있게 한다.

④ 인형을 통하면 소극적 유아, 언어발달이 뒤진 유아도 자연스럽게 참여할 수 있으며, 동기유발이나 학습에의 참여를 유도할 수 있다.

⑤ 인형은 재미있다. 인형을 통한 동작이나 표정은 유아들의 흥미를 이끌어 낼 수 있다.

⑥ 유아에게 익숙한 일상 경험은 이해를 확산시키며, 유아에게 설명하기 어려운 추상적 개념이나 상황을 유아가 이해하기 쉽게 소개하여 가치 명료화를 가능하게 한다. 특히 대인관계에서 발생되는 문제 상황을 명료하게 제시하여 문제해결 방법을 찾을 수 있도록 돕는다.

⑦ 인형극은 종합예술이기 때문에 통합교육이 가능하다. 즐거운 가운데서 언어, 음악, 미술, 동작 등의 통합이 가능하다.

이렇듯 교육적 효과와 치료적 효과를 지닌 인형극에 사용될 수 있는 인형의 종류는 손 인형, 줄 인형, 봉 인형, 탈 인형, 그림자 인형 등 다양하다. 본 장에서는 앞장에서 설명한 손 인형과 그림자 인형을 제외한 줄 인형, 봉 인형, 탈 인형 등을 중심으로 설명하겠다.

1) 줄 인형극

줄 인형(마리오네트)은 인형을 줄에 매달아두고 줄을 조정함으로써 인형을 움직이는 방법이다. 다른 방법으로 만들어진 인형의 경우 상체만 표현되어 있거나 인물 전체가 표현된다 하더라도 발의 움직임이 제한되는 경우가 많으나, 줄 인형은 발의 움직임이 분명하게 나타나고, 걷기나 뛰기, 거꾸로 서기 등이 가능하다. 줄 인형을 잘 조정하기 위해서는 조정방법을 연습하는 것이 필요하나, 줄이 두 개 또는 네 개 정도의 줄 인형은 조정하는 방법이 어렵지는 않으므로 교사나 유아들도 조정이 가능하다.

줄 인형의 제작 방법을 살펴보면 다음과 같다.

(1) 머리 부분

스펀지나 둥근 솜을 스타킹으로 여러 겹 쌓아 머리를 만드는데, 앞면은 얼굴을 그려주고, 뒷면은 털실을 붙여 머리카락을 표현한다. 이때 유아들이 기억하기 쉬운 특징을 부여한다. 머리는 인형의 전체 균형을 잡는 줄이 연결되는 부분이다. 머리의 정수리 부분에 줄을 막대의 중앙에 연결시켜 인형의 균형을 잡아준다.

(2) 목 부분

머리와 목을 연결해주는 부분으로 막대를 이용하여 표현하며, 여기에 목걸이나 리본, 넥타이 등을 만들어 붙여준다.

(3) 몸통 부분

막대를 이용하여 머리와 연결하고 옷을 만들어 입혀 몸통을 만드는데, 몸통과 연결 부분에 어깨를 대신할 수 있는 막대를 대어 몸의 틀을 잡아준다. 몸통 전체에 솜을 넣어 단단하게 만들면 움직임이 둔해 보이므로 적당히 볼륨을 준다.

머리와 연결할 때 똑바로 세워지지 않는 경우는 뒷부분에 막대를 대어 목과 몸통을 고정시킨다.

(4) 팔 부분

팔은 적당한 헝겊을 관 모양으로 박아 여기에 솜을 넣어 만드는데, 보통 인형을 만드는 경우보다는 길이는 길게, 굵기는 가늘게 만든다.

팔의 움직임을 표현하고자 하는 경우는 팔꿈치와 손목 부분을 묶어 표현할 수도 있겠으나, 이것보다는 상박과 하박, 손 등을 연결하는 손목과 팔꿈치 등의 관절부위를 각기 소시지 모양으로 연결시켜주어야 움직임이 자연스럽다.

헝겊이 아닌 나무를 이용하여 팔을 만드는 경우는 나무를 적당한 길이로 세 부분으로 잘라서 구멍을 내어 할 핀이나 고리로 연결하는데, 움직임이 자연스럽게 보이도록 조이지 않고 느슨하게 연결한다.

손은 벙어리장갑 모양으로 만들어 솜을 넣어 손 부분에 달아준다.

팔 부분에 줄이 왼쪽과 오른 쪽에 하나씩 연결되는 경우는 팔꿈치 부분에 줄을 달아주고, 두 개씩 연결되는 경우는 팔꿈치와 손목 부분에 매단다.

(5) 다리 부분

다리의 뼈대도 팔과 같은 과정을 거쳐 제작하는데 길이가 팔보다는 길어진다. 발은 필요에 따라 달라지기는 하나 양옆으로 붙이는 경우가 많다. 긴 스커트나, 긴 바지의 경우 옷 하단에 발만 붙여도 된다.

줄이 하나인 경우는 발 부분에 줄을 달고, 줄이 두 개인 경우는 무릎과 발 부분에 단다. 변화를 주기 위해 왼쪽은 발 부분에, 오른 쪽은 무릎 부분에 줄을 달기도 한다.

(6) 옷 입히기

몸통과 팔, 다리의 뼈대가 완성되면 손과 발 또는 다리 부분을 제외한 나머지 부분은 옷으로 가려 준다. 이때 옷은 인물의 특성을 잘 나타내는 소재를 선택하며, 풍성하게 입혀준다. 줄은 뼈대와 옷에 함께 달아주어야 한다.

(7) 줄 연결하기

인형에 달린 줄을 연결하는 막대는 일자 또는 + 형태로 하며, 줄의 길이는 무대를 고려하여 결정한다. 줄이 짧은 경우는 움직임을 표현하기가 어렵고 줄이 긴 경우는 줄이 엉킬 염려가 있으므로 주의하여야 한다. 줄에 막대를 연결하지 않고 직접 손가락에 끼워 조정하기도 한다.

인형의 조정은 막대를 수평으로 잡고 인형을 발이 무대 바닥에 닿을 정도로 내려서 위치를 잡은 다음에 막대의 한쪽을 위아래로 움직이며 조정한다.

줄 인형을 보관 할 때에는 각각의 줄에 딱딱한 종이나, 플라스틱을 끼워 상자에 넣어 보관하면 줄이 엉키는 것을 방지할 수 있다.

[그림 11-41] 줄 인형

[그림 11-42] 줄 인형극 공연 장면

2) 블랙 앤 라이트 인형극

블랙 앤 라이트는 검은 색은 빛을 흡수하고 형광색은 불빛에 반사되는 성질을 이용하여 공연하는 방법이다. 다양한 방법이 있겠으나 유아교육현장에서 활용할 간단한 방법을 소개하면 다음과 같다.

[그림 11-43]
막대 인형을 이용한 블랙 앤 라이트인형

사람이 입을 수 있는 검은색 옷을 만들고 그 위에 형광 종이를 오려 붙여 인형의 모양을 만든다. 공연할 때는 주변을 어둡게 하고 검은 색 옷을 입고 움직여 주면 된다. 이때 손이나 머리, 발 등도 검은 색 천으로 감싸 보이지 않게 해야 한다.

다른 방법은 막대 인형과 같이 인형을 만들고 겉에 형광색으로 처리한 후 검은색 배경의 인형극 틀을 이용하는 방법이 있다. 불빛을 받은 형광색의 아름다움이 유아들의 관심을 끈다.

[그림 11-44] 사람이 입은 블랙 앤 라이트 인형

[그림 11-45] 블랙 앤 라이트 인형극 장면

3) 봉 인형극

봉 인형은 봉(막대)을 이용하여 인형의 움직임을 표현하는 인형이다. 인형의 제작은 손 인형과 같으나 인형의 머리 부분과 몸통 부분을 봉으로 연결하는 점이 다르다.

인형의 머리 부분에는 가는 봉을 인형의 몸통에는 조금 큰 봉을 고정시키고 몸통의 봉 속에 머리의 봉을 넣어 몸통의 봉을 잡고 머리의 봉을 올리거나 내리면서 움직임을 표현한다.

[그림 11-46] 손을 움직이는 봉 인형

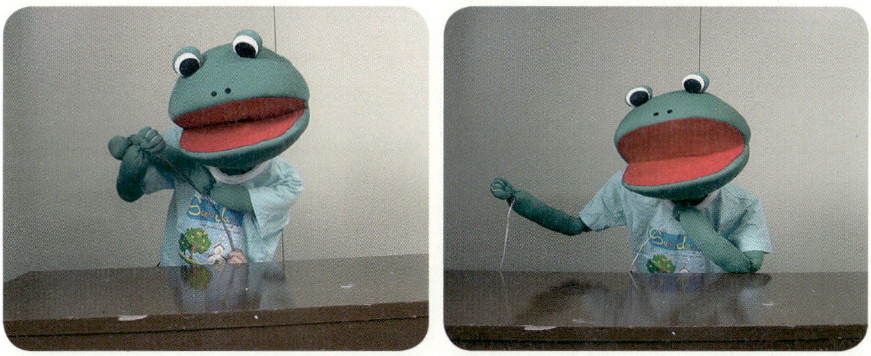

[그림 11-47] 손과 입을 움직이는 봉 인형

[그림 11-48] 손과 목을 움직이는 봉 인형

4) 탈 인형극

사람이 머리에 인형 탈을 쓰고 온몸에 인형 옷을 입고 전달하는 방법이다. 탈은 모자모양의 형태부터 얼굴전체와 목 부분까지 가리는 형태까지 다양하며, 소재도 천, 스펀지, 점토, 바가지 등 다양하게 이용된다.

탈 인형은 아동극에서 재미를 더하거나 특별한 분장이 필요한 경우 활용되기도 한다.

[그림 11-49] 몸뚱이 있는 탈

[그림 11-50] 머리에 쓰는 탈

[그림 11-51] 탈 인형극 공연 장면

CHAPTER 12

감상과 창의적 표현지도를 위한 활동

유아들과 문학경험을 나눈 후 유아들과 함께할 수 있는 활동을 통해 감상력을 길러주며 창의적 표현력을 길러줄 수 있다. 감상과 창의적 표현지도를 위한 활동을 중시하는 총체적 언어와 표현방법들을 살펴보겠다.

1 총체적 언어와 문학경험

총체적 언어는 인간의 언어학습은 실제 생활과 관련될 때 효과적으로 이루어지며 말을 배우는 것과 같은 방법으로 읽기와 쓰기도 배울 수 있다는 믿음에 근거한다. 따라서 진정한 읽기와 쓰기가 이루어지도록 아동문학, 요리책, 노래 가사, 사전 등을 교수자료로 이용할 것을 권한다. 반응적 환경에서 자연스럽게 경험하는 읽기와 쓰기를 위한 교수자료에 문학보다 더 좋은 교수자료는 없을 것이다.

루트만(Routman, 1988)은 총체적 언어의 교수전략으로 좋은 문학작품을 읽고 함께하는 활동으로 큰 소리로 읽어주기, 책읽기 경험 공유하기, 대체어를 사용하여 단어를 바꾸어 보기, 이야기 전개를 예측해 보기 등을 할 수 있다고 제안하고 있으며 Moen(1991)은 문학을 지지하고 창조적이며 신뢰롭고 책임감 있는 학습자를 만드는 것이 총체적 언어교수의 목적이라고 하고 읽고, 쓰고, 말하고, 듣고, 사고하는 언어과정을 통합하기 위하여 다양한 교수자료로 칼데콧 수상도서, 신문, 잡지, 지도, 참고 도서, 달력, 전화번호부, 요리 책, 팸플릿, 일정표, 카탈로그, 표지판, 포스터, 포장지 등을 제시하고 있다.

Moen(1991)이 제안하는 총체적 언어의 교수전략 중에서 유아교육 기관에서 적용시킬 수 있는 작가적 전략과 협동적 학습 전략, 게임 전략, 이해력 전략을 중심으로 소개하면 다음과 같다(강성화·김경희, 2013).

1) 작가적 전략

작가적 전략은 언어확장 활동을 위한 기초로 '쓰기'를 사용한다. 하루에 적어도 30분 정도 쓰기를 하도록 해야 하는데, 이는 쓰기가 다양한 비판적 사고기술을 조장하기 때문이다. 즉, 자신이 쓸 글을 계획하고 생각을 정리해 보며, 이러한 생각을 분류하고 자신의 글을 판단하고 선택하며, 자신의 생각을 순서 지워 보고 마지막으로 좋은 글의 원칙을 적용할 때 학습자는 비판적으로 사고 할 수 있게 된다고 본다. 자신이 발명한 쓰기를 어른에게 보여 줄 있는 기회를 줄 때 모든 아동은 자신을 표현할 수 있는 작가가 될 것이다.

작가적 전략에서 활용할 수 있는 방법은 다양하다.

① 학생저널 : 자신이 선택한 주제에 관한 탐구하여 잡지와 같이 기사를 쓴다.

② 등장인물의 일기 : 자신이 책의 등장인물이 되어 일기를 써 본다.

③ 일지 학습 : 일지에 기록하듯이 책을 읽고 그 과정이나 느낀 점을 기록한다.

④ 편지 쓰기 : 저자나, 주인공에게 편지를 써 본다.

⑤ 책 저술하기 : 상상할 수 있는 거의 모든 주제에 관한 책을 쓸 수 있으며, 앞의 이야기나 나중의 이야기를 써 볼 수 있다. 이는 아동의 선명한 상상력과 자연스럽게 이야기하는 능력을 이용하여 자신의 생각을 글의 형식(가능하다면 삽화도 포함한다)으로 옮기도록 하는 것이다. 또한 집단으로 책을 써 볼

수도 있는데, 집단으로 책을 창작하는 것은 협동적 학습 전략 뿐 아니라 자신의 생각을 밖으로 표출하도록 돕는다.

⑥ 팸플릿 : 책을 소개하는 팸플릿을 만들어 본다.

⑦ 신문 : 책 속의 사건에 기반을 둔 뉴스거리를 쓸 수 있다.

⑧ 전기와 자서전 : 자신과 다른 사람(괴물이나 말하는 동물 포함)에 관해 전기를 쓴다.

⑨ 인물 단평 : 등장인물의 특징을 찾아 써 본다.

⑩ 시 : 개별적 또는 집단으로 원문의 시를 본보기로 자신의 시를 써 본다.

⑪ 단어 벽 : 아동이 이미 알고 있는 지식을 검토해 보고, 자신의 구어적 어휘단어를 문자 형태로 볼 수 있도록 단어들의 사용 가능한 목록을 제공한다.

[그림 12-1] 등장인물에 편지 쓰는 유아

[그림 12-12] '아기 돼지 삼형제'의 늑대에게 쓴 편지

2) 협동적-학습전략

아동의 참여를 격려한다면 아동들은 서로를 가르치고 서로로부터 배우며 서로를 지지하게 된다. 아동들이 서로에게 질문하고, 서로의 생각을 나누며, 서로의 작품을 읽어주며 문제 해결을 위해 함께 노력할 때 경쟁이 아닌 협동관계가 형성된다. 예를 들면 고학년 아동이 저학년 아동에게 책을 읽어 주거나, 읽을 줄 아는 아동이 읽을 줄 모르는 아동에게 책을 읽어 주는 것이다.

3) 게임 전략

게임전략에서 유치원 아동을 대상으로 사용할 수 있는 방안은 다음과 같다.

① 적절한 한 단어를 선택하기 : 상황이나 특징을 나타내는 한 단어를 생각해낸다.

② 부분 가리기 : 몇 개의 단어를 지우거나 가리고 거기에 적당한 단어를 예측하게 한다. 이때 단어 하나하나 보다는 의미에 초점을 둔다.

③ 순서대로 문장 만들기 : 문장을 각각의 단어로 나누어 섞어 놓고 의미 있는 문장이 되도록 순서대로 단어를 나열하여 문장을 구성하게 한다.

④ 단어 빌리기 : 교실 안에 있는 글자 환경(꼬리표, 알파벳, 카드, 책 포스터, 사전 등)으로부터 단어나 글자를 베껴 자신의 메시지를 만들어 보게 한다.

4) 이해력 전략

아동이 더 잘 이해하고 의미를 창조할 수 있도록 직접적 교수를 통해 도울 수 있다.

① SWPS도표 만들기 : 이야기를 읽고 난 다음 SWPS도표를 만든다. 여기서 SWPS는 S-주인공, W-원하는 것, P-문제 제시, S-해결책의 순서인데 '누가 원하는 것이 무엇인데 어떤 문제가 있고 이를 해결하려면 어떻게 해야 한다'는

순서로 도표를 만들다 보면 상황이나 사건을 명확히 분석할 수 있다.

② 큰 책 : 삽화와 활자의 크기는 아이들이 함께 읽는 시간에 학급전체가 볼 수 있을 만큼 큰 책을 이용하여 다 함께 읽는다.

③ 벤다이어그램 : 동화 속에 제시되어 있는 비교와 대조의 개념을 이해시키는 데 벤다이어그램이 도움이 된다. 유사점은 두 원의 겹쳐진 부분에 기록하고, 차이점은 각 원의 큰 두 부분에 기록한다.

④ 방사선 그리기 : 읽기와 쓰기 어휘 증진을 위하여 학생의 구술 어휘를 사용하는 것으로 하나의 단순 개념으로부터 시작하여 연상되는 단어를 나열하여 단어가 시각적으로 확장되게 한다.

⑤ 이야기하기 : 집단으로 이야기 하기는 사건의 순서 짓기, 완전한 문장 사용하기, 그리고 주의해서 잘 듣기 등을 가능하게 한다. 유아들이 이야기하는 것을 교사가 바로 기록할 수도 있으나 유아들이 이야기하는 과정을 녹음하면 녹음한 내용을 다시 들으면서 중간에 멈추고 이야기를 편집해 볼 수 있다. 또는 글자 없는 이야기 책의 그림을 보여 주고 유아들이 삽화에 알맞은 내용을 창작하여 이야기하게 한다.

다음의 그림은 방사선 그리기의 예이다.

[그림 12-3] '팥죽 할머니와 호랑이' 주제망 구성

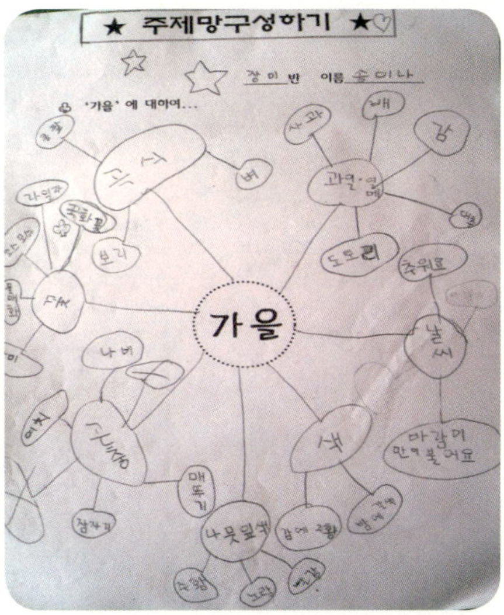

[그림 12-4] '가을' 주제망 구성

CHAPTER 12

2 동화 읽기와 이야기 나누기

동화책을 읽어주는 활동은 동화를 통해 유아들에게 상상력, 사고력, 창의력, 표현력을 길러주고 경험을 풍부하게 해준다. 유아들로 하여금 즐거움 속에서 세상을 이해하며 살아갈 수 있도록 도와주고 독서에 대한 좋은 태도와 심미적 감상력을 기를 수 있도록 해준다. 즉, 동화를 읽어주는 일은 유아들의 인격 형성에 도움을 주고 유아의 인생을 풍부히 해준다는 효과가 있다.

동화책을 읽어준 후 이야기를 나누는 방법으로는 분석적 접근과 경험적 접근이 있다.

1) 분석적 접근

유아에게 동화의 구성 요소를 확인하고 분석하는데 초점이 있다. 동화의 내용과 동화의 이야기 배경, 등장인물, 주제, 이야기의 구성, 결말 등에 대해 분석함으로써 동화의 구성요소를 확인하고 비판하는데 초점을 둔다. 즉 동화에 대한 탐색은 유아에게 동화의 구성요소를 평가하는데 관심을 갖도록 하는데 있다.

2) 경험적 접근

경험적 접근에서는 동화에 대한 유아의 생각이나 느낌 등을 중시한다. 유아가 등장인물과 함께 반응하고 동화 속에서 만들어진 다른 세계에 관해 이야기하며 주인공과 등장인물의 삶과 자신의 삶을 연결시켜보도록 자극한다.

소리 내어 읽어주기 활동이나 동화를 읽고 난 후에 이야기 다시 말하기 활동은 동화의 내용이해 및 어휘력 발달에 긍정적 영향을 미친다(Morrow, 1985).

동화를 듣거나 읽는 경험은 유아들에게 적절한 단어의 사용을 가능하게 하며 듣는 것을 학습하고 생각의 연속을 기억하는 것을 배우며 어휘를 증가시키고 경험적 배경을 다양하게 한다. 또한 유아의 경험을 이끌어 내어 주인공의 경험과 유사점을 제시하는 이야기 전달 전략은 유아의 이야기 이해력을 돕는다(손혜숙, 1996).

3 감상과 창의적 표현활동

1) 내가 읽은 책 목록 만들기(Book report)

일정 기간 동안에 읽은 책의 목록을 다음과 같은 양식으로 기록하게 하면 책 읽기를 격려할 수 있다. 또한 유아가 선호하는 동화의 종류도 파악할 수 있다.

읽은 책에 관해 기록을 할 때는 기본적으로 책제목, 저자, 출판일, 원저자의 국적 등 동화에 관한 정보를 기록하며, 읽은 날자, 주인공, 등장인물, 기억나는 단어 등도 간단하게 기록한다. 같은 책을 여러 번 읽은 경우도 기록하게 하는데 이때는 기억나는 단어나 인물을 더 추가하여 기록하도록 지도한다.

표 12-1 : 내가 읽은 책 목록

책 제목	책을 지은 사람	읽은 날짜	책 속의 주인공	기억나는 단어나 인물

[그림 12-5] 읽은 책을 기록하는 유아

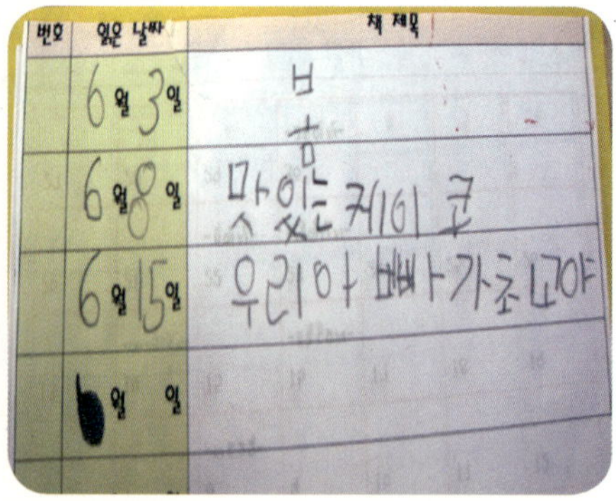

[그림 12-6] 책 목록

2) 삽화 그리기

동화를 읽고 그림으로 감상을 표현할 수 있는데, 동화 감상활동으로 할 수 있는 그림 그리기에는 다음과 같은 방법이 있다.

① 그림을 보고 따라 그리기,

② 상상하여 그리기,

③ 느낌 그리기,

④ 등장인물, 배경, 사건을 그림으로 그리기

유아의 경우 동화 내용이나 인상을 그리는 것이 어려울 수도 있으므로 대강의 그림을 그려주어 색을 칠하도록 하거나 빠진 부분을 채워 넣도록 할 수 있다.

[그림 12-7] 그림을 보고 따라 그리는 유아

[그림 12-8] 등장인물 그림

[그림 12-9] 상상하여 그린 그림

3) 신문이나 잡지 오려 꾸미기

신문이나 잡지, 광고지에 나와 있는 그림이나 글자를 오려서 자신이 읽은 동화의 표지나 제목 등을 꾸며 볼 수 있다. 여기에서 가능한 방법으로는 책제목 꾸미기, 글자 오려 붙이기, 관련 그림 오려 붙이기, 문장 완성하기 등이 있으며, 크기와 색이 다른 글씨를 보면서 글에 대한 호기심도 길러줄 수 있다.

[그림 12-10] 신문을 오리는 유아

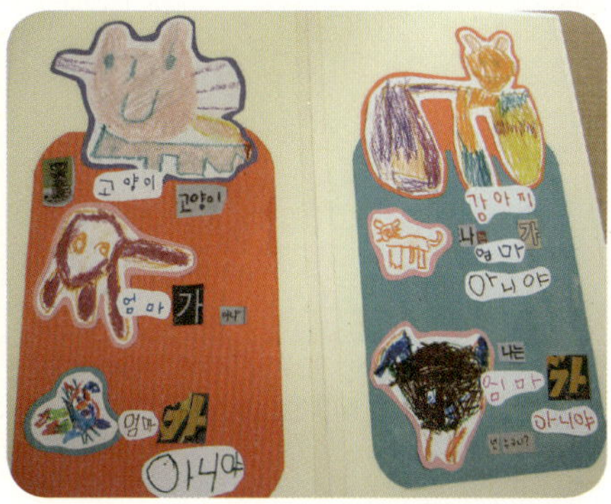

[그림 12-11] 신문에서 찾아 쓴 글자

4) 문장 적기

읽거나 들은 동화 중에서 기억에 남는 단어나 문장을 기록하게 한다. 여기에서 가능한 방법으로는 유아의 이야기 받아 적기, 연상 단어 적기, 기억나는 문장 적기, 마음에 드는 문장보고 적기 등이 있다.

[그림 12-12] 문장 보고 적기

[그림 12-13] 기억에 나는 문장 적기

[그림 12-14] 아기돼지 삼형제 동시

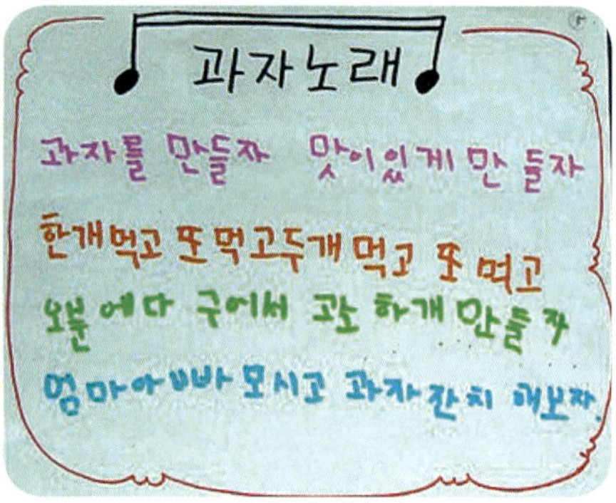

[그림 12-15] 과자 노래 가사

5) 단어 바꾸기

동화나 동시에 표현되어 있는 의성어나 의태어를 다른 말로 바꾸는 활동과, 반어로 되어 있는 것을 경어로 고치기 활동이다.

6) 수수께끼 게임

책 내용을 가지고 수수께끼를 만들어서 퀴즈식으로 맞히기 놀이를 할 수 있다. 문제는 교사와 유아들이 번 갈아서 내도록 한다. 또 동화를 듣고 난 후 교사나 다른 유아가 지시하는 말을 찾아볼 수 있다.

7) 인형 만들기

동화 속에 등장한 인물을 그려, 막대 인형으로 만들어 보는 것은 어린 유아도 가능하다. 나이가 든 어린이의 경우 봉지인형이나 가면, 손 인형으로 등장인물을 만들어 볼 수 있다.

[그림 12-16] 주인공 꽃발게

[그림 12-17] 주인공 자동차

8) 노래 짓기

책 읽고 동화의 내용을 가사로 만들어서 곡을 붙이거나 동화를 들을 때의 느낌을 음으로 표현해 볼 수 있다. 곡은 어린이에게 익숙한 동요를 사용할 수도 있다.

[그림 12-18] 지은 가사로 노래를 부르는 유아

[그림 12-19] 기린이랑 사슴이란 악보

9) 나도 작가

동화를 듣거나 그림을 보고 어린이가 이야기를 구성해보게 한다. 가장 쉬운 방법은 그림을 제시하여 이를 보고 이야기를 꾸미도록 하는 것이다. 또한 이야기 내용의 일부를 바꾸어 책 완성하기, 등장인물을 바꾸어 이야기 다시 꾸미기, 작품의 내용과 다른 결말 상상해 보기 등의 활동이 가능하다.

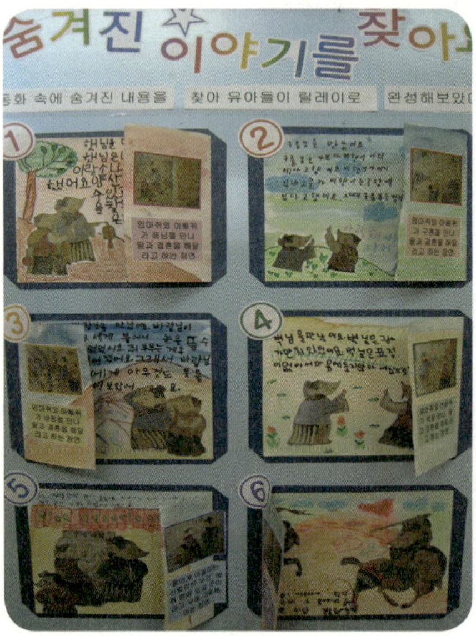

[그림 12-20] 유아들이 지은 이야기

[그림 12-21] 유아가 완성한 동화

[그림 12-22] '팥죽 할머니와 호랑이' 뒷이야기

[그림 12-23] '팥죽 할머니와 호랑이' 이야기

10) NIE를 활용한 문학활동

① 독서퍼즐제작 : 인상 깊은 장면이나, 재미있는 문장을 퍼즐로 만들어 맞추어 본다.

② 인터뷰 : 동화를 들은 후 한 친구가 기자가 되어 반 친구들에게 동화에 대한 서평이나 느낌 등을 인터뷰하는 것이다. 인터뷰 내용을 녹음을 하여 같이 들어볼 수도 있으며, 인터뷰가 끝난 후 교사가 큰 종이에 기록하여 주어도 된다.

③ 만화로 그리기 : 인상에 남는 장면이나 인물을 만화로 표현하도록 하는데, 주인공을 캐릭터로 만들어 동화에 대한 흥미를 길러줄 수 있다.

[그림 12-24] 퍼즐을 만드는 유아

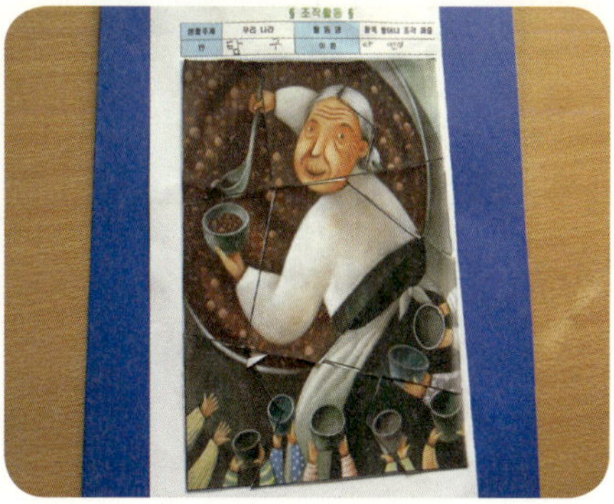

[그림 12-25] 완성된 퍼즐

[그림 12-26] 동화 내용을 인터뷰하기

[그림 12-27] 만화로 만든 동화

[그림 12-28] 광고 팸플릿

11) 좋아하는 책 광고하기

어린이 자신이 재미있게 읽은 책을 다른 친구들도 읽을 수 있도록 책의 저자나 출판자가 되어 책의 좋은 점을 소개하는 시간을 마련할 수 있다. 라디오 광고에서는 녹음자료를 신문에서는 그림과 글로 구성된 자료를 TV에서는 이 두 가지를 모두 포함할 자료가 필요하므로 어떤 매체를 통해 광고할 것인지를 먼저 결정하도록 한다.

책을 소개하는 팸플릿이나 포스터 등도 만들어 볼 수 있다

12) 미로게임

동화 내용을 구조화하거나 사건이 일어난 순서를 이용하여 미로게임을 만들 수 있다.

13) 극화하기

동화 내용을 아동극으로 만들어서 반의 모든 어린이가 참여하도록 돕는다. 아동극에는 배우, 연출자, 분장사, 소품담당, 음향 담당, 홍보담당, 의복담당, 관객 등이 있어야하므로 모든 아동이 참여하는 것이 가능하며, 간단하게는 분장이나 의복이 없이도 연기자와 관객만으로도 극화놀이를 할 수 있다.

[그림 12-29] '숲속 웅덩이' 동극

[그림 12-30] 동극 장면

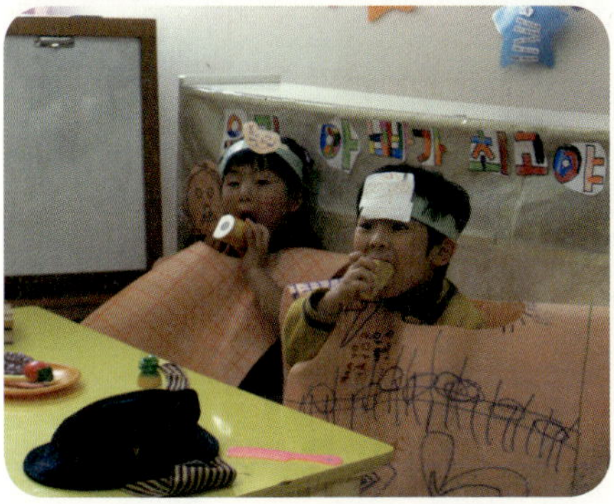

[그림 12-31] 동극장면

[그림 12-32] 동극을 마치고

다음은 '아기돼지 삼형제'를 읽고 서로 다른 두 반에 있는 4세 유아들이 동극을 준비한 과정과 공연 장면이다.

[아기 돼지 삼형제 동화 활동]

[그림 12-33] 융판 동화로 동화 들려주기

[그림 12-34] 그림책으로 읽어주기

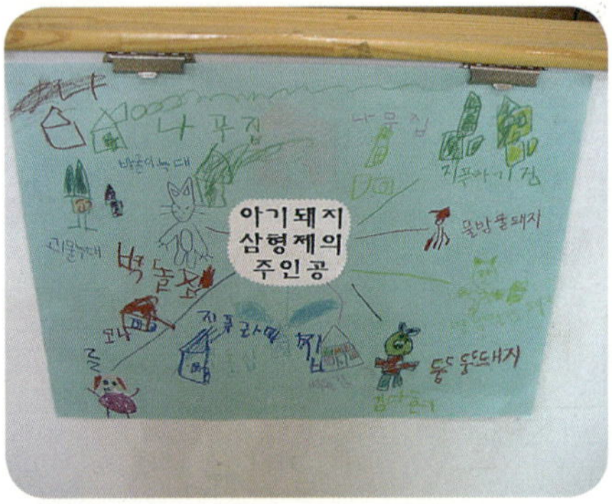

[그림 12-35] 주인공의 성격 분석(유아 작업)

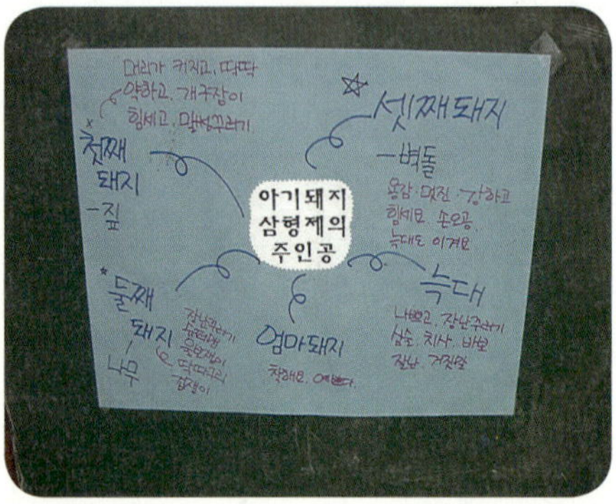

[그림 12-36] 주인공의 성격 분석(교사 작업)

[그림 12-37] 기억에 남는 장면 그리기

[그림 12-38] 주인공 그리고, 이름 붙이기

[그림 12-39] 삽화그리기 1

[그림 12-40] 삽화그리기 2

[그림 12-41] 기억에 남는 장면 발표(A반)

[그림 12-42] 기억에 남는 장면 발표(B반)

[그림 12-43] 동극을 위한 탈

[그림 12-44] 아기돼지 삼형제의 집

[그림 12-45] 단어 바꾸기

[그림 12-46] 인형 만들기

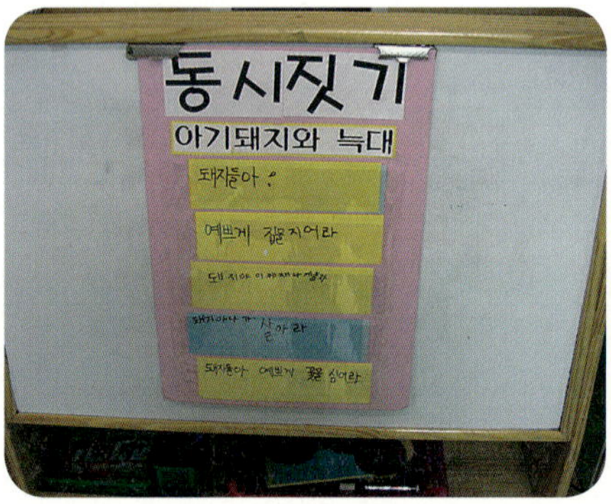

[그림 12-47] 동시 짓기

[그림 12-48] 늑대 굴을 피해라 게임

[그림 12-49] 동극 배경 그리기 1

[그림 12-50] 동극 배경 그리기 2

[그림 12-51] A반 동극 활동 1

[그림 12-52] A반 동극 활동 2

[그림 12-53] A반 동극 활동 3

[그림 12-54] B반 동극 활동 1

[그림 12-55] B반 동극 활동 2

CHAPTER 13

문학경험을 위한 환경조성

바람직한 문학교육을 위해서는 유아가 문학경험을 할 수 있는 환경과 분위기를 마련해 주어야 한다. 유아가 처음으로 하는 문학경험에서 좋은 느낌을 갖는 것이 후일 좋은 습관의 형성에 영향을 주기 때문에 유아기 어린이에게는 문학경험을 할 수 있는 분위기를 마련해 주는 것이 중요하다.

독서구역과 언어와 관련 된 학습 영역들은 유아기 아동들에게 중요한 문학교육의 장을 제공한다. 언어영역이 잘 계획되면 유아는 생각하고, 읽고, 쓰고, 듣고, 만지며 창의적 활동을 하며 나아가 교사나 친구들에게 개념이나 전략들을 이야기하는 등의 풍부한 경험을 가능케 한다.

어린 유아를 대상으로 한 유아교육기관에서는 통합적 독서구역을 조성하여 유아의 문학경험을 위한 환경을 구성하지만 유치원과 초등학교 저학년 아동을 위해서는 독서구역을 읽기, 쓰기, 듣기영역으로 세분화하여 환경을 조성할 수 있다.

1 읽기영역 위한 환경구성

유아가 방해받지 않고 문학에 대한 호기심과 문학활동을 하고자하는 의욕을 불러일으킬 수 있도록 아늑하고 자유스러운 분위기에서 놀이 틈틈이 책을 읽을 수 있는 시간과 장소를 제공한다.

유아는 독서구역(언어영역, 의사소통 영역)에서 친구, 교사, 또는 혼자서 책을 보는 기회를 많이 가질 때 책 읽는 것을 좋아하게 된다. 아늑하고 쉽게 접근할 수 있는 독서구역은 유아의 책 보기를 조장한다(Neuman, Copple & Bredekamp, 2000).

유아들이 책을 더 많이 읽을수록 유아들의 책읽기 능력은 향상된다. 읽기는 교실안의 독서구역을 통해 읽기 환경을 조성함으로 문학활동과 읽기 능력을 촉진시킬 수 있다. 유아들을 위해 독서구역을 준비할 때는 양질의 도서와 유아들이 혼자서도 읽을 수 있는 쉬운 책들을 제공해야 한다. 초등학교 저학년 아동들을 위해서는 만화책이나 익살스런 책들도 제공할 수 있다. 유아들은 독서구역에서 자발적으로 책을 선택해서 읽고 재미있는 책은 반복해서 읽는다. 읽은 책은 독서기록장을 준비하여 기록할 수도 있으며, 독서구역에서 책을 집으로 빌려갈 수 있게 한다.

1) 읽기영역의 구성

유치원에서의 독서구역은 유아가 성장해 가면서 문자에 대한 관심을 가지고 책을 좋아하며, 언어영역에서 활동하는 듣기, 말하기, 읽기, 쓰기 등의 언어생활이 통합되는 곳이어야 한다. 유아들의 왕래가 많지 않고, 시끄러운 영역과 떨어진 조용한 장소에 독서공간을 마련하는 것이 바람직하다. 독서구역에는 책꽂이, 책장, 이동 칠판 등과 같은 반구조물을 두어 영역을 표시한다.

책읽기 공간의 조도는 200~300룩스를 유지하며, 직사광선은 피하도록 하며 채광과 통풍이 알맞은 장소를 선택한다.

책을 읽은 공간은 가정과 같이 편안하도록 꾸며주어 편안히 앉아서 책을 읽도록 바닥용 책상을 준비한다든지, 부드러운 양탄자, 쿠션, 삼단 요 등을 이용하여 방처럼 포근하면서도 동화적인 분위기를 조성해 준다.

도서 진열대는 책의 표지가 잘 보이도록 꽂을 수 있게 만드는 것이 좋으며, 책은 유아가 쉽게 보고 꺼낼 수 있어야 한다. 그림책, 동화책, 동시집, 과학 책, 사물 책, 숫자 책, 사전류 등 여러 형태의 서적을 비치하며 유아의 이야기를 받아 적은 이야기 책이나, 유아의 그림을 모아 만든 책도 전시할 수 있도록 배려한다.

2) 읽기영역을 위한 자료

① 기본적인 자료들 : 큰 책들, 차트, 다양한 종류의 책, 도서목록, 전화번호부, 요리책, 메뉴, 어린이 잡지류 및 신문류, 지도, 지구본, 어린이 참고 서적들, 만화책, 유아들이 직접 쓴 책들

② 단원이나 주제와 관련된 책들

③ 요리책들, 동물에 관한 책들처럼 범위를 정해 제공하는 책, 분류용 테이블

④ 독서구역을 알리는 포스터와 표시

⑤ 유아용 의자, 테이블, 부분 카펫, 쿠션, 푹신한 의자 등

⑥ 책장이나 책을 담는 운반차

읽기영역을 조성하기 위한 자료들이 준비되면, 책장 가까이 유아들의 의자들을 배치하고 책장에 책의 종류들(주제 관련 책, 요리책, 동물에 관한 책 등)을 대략적으로 분류하고, 그에 따라 책들을 정리한다. 읽기영역에 유아들의 관심을 끌 수 있는 포스터나 표시를 붙이고 책을 빌려가고 싶은 유아들을 위해 연필과 독서카드를 준비한다. 읽기영역이 정리되면 유아들이 자유놀이 시간에 책을 읽거나 영역에 있는 자료들(큰 책, 주제와 관련된 책, 차트)을 교사가 선별해서 이야기 나누기 시간을 이용해 소개한다.

3) 읽기영역의 운영

유아들이 책을 읽거나 교사들이 책을 읽어준 다음 여러 형태로 표현활동을 유도할 수 있다. 책을 읽은 후 표현활동으로의 연계는 유아가 책의 내용을 잘 요약하고 표현할 능력을 배양할 뿐 아니라 즐거움을 더해 준다.

이것은 유아들이 책에 더 많은 흥미를 갖게 하는 요인이 되며, 문학을 통한 통합학습을 가능케 한다. 유아들이 접하는 대표적 문학은 동화이다. 동화를 학습 주제 또는 단원과 관련하여 표현활동으로 연계하여 교육할 수 있다.

2 듣기영역을 위한 환경구성

듣기는 지식을 쌓는 기초가 되며, 어휘를 풍부하게 하며 유아들이 문학에 자연스럽게 접하도록 돕는다. 교실에 듣기영역을 조성하면 유아들이 문학을 통해 효율적으로 듣는 능력을 향상시킬 수 있는 활동들을 정기적으로 할 수 있다. 듣기영역을 제공할 때 필요한 자료들은 다음과 같다.

1) 듣기영역을 위한 자료들

① 녹음테이프가 준비되어 있는 책들
② 녹음기와 헤드폰, 녹음기는 여러 개의 헤드폰을 사용할 수 있도록 다용도 잭이 있는 것을 선택한다.
③ 녹음테이프와 책을 담을 수 있는 지퍼 백
④ 빨래줄, 빨래 핀들
⑤ 듣기영역을 알리는 포스터나 간판, 노래나 시가 있는 차트들

⑥ 듣기 후에 과제를 지시하는 카드

듣기영역을 위한 자료들이 준비되면 전기코드를 꽂을 수 있는 곳 가까이에 듣기영역을 만들어 유아들의 책상과 의자를 배치한다. 유아들이 녹음기의 전진과 후진을 잘 작동할 수 있도록 초록색 스티커(전진)와 빨강색 스티커(후진)를 녹음기의 작동 단추위에 붙여 지도한다. 유아들이 녹음기를 듣는 동안 따른 유아들에게 방해가 되지 않도록 헤드폰과 책을 준비하고 헤드폰을 사용하지 않을 때는 정해진 장소에 다시 걸어놓도록 지도한다. 듣기영역을 효율적으로 활용하기 위해 빨래 줄과 빨래집게를 이용해 지퍼 백(비닐봉지)에 정리된 책과 녹음테이프들을 정리해 둔다. 녹음테이프와 책이 함께 들어있는 각각의 플라스틱 지퍼 백에는 꼭 책 제목을 표시해 놓아 세트들이 섞이지 않도록 정리한다.

2) 듣기영역 운영

① 듣기영역은 듣는 것과 녹음하기 위한 구역이므로 유아들이 원래대로 이야기들을 녹음하거나 음향효과를 내어 녹음하도록 격려한다. 유아들은 그들의 목소리나 친구의 목소리를 녹음기를 통해 들을 때 매우 즐거워한다.

② 멀티 책을 이용한 듣기 활동과 더불어 워크맨을 사용하여 개별적으로 활동할 수 있도록 개별적 선택에도 주의한다.

③ 교사가 전체 유아들 대상으로 책을 읽어주면서 녹음을 해두면 독서지도 할 때 시간을 절약할 수 있다. 교사는 교사가 읽어준 책을 가지고 토론할 때 교사가 녹음한 테이프를 이용해서 지도할 수 있다.

④ 전진 작동을 위해 초록색 스티커와 후진 작동을 위해 빨강색 스티커를 각각 해당 단추에 붙이고 유아들에게 스티커 색깔을 통해 작동하는 것을 숙지시켜야 한다.

⑤ 학부모나 자원봉사자들을 통해 친숙하고도 다양한 목소리로 이야기 책을 녹음할 수 있다. 교사는 학부모나 자원봉사자들이 녹음할 때 목소리를 잘 가다듬고 열정을 갖고 녹음하도록 지도해야 한다.

듣기영역에서는 문학과 관련된 활동과 더불어 다양한 활동을 제공할 수 있다.

3 쓰기영역을 위한 환경구성

1) 문해환경의 조성

유아기 교사의 중요한 역할은 유아와 상호작용을 하는 것과 유아의 발달에 적합한 학습 자료를 준비하고 학습환경을 조성하는 일일 것이다. 쓰기영역을 운영하기 전에 문해환경을 조성하는 것이 필요한 데 좋은 문해환경을 조성하기 위하여 교사가 할 수 있는 일을 제시하면 다음과 같다.

① 유아가 볼 수 있는 그림책을 충분히 제공한다.
② 유아가 책을 보거나 읽을 기회를 충분히 갖도록 배려한다.
③ 책이 잘 전시되어 유아가 쉽게 책을 찾아볼 수 있게 한다.
④ 책 이외에 유아 잡지나 신문, 만화 등도 함께 비치한다.
⑤ 책을 볼 장소를 안락하고 조용하게 마련해 준다.
⑥ 유아가 어떤 책을 선호하는지 조사하여 다음 책 구입에 반영한다.
⑦ 가정과 연계되는 독서지도가 되도록 한다. 주말이나 방학을 이용하여 도서를 대출해 주고 어머니와 함께 읽고 느낀 점을 다양한 방법으로 표현할 수 있도록 과제를 낼 수도 있다.

2) 쓰기환경의 구성

쓰기는 읽기와 말하기와 같은 과정으로 발달하며, 성숙과 경험 그리고 연습을 통해 발달한다. 좋은 쓰기 프로그램은 유아들이 쓰기 프로그램과 관련된 교재에 많은 시간을 보내기 때문에 읽기의 발달에 영향을 준다. 교실 안에 쓰기영역을 조성하는 것은 유아들이 문학작품을 만들고 자신이 쓴 작품이나 친구가 쓴 작품을 읽을 수 있는 기회를 제공한다. 유아들은 유아들이 만든 글자들을 사용해서 쓰거나 완전하지 못한 문장구조를 사용하여 표현하지만 유아들이 더 많이 쓰는 기회를 갖는다면 더 많은 것을 성취할 수 있다. 교실 안에 쓰기영역을 조성하기 위해 필요한 자료들은 다음과 같다.

3) 쓰기영역에 필요한 자료들

① 쓰기에 필요한 재료 : 줄이 쳐져 있거나 없는 빈 종이들, 연필, 크레용, 색연필, 마커 등
② 여러 종류의 글자들 : 플라스틱이나 시리얼 글자들, 글자 스탬프, 게임이나 퍼즐용 글자
③ 어린이 사전류
④ 완성된 작품과 미완성 작품을 보관할 박스나 폴더
⑤ 칠판, 화이트보드
⑥ 쓰기영역과 관련된 포스터나 표시판
⑦ 과제물들(큰 카드에 써서 책상위에 붙여 놓은 것)

쓰기영역을 위한 자료들이 준비되었으면 영역을 알리는 표시와 포스터를 벽에 붙이고 유아 의자들을 영역 주위에 정리한다. 종이, 연필, 사전, 모형글자들을 선반에 정돈하여 쓰기활동을 격려한다. 쓰기 책상위에 완성되거나 미완성된 작품들을 보관하는 폴더들을 놓아두고 아동들에게 부여된 숙제와 과제, 특별한 목록들을 포스터해서 붙여두면 유아들이 자율적으로 작품 활동을 할 수 있다. 교사는 유아들이 자신들이 쓰고 싶은 주제들에 대해 목록을 만들도록 격려하고 생각나지 않을 경우 이야기 목록으로 만들어 제공할 수 있다.

문학활동은 언어영역 전반에서 통합적으로 지도한다. 유아들은 문학활동을

통해 지식을 습득하고 학습을 촉진하며 감성을 계발하고 좋은 독서가로 자라게 된다. 언어영역과 관련된 말하기 기술은 앞에서 소개한 언어영역들을 세분한 구역 안에서 자연스럽게 이루어지므로 말하기 구역은 따로 조성할 필요가 없다. 그러나 극화 활동이나 소꿉놀이를 촉진하는 소꿉놀이 구역을 통해 말하기와 문학, 극화 놀이가 연결되도록 계획하는 것이 바람직하다.

[그림 13-1] 쿠션이 있는 읽기영역

[그림 13-2] 흔들의자가 있는 읽기영역

[그림 13-3] 읽기영역의 인형

[그림 13-4] 인형들

[그림 13-5] 생일 관련 동화 전시

[그림 13-6] 언어영역

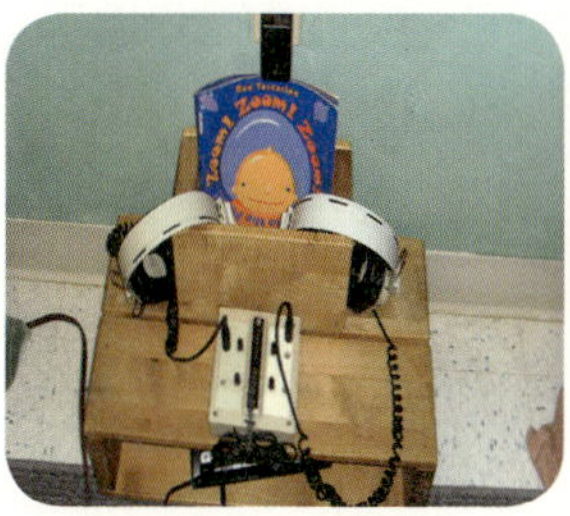

[그림 13-7] 듣기 기구

[그림 13-8] 쓰기 기구

[그림 13-9] 책꽂이

[그림 13-10] 언어영역들

CHAPTER 14

문학 활동의 평가

1 문학교육에서의 평가

교육의 실천과정과 유아의 지도에 있어 교육의 목표에 맞추어 교수학습이 올바르게 수행되는가? 또는 기대한 발달을 가져왔는가? 등을 알아보기 위한 평가는 절대적으로 필요하다. 문학교육에서도 계획한 목표가 제대로 달성되고 있는가 하는 반성이나 개선을 위한 평가가 이루어져야 한다.

1) 문학교육 평가에서 고려 사항

문학교육에서 평가란 문학교육의 목표달성여부를 측정하고, 앞으로 실시할 문학교육계획을 수립하기 위한 교수전략의 제공이라는 의미를 지닌다. 교사와 유아, 문학작품의 세 가지 요소가 상호작용하는 계획된 문학교육의 활동에서도 진단-계획-지도-평가의 요소는 필수적이다.

스트랭(R. Strang)은 문학활동의 평가에서 고려해야 할 사항을 다음과 같이 서술하고 있다.

① 왜 읽는가?

② 무엇을 읽을 수 있는가

③ 무엇을 읽고 있는가?

④ 어떻게 읽고 있는가?

⑤ 독서의 저해요인은 무엇인가?

⑥ 독서의 잠재 능력이 무엇인가?

이러한 정보들은 문학교육에 중요한 의의를 지니며, 특히 유아의 독서력과 독서의 습관화, 독서에 대한 기초지식의 습득정도, 독서 자료의 활용 등을 점검하여 올바른 문학관의 확립은 물론 건전한 인격 형성을 이룰 수 있도록 한다.

2 문학교육의 평가방법

모든 교육의 평가에서 적용되는 평가의 원리가 문학교육에도 적용된다.

유아의 독서활동을 평가하는 데는 자연스러운 평가를 하는 것이 좋다. 자연스러운 평가는 유치원 교실의 자연스러운 상황에서 독서활동상황과 직접 관련되는 질문에 대한 응답에 기초하여야 한다. 따라서 유아 개개인에 대한 개인적인 관찰과 면담, 기록, 유아 작품의 평가를 통한 방법이 있을 수 있다.

1) 교사의 자기 평가

교사는 유아를 평가하는 것에 머물러서는 안 되며, 늘 자신의 독서 활동을 평가해보는 자기 평가를 게을리 하지 않아야 한다.

문학교육에서 평가를 할 때 교사는 다음의 질문을 통해 자신을 점검한다.

① 문학활동의 목표는 분명히 있는가?
② 목표를 달성하기 위하여 무엇을 하였는가?
③ 목표달성을 위한 다른 대안은 없는가?
④ 교사로서 유아의 문학활동을 돕고자 어떠한 행동을 하였는가?
⑤ 교사로서 자신의 행동이 어떠한 결과를 가져왔는가?
⑥ 계획한대로 목표에 도달하였는가?
⑦ 보조 자료는 적절히 사용하였는가?

3 문학교육 평가의 내용

문학교육의 평가는 활동의 계획에 대한 평가와 교육 대상자에 대한 평가, 그리고 활동 후 활동 내용의 이해 정도에 대한 평가로 나누어 생각해 볼 수 있다.

1) 지도계획 수립단계에서의 평가

사전 조사를 바탕으로 수립된 독서지도계획을 실천하고 소기의 목적은 달성하였는지, 계획의 실천에 어려움은 없었는지 등을 검토하여 계획된 독서지도 방안이 적절한지를 평가한다. 특별히 관심을 가지고 평가하여야 할 항목은 다음의 항목이다.

① 전체적인 교육목표에 비추어 타당한가?
② 다른 활동영역과의 관련성은 어떠한가?
③ 유치원이나 가정의 독서환경 실태에 알맞은가?

2) 유아의 문학이해능력 소유에 대한 평가

유아가 안구 운동능력, 독해력, 어휘력, 문법적 능력, 문장이해력, 비판력, 감상력 등 독서에 요구되는 기본적인 능력을 소유하고 있는지를 파악한다. 표준화되어 있는 검사지를 사용하여 유아의 발달 상태를 진단하거나 교사제작검사를 통해 진단할 수 있다.

3) 도서에 대한 흥미 평가

교사가 유아의 연령이나 개인적 특성에 따라 특별히 흥미 있어 하거나 선호하는 도서가 있는지 파악하고 있으면 문학교육계획을 수립하는데 있어 도움이 되며, 편향된 독서습관을 파악하여 지도하는 데 도움이 된다. 이는 유아의 도서기록장, 관찰, 최근의 독서경향 등을 조사하여 파악할 수 있다.

4) 내용 이해도 평가

유아가 문학활동의 내용을 충분히 이해하였는지, 문학경험을 통하여 어떤 영향을 받았으며 문학경험이 인격 형성에 어떠한 기여를 하였는지 등을 조사하여 문학활동의 효과가 충분히 나타나는지를 평가하는 것은 다음의 문학경험을 계획할 때 도움이 된다.

부록 1

'용감한 개미'의 동화와 시나리오

1-1 동화 '용감한 개미'의 대본

아름답고 평화로운 숲속에 작은 연못이 있었어요.

숲속 친구들은 연못에 무엇이 있을까?

늘 궁금했답니다.

어느 날 사자 임금님은 '모두들 떡갈나무 아래로 모여라, 어흥~'

모두 조용히 해!

그래 우리사자 임금님 말을 들어보자.

내가 이렇게 너희 부른 건 연못 속에 무엇이 있는지 알아보고자 해서다.

그런데 누가 들어가지?

잘난 체 잘하기로 소문난 늑대가 말했어요.

내가 들어가겠어요.

연못 안은 캄캄하고 무서운 곳일지도 몰라.

이 소리를 들은 늑대는 속으로

걱정이 되어 슬쩍 뒤로 꽁무니를 뺐습니다.

그때……

내가 갈게요.

누구야? 안 보이잖아. 누구야?

저예요!

숲속의 친구들 중 가장 작은 개미였어요.

모두 개미를 비웃으며 말했어요.

너처럼 작은 개미가 뭘 한다고 그러니~

아니에요. 할 수 있어요! 난 할 수 있다고요!

개미의 말에 모두들 조용해졌어요.

그래, 개미는 정말 용감하구나.

그러나 연못은 위험할지도 모르니 조심해야 한다.

이윽고 날이 밝고 개미는 친구들에게 인사를 하고 연못으로 떠났어요.

개미야! 잘 다녀와.

치! 무서워서 금방 돌아오고 말걸.

늑대는 비웃는 목소리로 말했어요.

그러나 연못 안은 무서운 곳이 아니었어요.

연못은 참으로 아름다웠답니다.

개미는 연못 속 친구를 만났습니다.

안녕? 황금색 예쁜 옷을 입었구나. 넌 누구니?

난 붕어야. 그런데 넌 어디서 왔니?

난 숲에서 온 개미라고 해. 연못 안이 궁금해서 왔단다.

아! 그래?

그럼 날 따라오렴. 구경시켜 줄게.

개미는 붕어 친구들과 연못 속을 구경하기로 했어요.

안녕하세요? 멋진 몸을 가지셨네요.

나는 가재 아저씨야.

처음 보는 아인데 누구냐?

전 숲에서 온 개미예요.

숲이라고? 그곳엔 멋진 친구들이 많이 있다던데…

246

네. 그래요. 숲속 사자 임금님이랑 목이 긴 기린, 달리기 대장 토끼, 그리고 달콤한 꿀을 좋아하는 곰 아저씨, 코가 아주 긴 코끼리 아줌마가 있어요.

숲은 정말 멋진 곳이랍니다.

개미와 붕어 친구들은 멀리서 올망졸망 놀고 있는 올챙이들을 만났어요.

올챙아! 인사하렴. 숲에서 온 개미야.

개미는 이것저것 숲에 대해 이야기해 주었어요.

다음에 다 자라서 꼭 숲에서 만나자~

신기하고 아름다운 연못을 구경한 개미는 연못 친구들과 헤어져 숲속으로 돌아왔어요.

숲속 친구들아!

연못은 무척 아름답고 신기한 곳이야.

착하고 좋은 친구들이 많단다. 숲속 친구들은 연못 속이 더 이상 궁금하지 않았어요.

그 후 숲속 친구들은 연못 속 친구들을 초대해서 서로 좋은 친구가 되어 즐겁고 사이좋게 지냈답니다.

1-2 동화 '용감한 개미'의 대본

나오는 사람

개미(몸집이 작은 아이)
토끼(덩치 큰 어린이)
붕어들(여자어른 및 어린이)
올챙이들(어린이들)
사자(남자 어른)
늑대(어른)
가재(남자어른)
그 외 동물들(어린이들)

연못이 있는 작고 아름다운 숲속

배경음악 1(숲)

조명이 밝아지면 무대 한 가운데 사자가 우뚝 앉아 있다.

해설 : 숲속 마을에는 조그마한 연못이 있었는데 숲속에 사는 동물 친구들은 연못 속에 무엇이 있을까 늘 궁금해 했답니다.

노래 1(사자노래)

[나는 야]

나는 야 나는 야 숲속의 왕
이름만 들어도 벌벌 떠는 사자
누구든 나를 보면 무서워하지.
어흥~ 하고 소리치면 모두 놀라지.
숲속의 동물들을 지켜주는 사자
언제나 용맹스런 숲속의 용감한 사자

사자 : 연못 속에는 무엇이 살고 있을까? 정말 궁금해.

노래 2(사자와 동물들 합창)

[연못 속에는]

연못 위에 보이는 내 모습
그 모습 정말 내 모습이네.
연못 속엔 무엇이 있을까?
어떤 것이 숨 쉬고 있을까?
연못 위에 밝은 빛 비치면

하얀 구름 연못에 떠가네.

사자 : 연못 속에 무엇이 사는지 모두 궁금하지?

동물들 : 네.

사자 : 그러면 연못 속에 무엇이 사는지 알아보도록 하자.

동물들 : 좋아요. 좋아요.

토끼 : (툭 튀어나오면서) 잠깐 잠깐 그런데 연못 속에 누가 들어가지?

(토끼의 질문에 숲속은 잠시 조용해진다.)

늑대 : (자신 있는 목소리로 잘난 척하면서) 좋아, 내가 들어가겠어.

노래 3(늑대노래)

[늑대]

아~우 나는 야 느윽대

이게 뭐가 무섭다고 겁을 먹어.

동물 중에 멋쟁이인 나 늑대가

연못 속으로 들어간다. 아~우

[각설이타령]

얼씨구씨구 들어간다.

느윽대가 들어간다.

어절씨구 들어간다.

연못 속으로 들어간다. 얼씨구 좋다

토끼 : (걱정스런 얼굴로) 야 야 야 야! 하지만 연못 안은 아무도 가보지 못한 곳이기 때문에 캄캄하고 무서울지도 몰라.

늑대 : (자신 없는 작은 목소리로) 저, 정말이야? 허이고, 사실 요즘에 기침도 나고 건강이 좋지 않은 것 같아. 콜록 콜록~ 연못 속은 춥겠지?

(용기 없는 각설이 타령조로)
얼씨구씨구 못 들어간다.
감기가 걸려 못 들어간다.
연못 속에 못 들어간다.

동물들 : 어이구… 그럴 줄 알았어. (웅성거리며 야유)
(그때 어디선가 작은 목소리가 들려왔다.)

배경음악 2(개미)

개미 : (소리만 들림) 내가 다녀오겠어.
동물들 : 누구지? 누구야?

이때 조명은 밝게 개미를 비춘다.

개미 : 나야 나. 개미. 내가 다녀올 테야.
동물들 : (일제히 웃음) 효과음 처리
늑대 : (비웃으며) 하하하, 아이구 배야. 너처럼 작은애가 어딜 들어간다구 그러니?
사자 : (위엄 있게) 아! 조용조용. 그래. 개미의 말은 용감하지만 개미는 안 될 것 같구나.

노래 4(개미노래)

안녕

작은 몸집의 개미라고 놀려대지만
씩씩하고 부지런한 개미라고요.,
까맣고 작은 꼬마라고 놀려대지만
지혜 있고 용기 있는 개미라고요.

나는 모험을 좋아하는 까만 개미
친구들아 돌아와서 얘기 해 줄게.
안녕. 안녕.

동물들 : 그래 네가 다녀와 보렴. (손을 흔들며) 조심해서 잘 다녀와.

배경음악 3(연못 속)

해설 : 연못 속은 숲속 친구들이 생각했던 것처럼 어둡고 무서운 곳은 아니었어요. 숲속에서 보지 못했던 신기한 것들로 가득 차 있어서 너무나 아름다웠어요. 개미는 연못 속을 돌아다니다 황금색 옷을 입은 아름다운 친구를 발견했어요.

배경음악 4(대장 붕어와 붕어들 등장 음악)

개미 : 안녕? 넌 참 예쁜 옷을 입었구나. 너의 아름은 뭐니?
붕어 : 응, 난 붕어라고 해. 넌 어디서 왔니?
개미 : (반가운 목소리로) 난 숲에서 온 개미야. 숲속 친구들 모두가 연못 안을 너무 궁금해 한단다.
붕어 : 그럼 우리가 연못 안을 구경시켜 줄게. 날 따라오렴.

노래 5(붕어들의 합창)

붕어들

연못 속은 정말 아름다워요.
알록달록 옷을 입은 고기들과
팔랑팔랑 흔들리는 해초들과
입을 쫙쫙~ 멋진 조개 아저씨
밝은 햇빛 연못 속에 비치면

연못 속은 정말 아름다워요.

연못 속 2

붕어 :　저기 보이는 친구는 올챙이란다. 참 귀엽지? 올챙아 안녕?

올챙이들 : (올챙이 합창)

올챙이들의 노래

우리는 귀여운 올망졸망 올챙이
꼬리를 흔들며 연못에서 놀아요.
연못은 연못은 우리들의 놀이터
우리는 어여쁜 올망졸망 올챙이
우리는 귀여운 올망졸망 올챙이
다리가 생기면 숲속에서 살지요.

붕어 :　많이 자란 것 같아.

올챙이 : 응. 벌써 뒷다리가 생기려는지 자꾸만 간지러워. 그런데 넌 누구니?

개미 :　안녕? 난 개미라고 해. 난 숲에서 왔단다.

올챙이 : 숲이라구? 어머! 그곳은 내가 다 자란 후에 살 곳이야.

개미 :　숲에 꼭 놀러 오렴. 그땐 내가 숲속을 너에게 소개해 줄게. 다시 만날 때까지 잘 지내. 안녕.

올챙이 : 그래. 개미야. 잘 가. 숲에서 나중에 만나자.

연못 속 3

개미 :　(반갑게 웃으며) 어머. 안녕 하세요? 멋진 손을 가지고 있네요.

가재 :　(쑥스러운 듯) 아! 네 에에

노래 7(가재노래)

나는 신사

내 손엔 멋진 집게손이 있지요.

이것저것 무엇이든 싹둑싹둑 잘라요.

커다란 집게 손 나를 더욱 빛내줘요.

나는 야, 연못 속의 멋쟁이 싹둑 신사

싹둑 싹둑 싹둑 싹둑 싹둑

나는 야, 연못 속의 멋쟁이 싹둑 신사

개미 : 너무 멋지군요. 숲속의 친구들에게 그 놀라운 손에 대해서 꼭 애기 할게요.

가재 : 그래그래. 날 멋있는 신사라고 소개해 줘.

개미 : 숲속 친구들이 너무너무 궁금해 할 거야. 빨리 가서 연못 속 이야기를 해줘야겠다.

붕어, 가재 : 그래 얼른 가서 아름다운 우리 연못을 소개해 줘…그리고 다른 친구들도 많이 놀러 오라고 해.

개미 : 모두 고마웠어. 그럼 안녕. 또 만나요. (손을 서로 흔들며 헤어진다)

숲속

배경음악 1(숲)

해설 : 숲으로 돌아온 개미는 숲속 친구들에게 연못 안에서 있었던 일들을 이야기했어요.

노래 8(개미 노래)

연못을 다녀왔네

연못 속을 다녀왔네. 아름다운 물 속 나라

예쁜 붕어 멋진 가재 올망졸망 올챙이
연못 친구 모두 초대해 즐겁게 놀아요.

토끼 : 와! 연못이란 곳은 정말 아름다운 곳이구나. 우리 꼭 연못 친구들을 소개해요.

사자 : 그래. 개미가 연못 속에서 아주 좋은 소식을 가져왔구나. 그럼 우리 모두 연못 친구들을 초대하여 즐겁게 잔치판을 한판 벌려보세.

모두들 : (환호성) 야호!!

노래 9(합창, 모든 동물들)

[연못 친구들]

숲속이랑 연못이랑 서로 친구 해요.
우리들은 사이좋고 정다운 친구들
하하 호호 예쁘게 사랑을 나누지요.

우리함께 손잡고 노래하고 춤을 춰요.
사자 왕은 위풍 당당 걸어가며 뽐내 보구
귀여운 올챙이는 올망졸망 춤을 춰요.

숲속 친구 연못 친구 모두 모두 모여서
어깨동무 같이하고 잔치판을 벌려 봐요.
아름다운 자연 속에 어우러져 놀아보세.

부록 2

누리과정의 생활주제에 따른 동화

2-1 유치원과 친구

생활주제 '유치원과 친구'는 학기 초 적응을 돕기 위해 유치원의 물리적·인적 환경을 탐색하고 친구들과 긍정적인 관계를 형성하며 유치원에서의 행복한 생활을 돕기 위한 주제이다. 유치원의 물리적 환경 뿐 아니라 유치원에서의 하루 일과를 이해하고 새롭게 만나 친구들이나 교사, 유치원의 다른 성인들과도 긍정적인 관계를 유지하는데 필요한 가치나 전략 등을 경험하여 사람들과의 관계, 소통의 중요성을 인식하게 하여 소속감이나 공동체 의식을 경험하도록 한다(교육과학기술부, 2012).

생황주제 '유치원과 친구'는 '유치원의 환경', '유치원에서의 하루', '유치원에서 만나 친구', '함께 만드는 유치원' 등의 네 개의 주제로 구성되는데, 유아들과 교육활동을 전개할 때 활용할 수 있는 그림동화를 제안하면 다음과 같다.

<table>
<tr><th>표지사진</th><th>제목</th><th>글쓴이</th><th>출판사</th></tr>
<tr><td rowspan="3">
</td><td>유치원에
가기 싫어요</td><td>안나 카살리스 //
마르코 캄파넬라</td><td>키득키득</td></tr>
<tr><th colspan="3">줄거리</th></tr>
<tr><td colspan="3">또또는 유치원에 가기는 것이 싫었는데 유치원에 가지 않은 날 엄마가 여러 가지 일로 바빠서 또또와 놀아주지 않자 다음날에는 유치원에 가게 되며 유치원에서 친구들과 놀고 유치원에 가는 것을 좋아하게 된다.</td></tr>
<tr><th>표지사진</th><th>제목</th><th>글쓴이</th><th>출판사</th></tr>
<tr><td rowspan="3">
</td><td>얘가 먼저 그랬어요!</td><td>가브리엘라 케셀만 //
펩 몬세르랏</td><td>고래 이야기</td></tr>
<tr><th colspan="3">줄거리</th></tr>
<tr><td colspan="3">타틴은 처음부터 기분이 좋지 않아 마주치는 친구들과 싸운다. 지쳐가던 타틴은 마지막에 만난 친구의 초콜릿으로 상징되는 호의를 받아서 기분이 좋아진다. 여기서 초콜릿은 단순한 먹을거리가 아닌 진정 어린 이해와 관심, 대화이다.</td></tr>
<tr><th>표지사진</th><th>제목</th><th>글쓴이</th><th>출판사</th></tr>
<tr><td rowspan="3">
</td><td>내 토끼 어딨어?</td><td>모 윌렘스</td><td>도서출판
(주)살림출판사</td></tr>
<tr><th colspan="3">줄거리</th></tr>
<tr><td colspan="3">어느 날 아침, 트릭시는 가장 좋아하는 인형인 꼬마 토끼와 함께 유치원에 간다. 트릭시는 꼬마 토끼를 친구들과 선생님에게 자랑하고 싶었지만 소냐의 품에 있는 꼬마 토끼가 트릭시의 꼬마 토끼와 똑같다는 것을 알고, 서로 자신의 꼬마 토끼가 좋다고 다툰다. 그러자 선생님이 토끼를 수업이 끝나고 돌려주시겠다고 가져간다. 수업이 끝나고 돌려받은 꼬마 토끼와 신나게 놀다가 트릭시는 잠자리에 든다. 그런데 한참 자다 깨어난 트릭시는 꼬마 토끼가 뒤바뀌었다는 것을 알아챈다. 마침 소냐도 토끼가 바뀌었다는 사실을 알고, 둘은 토끼를 다시 바꾼다. 다음날 유치원에서 트릭시와 소냐는 토끼를 가지고 사이좋게 논다.</td></tr>
<tr><th>표지사진</th><th>제목</th><th>글쓴이</th><th>출판사</th></tr>
<tr><td rowspan="3">
</td><td>전학 온 친구</td><td>에런 블레이비</td><td>도서출판 세용출판</td></tr>
<tr><th colspan="3">줄거리</th></tr>
<tr><td colspan="3">선데이 처트니는 아빠의 일 때문에 세계 여러 나라에서 살았는데 그 때문에 매번 새로운 학교에 전학을 간다. 새로운 학교의 친구들은 전학 온 처트니를 이상한 눈으로 본다. 처트니는 여행은 좋아하지만 전학을 다니면서 싫은 일과 좋아 일이 생기고 잦은 전학을 인해 외로움을 느낀다.</td></tr>
</table>

256

표지사진	제목	글쓴이	출판사
	유치원에 친구가 없다면	강수경 // 윤희동	도서출판 별똥별
	줄거리		
	유치원은 유아들이 가정과는 다른 지속적인 사회생활에 첫발을 내딛는 곳이다. 유치원 생활의 적응을 위한 경험에 관한 내용이다.		

표지사진	제목	글쓴이	출판사
	까만 크레파스	나카야 미와	웅진주니어
	줄거리		
	예쁜 색깔의 크레파스들은 제 각각 자신의 색을 뽐내어 그림을 그리지만 그림이 서로 겹치게 되자 크레파스들은 서로 싸우게 되고 그림을 알아 볼 수 없게 된다. 하지만 까만 크레파스의 도움으로 다시 멋진 그림을 완성하게 된다.		

표지사진	제목	글쓴이	출판사
	친구를 찾습니다.	사쿠라 토모코 // 이모토 요코	문학동네
	줄거리		
	숲속에 사는 꼬마 늑대는 사실 아주 착하지만 무서운 늑대 이야기 때문에 숲속 친구들은 늑대를 보면 항상 도망을 다닌다. 늑대의 도움을 받은 숲속 친구들은 늑대와 좋은 친구가 된다. 친구를 사귐에 있어서 편견과 선입견을 가져서는 안 된다는 것을 알 수 있다.		

표지사진	제목	글쓴이	출판사
	친구	호더 하더디	생각이 큰 나
	줄거리		
	숲속에 놀러간 두 친구가 자연을 통해 친구의 의미와 우정의 소중함을 알게 된다.		

표지사진	제목	글쓴이	출판사
	우리 친구하자	쓰쓰이 요리코 // 하야기 아키고	한림
	줄거리		
	낯선 동네로 이사 온 아름이는 누군가에게 꽃을 계속 선물 받는다. 알고 봤더니 아름이와 친구를 하고 싶었던 친구가 매일 보낸 것이어서 둘은 친구가 된다.		

표지사진	제목	글쓴이	출판사
	난 여자아이들이 싫어요!	클레르 위바크 // 장 프랑수와 뒤옹	교원
	줄거리		
	위고는 여자 아이들을 너무 싫어한다. 하지만 어느 날 솔레이라는 여자 아이와 집으로 돌아오며 친해지게 되었고 그 다음부터 여자 아이들의 마음을 점점 더 잘 알게 된다.		

표지사진	제목	글쓴이	출판사
	다투고 화해하고 우리는 친구	노버트 랜다 // 팀 워즈	세상 모든 책
	줄거리		
	함께 먹고 자고 생활하는 곰과 토끼가 어느 날 망원경으로 반짝이는 비닐을 발견하게 된다. 각자의 얼굴이 비춰지는 것을 보고 자기 것이라며 싸우게 된다. 비닐이 찢어지고 각자 비닐을 가지고 생활을 하며 지내지만 나중에는 외로움을 느끼게 되고 친구의 소중함을 알고 비닐을 가지고 함께 다시 만나 화해한다.		

표지사진	제목	글쓴이	출판사
	나랑만 놀아	이윤진 // 이인화	책 먹는 아이
	줄거리		
	수두에 걸려 유치원에 가지 못한 은배는 단짝친구 훈이와 놀 생각에 유치원 가는 날만 기다린다. 유치원에 가자 훈이는 다른 친구와 블록놀이를 하고 있었고 은배는 마음이 상해 너와 놀지 않겠다는 말을 하게 된다. 은배는 다른 친구들과 놀면서 여럿이 노는 재미를 알게 되고 훈이와 화해하게 된다.		

표지사진	제목	글쓴이	출판사
	내 친구는 얼굴색이 달라요	콜레트 엘링스 // 마리알린 바뱅	(주)시공사
	줄거리		
	말라트네 가족은 아프리카에서 왔어요. 톰은 말리크네 집에 가서 독특한 물건들을 보고 색다른 요리를 맛보며 다른 문화를 경험하지요. 생활하는 모습도 다르고 얼굴색도 다르지만 말리크는 콤의 가장 친한 친구랍니다		

표지사진	제목	글쓴이	출판사
	우리 유치원에 공룡이 놀러 왔어요!	필립 하손, 제니 타일러 // 스테판 카트라이트	크레용 하우스
	줄거리		
	유치원에 공룡이 놀러왔는데 공룡은 하루 종일 유치원에서 책을 뜯어 먹고 물감을 쏟고 피아노에 모래를 넣어놓고 공에 구멍을 뚫어 놓고 도시락을 다 먹고 수건과 휴지를 못 쓰게 해놓았다. 선생님께서 공룡을 집에 데려다 주라고 하셨다. 풀이 죽은 공룡을 보고 공룡이 얌전히 있겠다고 약속하면 다음 날도 유치원에 데리고 가겠다고 한다.		

표지사진	제목	글쓴이	출판사
	어린이집 블록 놀이	김영명 // 강근영	(주)사계절
	줄거리		
	한 아이가 어린이집에서 다른 친구의 장난감 블록 차를 모르고 가져갔는데 가지고 놀던 친구가 울음을 터뜨렸다. 어린이집 선생님은 장난감 블록 차를 원래 가지고 놀던 그 친구에게 돌려주고 또 다른 장난감 블록 차를 아이에게 주었다. 조금 있다가 선생님과 아이들이 두 아이가 블록으로 만든 교통기관을 보고 감탄했다. 두 아이는 서로 웃으며 마주보고 껴안았다. 그러고 나서 반 아이들 모두가 블록으로 마을을 만들었다.		

표지사진	제목	글쓴이	출판사
	내 짝꿍 에이미	스티븐 마이클킹	리틀씨앤북
	줄거리		
	무엇이든 반듯하게 해 내고 싶지만 엉망이 되어버리곤 하는 헨리는 남들이 보지 못하는 것을 볼 줄 아는 아이이다. 무엇이든 꼼꼼하고 바르게 해 낼 줄은 알지만 그런 자신이 갑갑하기만 한 에이미는 똑똑하고, 야무진 아이이다. 어느 날 너무도 다른 두 아이가 우연히 만나 친구가 되었는데, 에이미는 늘 삐뚤삐뚤 제멋대로인 헨리에게 남들처럼 세상을 바라보고, 바르게 행동하는 법을 가르쳐 준다. 그리고 헨리는 너무 꼼꼼한 자신을 답답하게 느끼는 에이미에게 거꾸로 물구나무서서 세상을 바라보기도 하고, 뒤로 걷기도 하며, 보다 자유롭게 행동할 수 있도록 도와준다.		

표지사진	제목	글쓴이	출판사
	친구의 말에 귀 기울여!	파비앙 렌크 // 실비오 뉴엔도프	글뿌리
	줄거리		
	숲속에서 서커스가 열렸고 작은 쥐 모멜은 외발 자전거를 선보이게 된다. 모멜은 연습을 위해 자전거를 타려고 했으나 자전거 바퀴에 바람이 빠져 토끼, 곰, 두더지 친구에게 가게 된다. 그러나 아무도 모멜을 도와주지 않았고 친구들의 실수를 모멜이 도와주려고 해도 아무도 귀담아 듣지 않았다. 결국 서커스는 망했고 모멜은 상심한 친구들에게 다시 차근히 고쳐야 할 점들에 대해 말을 하게 된다. 그러자 모멜의 말을 귀담아 들은 친구들은 서커스 공연을 잘 하게 되었고 숲속 친구들과 모멜은 서커스를 성공적으로 마치게 된다.		

표지사진	제목	글쓴이	출판사
	소중한 내 친구	나탈리 러셀	(주)지경사
	줄거리		
	하얀 토끼가 친구가 없어 외로워 한다. 달을 보며 저곳에는 누가 사는지 생각한다. 그러나 하얀 토끼는 갈색토끼를 만나 공원에서 즐겁게 지내며 달에 누가 사는지 궁금해 하지 않게 된다.		

표지사진	제목	글쓴이	출판사
	안녕? 유치원	앙트아네트 포티스	베틀북
	줄거리		
	유치원에 가게 된 지오는 유치원에 가는 것이 불안하였으나 유치원에 가서 활동을 하며 불안함을 해소하게 된다.		

표지사진	제목	글쓴이	출판사
	줄무늬면 어때	백미숙 // 선영란	리틀씨앤북
	줄거리		
	노랑 털 고양이들만 사는 노랑 털 고양이 마을에서 줄무늬 고양이는 혼자 많이 외로웠다. 자꾸 놀림을 받으니까 스스로도 줄무늬가 싫고, 노랑털이 갖고 싶어졌다. 줄무늬 고양이는 자신의 아빠인 검은 고양이가 사는 마을을 찾아 떠나면서 표범 무늬 고양이, 검정 얼룩무늬 고양이 등 자신이 알지 못했던 여러 털 빛깔의 고양이들을 만나면서 세상에는 정말 많은 빛깔을 가진 고양이가 있고 모두 다 예쁘고 소중하다는 것을 알아간다.		

2-2 나와 가족

생활주제 '나와 가족'은 유아가 자신의 몸과 마음에 대해 이해하도록 돕고 가족에 대한 기본적인 지식과 이해를 기초로 가족의 소중함을 느끼게 하여 유아 자신과 가족을 사랑하고 타인과 더불어 살아가는 민주 시민으로서의 가지을 기르도록 돕는다.

생활주제 '나와 가족'은 '나의 몸과 마음', '소중한 나', '소중한 가족', '가족의 생활과 문화' 등의 주제로 구성되어 있다. '나의 몸과 마음'에서는 유아가 몸의 구조와 성장에 대해 이해하고 자신의 감정을 인식하고 조절하는 능력을 기르는 것에 초점을 둔다. '소중한 나'에서는 유아가 자신의 몸에 대한 소중함을 인식하고 긍정적인 자아개념을 형성하는 것에 중점을 둔다. '소중한 가족'에서는 유아가 가족의 역할과 가족 간의 예절을 이해하고 가족 구성원으로 협력하고 배려하는 태도를 기르는데 중점을 두고 있으며, '가족의 생활과 문화'는 가족의 구조, 생활방식, 다양한 가족과 가족 문화의 차이를 이해하고 그 다양성을 존중하는 태도를 갖도록 돕는다(교육과학기술부, 2012).

생활주제 '나와 가족'의 교육활동에 활용할 수 있는 그림동화를 보면 다음과 같다.

<table>
<tr><th>표지사진</th><th>제목</th><th>글쓴이</th><th>출판사</th></tr>
<tr><td rowspan="3">
</td><td>바쁜 우리엄마지만</td><td>엘리스로시 // 에스텔 민스</td><td>작은돛단배</td></tr>
<tr><th colspan="3">줄거리</th></tr>
<tr><td colspan="3">엄마는 가족과 회사 일에 아주 열심이다. 엄마는 달리기 선수 같기도 하고 슈퍼우먼 같기도 하다. 또 어쩔 때는 빨리빨리 하라고 조르는 똑딱똑딱 시계 같다. 그래도 잊지 않고 잃어버린 시간을 다시 채우는 엄마는 가끔은 시간을 멈추기도 한다.</td></tr>
</table>

<table>
<tr><th>표지사진</th><th>제목</th><th>글쓴이</th><th>출판사</th></tr>
<tr><td rowspan="3">
</td><td>동생이 태어날 거야</td><td>존버닝햄 // 헬린 옥슨버리</td><td>웅진주니어</td></tr>
<tr><th colspan="3">줄거리</th></tr>
<tr><td colspan="3">엄마에게서 동생이 생길 거라는 것을 알게 된 나는 동생에게 사랑을 뺏길 수 있다는 생각을 하는데 엄마의 설명을 듣고 동생이 태어나기를 기대하고 태어날 동생의 모습을 상상해 본다.</td></tr>
<tr><th>표지사진</th><th>제목</th><th>글쓴이</th><th>출판사</th></tr>
<tr><td rowspan="3">
</td><td>우리 아빠는 피에로</td><td>발레리제나타 // 키미코</td><td>비룡소</td></tr>
<tr><th colspan="3">줄거리</th></tr>
<tr><td colspan="3">어느 날 아빠가 제니퍼에게 중대발표를 한다. 바로 아빠가 피에로가 된다는 것이다. 매일 저녁 멋진 공연을 보여주는 것도 너무 행복하다. 그런데 아빠가 이번엔 제니퍼의 학교 축제에서 공연을 한다. 제니퍼는 자꾸 아빠가 부끄러워진다. 하지만 곧 아빠를 자랑스러워하게 된다.</td></tr>
<tr><th>표지사진</th><th>제목</th><th>글쓴이</th><th>출판사</th></tr>
<tr><td rowspan="3">
</td><td>우리엄마</td><td>앤서니 브라운</td><td>웅진주니어</td></tr>
<tr><th colspan="3">줄거리</th></tr>
<tr><td colspan="3">우리 엄마는 멋져요. 엄마는 무엇이든 할 수 있어요. 우리 엄마는 세상에서 제일 소중합니다.</td></tr>
<tr><th>표지사진</th><th>제목</th><th>글쓴이</th><th>출판사</th></tr>
<tr><td rowspan="3">
</td><td>내가 아빠를 얼마나 사랑하는지 아세요?</td><td>샘 맥브래트니 // 아니타 제람</td><td>베틀북</td></tr>
<tr><th colspan="3">줄거리</th></tr>
<tr><td colspan="3">숲속에 사는 아기 토끼와 아빠 토끼가 누가 더 서로를 사랑하는 지 견주어 보며 가족 사랑의 의미를 알게 한다.</td></tr>
<tr><th>표지사진</th><th>제목</th><th>글쓴이</th><th>출판사</th></tr>
<tr><td rowspan="3">
</td><td>엄마아빠는 나만 미워해!</td><td>이노우에 요코 // 쓰치다 요시하루</td><td>베틀북</td></tr>
<tr><th colspan="3">줄거리</th></tr>
<tr><td colspan="3">항상 동생에게 양보하라고만 하는 부모님이 미운 나는 가출을 한다. 가족 나의 가출을 모른 척 넘기어 나는 즐거운 하룻밤의 추억을 갖게 된다.</td></tr>
</table>

표지사진	제목	글쓴이	출판사
	꼭 잡아주세요, 아빠!	진 윌리스 // 토니 로스	베틀북
	줄거리		
	자전거를 무척 타고 싶었던 소피는 아빠의 도움을 받아 처음엔 두려워 하였지만 결국 자전거를 혼자 탈 수 있게 된다.		

표지사진	제목	글쓴이	출판사
	돼지책	앤서니 브라운	웅진주니어
	줄거리		
	피곳씨와 아이들은 매일 바쁜 엄마에게 밥을 달라고 소리치고 엄마는 피곳씨와 아이들에게 밥을 차려주고 힘든 집안일도 하며 일을 하러 간다. 아빠와 아이들은 회사와 학교에서 돌아온 후에도 밥을 달라고 외친다. 엄마는 피곳씨와 아이들을 저녁을 먹이고 또 집안일을 하는데 아무도 엄마를 도와주지 않는다. 그러던 어느 날 엄마가 '너희들은 돼지야'라는 쪽지를 남겨놓은 채 사라져버렸다. 엄마가 없는 그들은 손수 밥을 만들어 먹었지만 쌓여가는 설거지와 빨래에 집이 돼지우리처럼 변해버리고 피곳씨와 아이들은 엄마를 찾는다. 집안에 먹을 것이 하나도 없을 때쯤 엄마가 돌아왔다. 그 후부터는 아빠와 아이들이 엄마의 집안일을 도왔고 엄마는 행복했다.		

표지사진	제목	글쓴이	출판사
	내 동생은 외계인 푸파	김현주 // 김호민	장수하늘소
	줄거리		
	동생이 태어난 뒤에 엄마가 동생만 예뻐하자 심술이 났다. 동생이 푸파로 변해버려 거실도 마구 어지르고 형이 아껴둔 간식까지 모두 먹어버렸다. 푸파는 푸른샘 파란별에서 살고 달님과 우주여행을 하다가 떨어졌는데 나는 푸파를 다시 보내면 엄마의 사랑을 찾을 수 있을 거라고 생각을 한다. 다음 날 아침 엄마는 동생과 함께 자고 있는 내 모습을 본다.		

표지사진	제목	글쓴이	출판사
	아빠가 보고 싶은 아이	지 나가사키 나쓰미 // 오쿠하라 유메	아름다운 사람들
	줄거리		
	엄마, 언니 주인공은 도쿄에서 이사를 간다. 아빠는 반 년 전 늦은 밤까지 보일러 고쳐 주는 일을 하시다 일을 끝내고 돌아오는 길에 쓰러지셨다. 이사하기 전 엄마는 중요한 걸 찾으러 고향으로 간다고 말한다.		

표지사진	제목	글쓴이	출판사
	나는 어떻게 자랄까요?	믹 매닝 // 브리타 그랜스트룀	도서출판 그린북
	줄거리		
	아기가 어른으로 자라는 과정을 섬세한 글과 자세한 설명으로 이야기하고 있다. '뼈는 어떻게 자랄까? 젖니는 왜 빠질까? 튼튼하고 건강하게 자라려면 어떻게 해야 할까?'와 같은 물음의 답을 찾아본다.		

표지사진	제목	글쓴이	출판사
	누나와 남동생	임정자 // 이형진	우리교육
	줄거리		
	누나와 남동생이 서로 좋아하는 놀이가 달랐는데 서로 자기가 좋아하는 놀이를 하자고 싸우다가 나중엔 호랑이가 나오자 둘이 힘을 합쳐 같이 무찌른다. 어울려 놀면서 서로를 이해하고 인정하며 우애를 쌓아간다.		

표지사진	제목	글쓴이	출판사
	우리 엄마는 회사에 다녀요.	박선미 // 이건희, 이대희	아이들판
	줄거리		
	회사에 다니는 엄마 때문에 별이는 친구들이 돌아간 후에도 유치원에 남아있고 유치원을 마치고 집에 가도 엄마 대신 이모가 돌봐 준다. 엄마가 회사에서 돌아오면 너무 반가워서 밤새 놀고 싶지만 엄마가 너무 피곤해서 놀아주지 못하지만 별이는 괜찮다. 집에 있는 인형이 별이한테 친구가 되어준다고 하여 별이와 항상 붙어있게 된다. 놀이터에 놀러갔다가 친구가 인형을 뺏으려고 하자 엄마 목소리가 나면서 인형을 빼앗기 지 않는다. 사실 엄마 목소리는 인형이 낸 소리였다. 별이가 유치원에서 바지에 실례를 했는데 인형은 별이를 위로해 주었고 돌봐주었다. 그런데 그 인형은 사실 엄마의 애틋함이 모여 생겨난거라고 한다. 그리고 인형은 엄마가 별이를 얼마나 생각하는 말해주었다. 별이의 엄마는 아직도 회사를 다니지만 별이는 엄마의 마음이 항상 내 곁에 있어 괜찮다고 한다.		

표지사진	제목	글쓴이	출판사
	씩씩해요	전미화	(주)사계절
	줄거리		
	아버지가 교통사고로 돌아가셨다. 그 후로 아이의 엄마는 아침 일찍부터 일을 나가셔서 밤늦게 돌아오셨다. 아이는 혼자 밥 먹을 때가 많아졌고 외롭고 슬펐다. 어느 날 아이는 엄마와 산에 놀러 나가서 즐거움을 느꼈다. 엄마는 아빠가 하시던 못질도 잘해내셨다. 시간이 흐르면 흐를수록 아이는 슬펐던 기억을 견뎌내고 조금씩 밝아지고 씩씩해진다.		

<table>
<tr><th>표지사진</th><th>제목</th><th>글쓴이</th><th>출판사</th></tr>
<tr><td rowspan="3">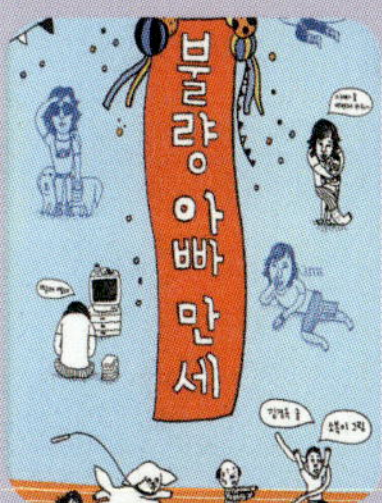</td><td>불량 아빠 만세</td><td>김경옥 // 소복이</td><td>시공주니어</td></tr>
<tr><th colspan="3">줄거리</th></tr>
<tr><td colspan="3">아침에 출근도 하지 않고 아내도 없는 불량 아빠는 당당하게 아들 찬우를 키운다. 찬우 아빠는 싱글 대디에 대한 주변의 부정적인 시선에도 개의치 않다. 오히려 학교 급식 도우미, 녹색어머니회 교통안전 봉사, 준비물 챙겨주기 등 엄마의 역할까지 열심히 해낸다. 친구들의 아빠와 다른 아빠 때문에 창피했던 찬우도 이런 아빠의 사랑을 깨닫는다.</td></tr>
<tr><th>표지사진</th><th>제목</th><th>글쓴이</th><th>출판사</th></tr>
<tr><td rowspan="3"></td><td>엄마는 누구보다
너를 사랑해</td><td>김현태 // 박재현</td><td>맹&앵</td></tr>
<tr><th colspan="3">줄거리</th></tr>
<tr><td colspan="3">울보에다가 시끄럽게 해도 엄마는 너를 사랑해, 네가 잘못을 해서 벌서면 엄마도 벌서는 기분이란다, 엄마는 너를 사랑해. 네가 나중에 키도 크고, 생각이 훌쩍 자라 세상 품에 안겨도 그전까지 엄마 품에 있으렴, 엄마는 너를 사랑해. 네가 실수로 돌멩이에 걸려 넘어져 피가 났을 때 엄마는 정말 놀랐어. 또 엄마는 네가 툭 뱉은 말에도 감격을 받는단다. 엄마는 너를 사랑해. 엄마는 너의 보조 바퀴가 되어줄게, 엄마는 너를 사랑해. 엄마를 괴물처럼 그려도 괜찮아, 엄마는 널 영원히 사랑해.</td></tr>
<tr><th>표지사진</th><th>제목</th><th>글쓴이</th><th>출판사</th></tr>
<tr><td rowspan="3"></td><td>세상에서 하나뿐인
특별한 나</td><td>모리 에도</td><td>주니어 김영사</td></tr>
<tr><th colspan="3">줄거리</th></tr>
<tr><td colspan="3">요타라는 형제 중에서, 식구 중에서, 친구들 중에서, 우리 반에서, 우리 학교에서 자신이 특별히 다른 점들을 이야기하며 자신은 세상에 하나뿐이고 특별하다고 생각한다.</td></tr>
<tr><th>표지사진</th><th>제목</th><th>글쓴이</th><th>출판사</th></tr>
<tr><td rowspan="3"></td><td>우리 가족입니다</td><td>이혜란</td><td>보림</td></tr>
<tr><th colspan="3">줄거리</th></tr>
<tr><td colspan="3">치매에 걸리신 할머니를 묵묵히 보살피는 아빠엄마의 모습을 통해 혜란이는 진정한 가족의 의미를 깨닫는다.</td></tr>
</table>

<table>
<tr><th>표지사진</th><th>제목</th><th>글쓴이</th><th>출판사</th></tr>
<tr><td rowspan="3">
</td><td>동생이 '뚝' 태어났어</td><td>신희진</td><td>시공주니어</td></tr>
<tr><th colspan="3">줄거리</th></tr>
<tr><td colspan="3">어느 날 갑자기 동생이 태어나 온 가족의 사랑을 독차지하고 맛있는 음식도 모두 자치한다. 하루는 엄마가 동생 데리고 놀이터에 가라고 하셨는데 골목대장이 괴롭히자 동생이 골목대장을 깨물어서 같이 싸운다. 그 뒤로 처음으로 동생에게 어깨동무를 해주고 함께 노는 것이 좋아진다.</td></tr>
<tr><th>표지사진</th><th>제목</th><th>글쓴이</th><th>출판사</th></tr>
<tr><td rowspan="3"></td><td>피터의 의자</td><td>잭 키츠</td><td>시공주니어</td></tr>
<tr><th colspan="3">줄거리</th></tr>
<tr><td colspan="3">동생이 태어나면서 소외감을 느끼던 피터는 자신의 물건들을 하나 둘 동생에게 주는 것도 속상합니다. 하지만 더 이상 작은 의자에 자신이 앉을 수 없음을 깨닫고 피터는 오빠의 자리를 받아들이게 됩니다.</td></tr>
<tr><th>표지사진</th><th>제목</th><th>글쓴이</th><th>출판사</th></tr>
<tr><td rowspan="3">
</td><td>즐거운 로저와
대머리 해적 압둘</td><td>콜린 맥노튼</td><td>시공주니어</td></tr>
<tr><th colspan="3">줄거리</th></tr>
<tr><td colspan="3">늘 찡그리고 다니는 아이 로저는 무섭기만 한 엄마에게서 도망치고 싶어 해적이 되기로 결심하지만 먼저 해적에게 납치된다. 대머리 해적 압둘과 해적선 선원들은 로저에게 엄마의 이야기를 듣고 손보기 위해 출발하지만 모두 로저의 엄마의 포로가 되어 집안일을 하게 된다.</td></tr>
<tr><th>표지사진</th><th>제목</th><th>글쓴이</th><th>출판사</th></tr>
<tr><td rowspan="3">
</td><td>너무 화가 나</td><td>미레유 달랑세</td><td>웅진씽크빅</td></tr>
<tr><th colspan="3">줄거리</th></tr>
<tr><td colspan="3">로베르는 무척 기분이 나쁜 상태여서 아빠에게 소리를 지르기도 하고, 반찬투정도 한다. 아빠가 화가 풀리면 방에서 나오라고 한다. 로베르의 몸속에서 무언가가 튀어나와서 이불, 베개, 책상, 스탠드 등 날려 보낸다. 로베르는 화가 나서 그것을 작게 만든 후 방을 스스로 정리한다. 그런 후에 저녁을 맛있게 먹는다.</td></tr>
</table>

2-3 우리 동네

생활주제 '우리 동네'는 유아가 성장하면서 자신과 가족을 벗어나 자신이 살고 있는 동네에 관심을 가지는 데서 시작된다. 유아가 자신이 살고 있는 동네나 가게, 공공기관 또는 시설 등의 특성을 알고 그곳에서 일하는 사람들의 역할이나 각 기관의 기능을 경험하면서 유아가 자라면서 필요한 사회적 지식과 정보를 얻도록 돕기 위한 주제이다. 더 나아가 이웃과 함께 지내는 데 필요한 예절과 태도, 가치 등을 배우고 자신이 사는 동네의 역사와 문화유산에 대한 관심과 자긍심을 가지며 전통 문화를 아끼고 사랑하도록 하는데 관심을 둔다.

'우리 동네'는 '우리 동네 모습', '우리 동네 생활', '우리 동네 사람들', '우리 동네 전통과 문화' 등의 주제로 구성된다(교육과학기술부, 2012).

생활주제 '우리 동네'의 교육활동에 활용할 수 있는 그림동화를 보면 다음과 같다.

<table>
<tr><th>표지사진</th><th>제목</th><th>글쓴이</th><th>출판사</th></tr>
<tr><td rowspan="3">
</td><td>와글와글 우리 동네</td><td>신지윤 // 원현선</td><td>예림당</td></tr>
<tr><th colspan="3">줄거리</th></tr>
<tr><td colspan="3">토끼가 풍선을 갖고 놀다 놓쳐서 풍선을 잡으러 다닌다. 동네에는 유치원버스, 병원차, 소방차, 경찰차 등도 있고 여러 동물들이 나와 뛰어다니기도 해서 동네가 시끌벅적하다. 토끼가 풍선을 찾아 마을은 다시 조용해진다.</td></tr>
<tr><th>표지사진</th><th>제목</th><th>글쓴이</th><th>출판사</th></tr>
<tr><td rowspan="3">
</td><td>약수터 가는 길</td><td>정지영 // 정혜영</td><td>비룡소</td></tr>
<tr><th colspan="3">줄거리</th></tr>
<tr><td colspan="3">엄마와 약수터로 향하는 남매. 빨리빨리 가자는 엄마와는 달리 남매는 주변에 보고 싶은 것들이 너무나 많다.
약수터로 가는 길에 있는 감나무, 다람쥐, 들과 풍경을 아름답게 그려져 있다.</td></tr>
</table>

APPENDIX 2

표지사진	제목	글쓴이	출판사
	학교 가는 길	이보나 흐미엘레프스카	논장
	줄거리		
	초등학교에 입학하게 된 여자아이가 학교에 가기 위해 아침에 혼자 집을 나선다. 아직 어둠이 남아 있는 컴컴한 숲길을 혼자 걸어가는 것이 너무나 두려워 아이는 노래를 부르며 학교를 간다. 지나가는 동물들과 나무들과 큰소리로 이야기도 하고 노래도 부르다 보니 어느 새 두려운 마음이 사라졌다. 스쿨버스를 만나 차를 타고 학교에 간다.		

표지사진	제목	글쓴이	출판사
	자작나무 마을 이야기	알로이스 카리지에	비룡소
	줄거리		
	따스한 날이면 가족은 집밖으로 나와 자작나무 아래에서 시간을 보낸다. 추운 겨울이 지나가고 다시 봄이 왔을 때, 오빠 비투린은 딱새들이 매발톱나무에 둥지를 튼 것을 발견한다. 혹시라도 누가 둥지를 망가뜨릴까 사람들에게 비밀로 하고 아무도 알리지 않는다. 그리고 딱새들이 태어나 둥지를 떠날 때까지 지켜주고 돌봐준다.		

표지사진	제목	글쓴이	출판사
	북적북적 우리 동네가 좋아	리처드 스캐리	보물창고
	줄거리		
	우리 동네 기관들에서 하는 일들, 이웃들의 직업과 일상들이 담겨있다.		

표지사진	제목	글쓴이	출판사
	무궁화 꽃이 피었습니다.	오가와 유	별똥별
	줄거리		
	아이들이 동네 공원에서 '무궁화 꽃이 피었습니다' 놀이를 하는 동안 공원을 지나가는 동네 이웃들과 동물 친구들의 이야기가 담겨있다.		

표지사진	제목	글쓴이	출판사
	우리동네 마녀	자밀라 쿠르코바	기탄동화
	줄거리		
	밤마다 손짓으로 마법을 부리는 무시무시한 동네 마녀의 집을 모두 피하는 사람들. 내가 마녀의 집을 찾아가보니 마녀는 말을 못해 손짓으로 이야기를 하였다.		

표지사진	제목	글쓴이	출판사
	장수탕 선녀님	백희나	책읽는 곰
	줄거리		
	덕지가 사는 동네에는 아주아주 오래된 목욕탕인 장수탕이 있다. 큰길에 새로 생긴 스파랜드에는 불가마도 있고, 게임방도 있고, 얼음방도 있다는데, 엄마는 아랑곳하지 않고 오늘도 덕지를 데리고 장수탕으로 향한다. 낡아빠진 사물함과 형형색색 목욕 바구니들, 야구 중계가 흘러나오는 고물 텔레비전과 음료수가 가득한 냉장고까지, 언제 봐도 시시한 풍경이지만 덕지는 울지 않고 때를 밀면 엄마가 사 주시는 달콤하고 시원한 요구르트와 냉탕에서 하는 물놀이를 좋아한다. 오늘도 감기 걸린다고 잔소리하는 엄마를 뒤로하고 '풍덩풍덩, 어푸어푸' 신나게 물장구를 치는데, 문득 뒤를 돌아보니 이상한 할머니가 있었다. 토끼 귀를 닮은 머리 모양에, 곱게 화장을 한 할머니는 자기가 날개옷을 잃어버린 선녀님이라고 속삭인다.		

표지사진	제목	글쓴이	출판사
	우리 동네 한 바퀴	정지윤	웅진주니어
	줄거리		
	현서는 종이 달력을 비행기로 만들어 날린다. 종이 비행기는 우리 동네를 한 바퀴 돌아보고 동네사람들이 어떻게 지내는지, 집집마다 일어나는 일상에 대해 알게 된다. 종이비행기는 하늘에서 바라본 우리 동네를 보여주고 다시 준구에게 돌아온다.		

표지사진	제목	글쓴이	출판사
	우리 동네 나쁜 놈	박현숙 // 배종숙	아이앤북
	줄거리		
	'동수는 자신의 돈 통이 없어지자 앞집 608호 아저씨를 의심한다. 608호 아저씨가 동수의 빨간 돈 통을 가져간 증거는 없었지만'우리 동네 나쁜 놈'이라고 쓴 608호 아저씨 몽타주를 만들어 아파트 여기저기에 붙인다. 하지만 동수의 돈 통이 새로 산 물통에서 발견됐다. 결국 우리 동네 나쁜 놈은 608호 아저씨가 아니라 동수 자신이었다.		

<table>
<tr><th>표지사진</th><th>제목</th><th>글쓴이</th><th>출판사</th></tr>
<tr><td rowspan="3">
</td><td>하늘에서 본
우리 동네</td><td>마이컨 콜런 //
아메렌트스커 코프만</td><td>진선아이</td></tr>
<tr><th colspan="3">줄거리</th></tr>
<tr><td colspan="3">비행기를 타고 내려다 본 땅의 모습은 마치 솜씨 좋은 장인이 그림을 그려놓은 듯 잘 뻗어진 도로에 잘 그려진 구획들이 멋져 보이죠. 집이랑 사람들은 개미 같아서 보이지도 않지만 매일 숲속에서 사는 것처럼 나무가 보여요.</td></tr>
<tr><th>표지사진</th><th>제목</th><th>글쓴이</th><th>출판사</th></tr>
<tr><td rowspan="3">
</td><td>뒷집 준범이</td><td>이혜란</td><td>보림</td></tr>
<tr><th colspan="3">줄거리</th></tr>
<tr><td colspan="3">준범이는 온종일 창밖을 본다. 이사 온지 얼마 안 된 낯선 동네, 할머니가 일하러 나간 빈방에서 준범이가 혼자 할 수 있는 건 TV를 보거나 창밖을 내다보는 일 밖에 없다. 오늘도 여느 때처럼 마당에서 놀던 강희 눈에 낯선 얼굴이 들어온다. 뒷집 창문 창틈으로 배죽 내민 얼굴. 새로 이사 왔다던 아이이다. 강희는 같이 놀자고 손짓하며 말을 붙이지만 아이는 싫다며 모습을 감춘다. 준범이는 다시 창밖을 기웃거린다. 하지만 아이들은 그새 준범이를 잊었는지 자기들끼리 어디론가 사라져 버린다. 창 밖에는 아무도 없다.</td></tr>
<tr><th>표지사진</th><th>제목</th><th>글쓴이</th><th>출판사</th></tr>
<tr><td rowspan="3">
</td><td>골목에서
소리가 난다</td><td>김장성 // 정지혜</td><td>(주)사계절</td></tr>
<tr><th colspan="3">줄거리</th></tr>
<tr><td colspan="3">우리 동네 골목에서 소리가 난다. 남자 아이들이 장난치며 노는 소리, 여자 아이들이 고무줄놀이를 하는 노래 소리, 박스를 모으시는 할아버지가 박스를 발로 접는 소리, 대문 넘어 꼬마 아이가 오줌 누는 소리, 주인이 나간 빈 집에 혼자 남은 개가 짖는 소리, 할머니들이 안부를 물으며 정다운 이야기 나누는 소리 등 골목에서 여러 소리가 난다. 그 모든 소리는 해 저물녘에 사라진다.</td></tr>
<tr><th>표지사진</th><th>제목</th><th>글쓴이</th><th>출판사</th></tr>
<tr><td rowspan="3">
</td><td>한이네 동네 이야기</td><td>강전희</td><td>진선</td></tr>
<tr><th colspan="3">줄거리</th></tr>
<tr><td colspan="3">옥상에서 동네를 내려다보던 한이는 강아지 똘이와 동네로 나오게 된다. 그러나 똘이가 맘대로 뛰쳐나가게 되고 똘이를 찾기 위해 한이는 시장, 놀이터, 학교 등 동네를 누비며 돌아다닌다. 결국, 밖으로 한이를 찾으러 나온 엄마가 울고 있는 한이를 발견하게 되고 똘이를 찾아서 집에 돌아간다.</td></tr>
</table>

표지사진	제목	글쓴이	출판사
	하나뿐인 우리 동네	마크하쉬먼, 바바라 개리슨 // 바바라 개리슨	JCR KIDS
	줄거리		
	자신이 사는 동네에 있는 채소가게, 신발가게, 악기가게 들을 구경하며, 그 곳에서 파는 여러 가지 물건을 살펴본다. 서로 다른 사람들이 모여 평화롭게 어울려 사는 데 필요한 지혜가 있음을 알게 된다.		

표지사진	제목	글쓴이	출판사
	우리동네	김미정	곰동이
	줄거리		
	곰동이 한테 엄마가 밀가루 좀 사오라고 심부름을 보낸다. 곰동이는 혼자 심부름을 가면서 큰 길에서 주위를 살피고 초록 불일 때 신호등을 건너서 만두가게에 가서 밀가루를 달라고 하지만 여기서는 밀가루를 팔지 않는다고 했다. 곰동이는 밀가루를 파는 가게를 찾아다니고 사람들에게 길을 물어서 밀가루 가게를 찾아 밀가루를 산다. 곰동이는 왔던 길을 조심조심 살피며 집으로 돌아가는 길에 장난감 가게를 발견하고 구경하려고 했지만 기다리는 엄마를 생각해서 집으로 돌아간다.		

2-4 동식물과 자연

생활주제 '동식물과 자연'은 인간이 동식물과 자연 속에서 더불어 살아가는 관계를 알고 이를 실천해가는 삶을 태도를 기르기 위한 주제이다. 즉, 유아가 동식물의 특성을 알고, 동물과 식물이 어떠한 관계를 맺고 살아가는지, 인간은 이들과 지구상에서 어떻게 살아가는지 전체적으로 보며 동식물과 인간이 자연 속에서 더불어 살아가는 공생관계임을 아는 것이다.

유아가 궁금한 동물을 탐색하고 이들 동물이 인간과 어떠한 관계를 맺으며 살아가는지 탐색하고 배울 수 있도록 생활주제 '동물과 자연'은 '궁금한 동식물', '동물과 우리 생활', '식물과 우리 생활', '자연과 더불어 사는 우리' 등의 주제로 구성되어 있다(교육과학기술부, 2012).

생활주제 '동식물과 자연'의 교육활동에 활용할 수 있는 그림동화를 보면 다음과 같다.

<table>
<tr><th>표지사진</th><th>제목</th><th>글쓴이</th><th>출판사</th></tr>
<tr><td rowspan="3"></td><td>비오는 날은
정말 좋아</td><td>최은규 // 백희나</td><td>곧은 나무
(삼성출판사)</td></tr>
<tr><th colspan="3">줄거리</th></tr>
<tr><td colspan="3">비를 여러 가지 다양한 말로 표현하며 비를 피해 숨어도 보고, 헤엄도 쳐본다. 비가 올 때 동물들은 무엇을 하는지를 담고 있다.</td></tr>
<tr><th>표지사진</th><th>제목</th><th>글쓴이</th><th>출판사</th></tr>
<tr><td rowspan="3"></td><td>겨울이 오면 동물
친구들은 무얼 할까?</td><td>조제트 공티에 // 나
탈리 슈</td><td>삐아제 어린이</td></tr>
<tr><th colspan="3">줄거리</th></tr>
<tr><td colspan="3">호기심 많은 꼬마 다람쥐가 숲속 동물들(거북이, 산토끼, 까마귀, 곰 등)에게 겨울이 오면 어떻게 지낼 건지 물어본다.</td></tr>
</table>

표지사진	제목	글쓴이	출판사
	명품 가방 속으로 악어들이 사라졌어 -세계의 멸종 위기 동물	유다정 // 민경미	학고재
	줄거리		
	전 세계에 500여 마리밖에 남아 있지 않은 백두산 호랑이, 답답한 새장 속에 갇힌 앵무새, 몸보신용으로 잡혀 온 구렁이, 고급 레스토랑으로 팔려가는 상어 지느러미와 거북이 등 사람들의 욕심 때문에 사라져 가는 멸종 위기 동물들의 사연을 담고 있다.		
표지사진	제목	글쓴이	출판사
	쏘옥 싹이 났어요	이삼현 // 유영한	한국 톨스토이
	줄거리		
	싹이 나고 햇볕을 받고 비를 맞으며 자란 씨앗들이 사과나무, 소나무가 된다. 다양한 잎의 모양을 볼 수 있다.		
표지사진	제목	글쓴이	출판사
	나무가 너무 아까워!	라주 // 가와카미 다카코 옮김	예림당
	줄거리		
	우리 생활에 도움을 많이 주는 나무지마 최근 들어 빠른 속도로 숲이 살아지므로 숲을 지키기 위해 우리가 할 수 있는 일을 소개한다.		
표지사진	제목	글쓴이	출판사
	자라고 자라서	정해왕 // 정수연	키움
	줄거리		
	여러 식물의 씨앗들이 어떻게 자라고 꽃을 피우고 열매를 맺는지를 그림과 사진으로 소개하고 있다.		
표지사진	제목	글쓴이	출판사
	혼자서 읽는 식물 이야기	샐리 휴이트	북오딧세이
	줄거리		
	사막 식물, 열대우림, 툰드라, 삼림지대, 물속 식물 등에 대해 소개하고 이런 식물 들이 어떻게 자라는지 알 수 있다.		

표지사진	제목	글쓴이	출판사
	지구 환경 보고서	이자벨 니콜라치	그린 북
	줄거리		
	지구 환경에 대해 지도로, 그림으로, 사진으로 지구를 구성하고 있는 땅, 사람, 물, 공기 등 네 가지 분야에 대해 설명하고 있다.		

표지사진	제목	글쓴이	출판사
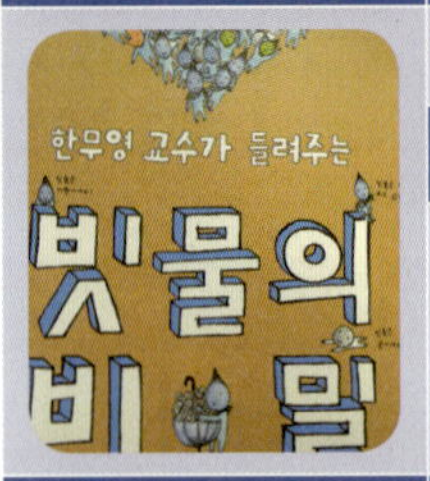	빗물의 비밀	한무영	리젬
	줄거리		
	빗물이 어떻게 생겨나며 어떻게 이용되고 어떻게 처리하면 마실 수 있는 물이 되는지에 대해 설명하고 있다.		

표지사진	제목	글쓴이	출판사
	동물이 좋아	조미자	미래아이
	줄거리		
	여러 가지 동물을 소개하고 있는데 동물에 대한 설명이 나오고 그 다음에 동물 그림이 있다.		

표지사진	제목	글쓴이	출판사
	꽃이 좋아	조미자	미래아이
	줄거리		
	여러 가지의 꽃의 특징에 대해 설명이 나오며 그림과 함께 꽃을 보여준다.		

표지사진	제목	글쓴이	출판사
	삐약이 엄마	배희나	스토리보울
	줄거리		
	나양이는 갓 낳은 따스한 달걀을 간식으로 즐겨먹는다. 닭장을 지나던 때 탐스럽고 예쁜 달걀을 먹게 되는데, 배가 점점 부풀어 오르고 똥이 마려워 화장실로 달려가는 나양이의 뱃속에서 병아리가 나왔다. 나양이는 병아리를 항상 데리고 다니며 이름을 삐약이라 지어주었다.		

표지사진	제목	글쓴이	출판사
	별난 바다 동물	키스 포크너 // 스티븐 홈즈	미세기

줄거리

대머리 문어, 집게 게, 이빨 코끼리, 뾰족 부리 펭귄 등을 반으로 나누어 이리저리 섞어보는 입체 그림책이다. 네 마리의 바다 동물이 위 아래로 나뉘어져 있어서 페이지를 섞어서 재미있는 동물도 만들어 볼 수 있고 별난 이름도 지어 줄 수 있다.

표지사진	제목	글쓴이	출판사
	쿨쿨 겨울잠을 자요	이상배 // 정승희	계림북스

줄거리

'봄부터 가을까지 하루하루를 바쁘게 살았던 동식물들은 추운 겨울을 위해 무엇을 준비할까요? 다람쥐는 도토리를 하나둘씩 물어서 곳간에 쌓고, 사마귀는 알을 낳기 위해 부지런히 먹이 사냥을 하고, 나무들은 작지만 단단한 겨울눈을 만들어요. 동식물은 혹독한 겨울을 대비해 지혜롭게 겨울을 준비하고 있답니다.

표지사진	제목	글쓴이	출판사
	지렁이가 흙 똥을 누었어	이성실 // 이태수	다섯수레

줄거리

지렁이는 땅 속에서 산다. 지렁이의 몸은 암컷과 수컷이 다르지만 짝짓기를 하면 두 지렁이 모두 알주머니에 알을 품고 있다가 알을 낳는다. 알 속에 있던 새끼 지렁이는 2주가 지나면 알을 깨고 나온다. 지렁이를 좋아하는 지렁이의 천적은 땅 위에서도 땅 아래에도 많다. 새, 두더지, 뱀 등이 이에 속한다. 만약 지렁이를 잡아먹으려 던 새의 부리에 지렁이의 몸 일부가 잘려도 지렁이의 잘린 부분은 다시 자라난다. 지렁이는 똥을 누는데 지렁이의 똥은 식물이 잘 자랄 수 있게 하는 양분이 가득하다. 지렁이는 땅 속에 굴을 파고 다니는데 이것은 비가 많이 왔을 때 빗물이 이 길로 빠져나가 식물의 뿌리가 썩지 않게 해 준다.

표지사진	제목	글쓴이	출판사
	누구 발자국일까?	밀리센트 // 엘리스 셀셈	(주)비룡소

줄거리

눈 위에 난 동물의 발자국으로 어떤 동물인지를 알아보고 여러 동물들의 발자국 특징을 알려준다.

표지사진	제목	글쓴이	출판사
	나무 하나에	김장성 // 김선남	사계절
	줄거리		
	나무 하나에 구멍 속 다람쥐 다섯. 나무 하나에 둥지 속 오목눈이 여덟. 나무 하나에 벌레자리 하나, 나무진 먹는 하늘 소, 사슴벌레, 나방…합쳐서 열 두엇, 나무 하나에 벌집 하나, 쌍살 벌 스물 서너 대여섯, 그 나무거죽 아래 무수한 잎 뒤 꼬물 애벌레 이백, 삼백, 사백…숲 속에 몇 백, 몇 천, 몇 만		

표지사진	제목	글쓴이	출판사
	코끼리에게 태양이 왜 필요할까?	로버트 E. 웰스	시공주니어
	줄거리		
	눈뜨면 환하게 비춰주고 우리가 사는 지구를 따뜻하게 비춰주는 태양. 사람뿐만 아니라 코끼리에게도 꼭 필요한 태양이 코끼리가 잘 살아 갈 수 있도록 도와준다.		

표지사진	제목	글쓴이	출판사
	100층짜리 집	이와이 도시오	북뱅크
	줄거리		
	각기 다른 10종류의 동물-생쥐, 다람쥐, 개구리, 무당벌레, 뱀, 꿀벌, 딱따구리, 박쥐, 달팽이, 거미-들이 살고 있는 10층, 20층, 30층… 이렇게 10층씩을 오르는 사이 저절로 1에서 100까지 쉽게 익힐 수 있다. 그림을 통해 각 동물들의 생태를 알 수 있다.		

2-5 건강과 안전

생활주제 '건강과 안전'은 유아기부터 건강과 안전의 중요성을 인식하고 건강하고 안전한 생활을 습관화 하도록 돕는다. 특히 다양한 경험을 통해 건강과 안전에 대한 올바른 지식과 실천 방법을 생활화하여 위기 대처능력을 갖추도록 하는데 중점을 두고 있다. 유아들의 건강과 안전을 위해 '즐거운 운동과 휴식', '깨끗한 나와 환경', '맛있는 음식과 영양', '안전한 놀이와 생활' 등의 주제로 구성된다(교육과학기술부, 2012).

생활주제 '건강과 안전'의 교육활동에 활용할 수 있는 그림동화를 보면 다음과 같다.

<table>
<tr><th>표지사진</th><th>제목</th><th>글쓴이</th><th>출판사</th></tr>
<tr><td rowspan="3"></td><td>그건 위험해</td><td>피터 제르바이스</td><td>작은책방</td></tr>
<tr><th colspan="3">줄거리</th></tr>
<tr><td colspan="3">가위로 종이를 오리기, 한 발로 그네를 타기, 당근으로 귀 파기, 계단 난간 사이에 얼굴을 끼우기, 고양이 꼬리를 잡아당기기, 못 위 걷기, 다른 사람 발로 차기, 불을 켜지 않고 돌아다니기, 선반을 타고 오르기, 선풍기에 손대기, 세탁기에 들어가기, 지붕 위에서 걸어 다니기 등의 위험을 알려준다.</td></tr>
<tr><th>표지사진</th><th>제목</th><th>글쓴이</th><th>출판사</th></tr>
<tr><td rowspan="3"></td><td>목욕은 정말 싫어!</td><td>앰버 스튜어트 //
로라 랭킨</td><td>베틀북</td></tr>
<tr><th colspan="3">줄거리</th></tr>
<tr><td colspan="3">좋아하는 것과 싫어하는 것이 분명한 아기토끼는 귀를 씻는 것을 가장 싫어한다. 아기토끼는 귀를 씻지 않으려고 여러 가지 방법으로 무척 애를 쓴다. 그러던 어느 날, 아기토끼네 집에 사촌 형이 놀러 왔다. 그리고 사촌 형이 혼자서 귀를 씻는 것을 본 아기토끼는 드디어 혼자서 귀를 씻게 된다. 형처럼 큰 토끼들은 혼자서 귀를 씻는 것이라고 생각한 아기토끼는 자신도 빨리 커서 형네 집에 놀러 가고 싶어 한다.</td></tr>
</table>

표지사진	제목	글쓴이	출판사
	안전하게 신나게	이경순 // 박소영	기탄교육
	줄거리		
	집에 혼자 있거나, 외출을 할 때, 친구들과 놀이를 할 때나 학교에 갈 때와 같이 매 순간마다 위험에서 안전하게 지낼 수 있는 안전 정보를 알려 준다.		

표지사진	제목	글쓴이	출판사
	치카치카 군단과 충치 왕국	이진경	상상박스
	줄거리		
	지니, 비니가 숟가락 왕복선을 타고 우리 몸인 튼튼이 왕국을 여행한다. 튼튼 왕국을 공격하여 충치왕국을 세우려는 충치세균들을 맞서 치카치카 군단과 함께 용감하게 싸워서 이긴다.		

표지사진	제목	글쓴이	출판사
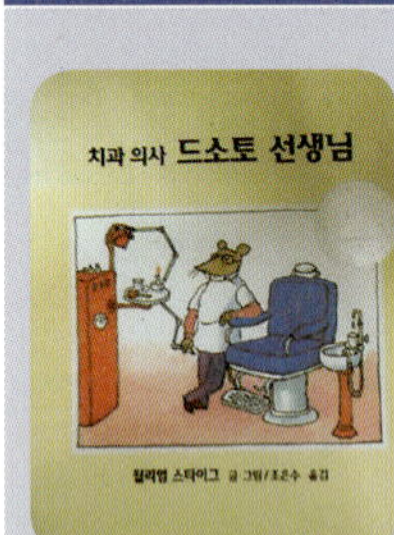	치과 의사 드소토 선생님	윌리엄 스타이그	(주)비룡소
	줄거리		
	드소토 선생님은 동물들에게 아주 인기가 많았어요. 커다란 동물의 입 안에 들어가 하나도 아프지 않게 치료하기 때문이었죠. 어느 날 이가 아픈 여우가 치료를 받으러 와서는, 치료를 다 받은 다음 드소토 선생님과 조수인 드소토 부인을 잡아먹으려고 해요. 하지만 드소토 선생님 부부는 꾀를 써서 이 어려움을 벗어납니다.		

표지사진	제목	글쓴이	출판사
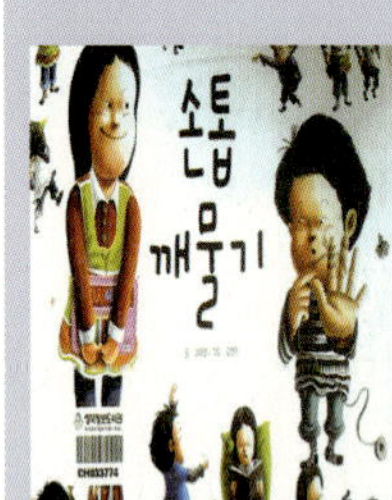	손톱 깨물기	고대영	길벗어린이
	줄거리		
	누나 지원이는 손톱 깨물기 버릇이 생겼다. 그러자 엄마가 안 깨물면 소원을 들어준다고 말하자, 동생 방관이는 그런 누나가 부러워서 따라하게 되고 혼이 난다. 방관이가 울면서 왜 누나만 소원을 들어 주냐고 하자 엄마는 방관이도 손톱을 안 깨물면 소원을 들어 주겠다고 약속한다. 그때부터 지원이와 방관이는 손톱 깨물기 버릇을 고치기 위해 손톱을 깨물고 있으면 서로 알려주어 버릇을 고쳤고 지원이는 색연필을, 방관이는 블록을 선물로 받게 된다.		

표지사진	제목	글쓴이	출판사
	목욕하기 싫어	카스하비 // 로렌 비어드	꿈터
	줄거리		
	주인공 밥이 목욕을 하기 싫어하는데 목욕을 하지 않자 친구들이 함께 놀아주지 않고 자기를 피하자 스스로 목욕을 해야 한다는 것을 깨닫고 목욕을 한다.		

표지사진	제목	글쓴이	출판사
	갈아입는 피부	조은수	아이세움
	줄거리		
	우리 피부의 여러 가지 변화와 피부병(여드름, 뾰루지, 건조함)등의 예방 방법을 알려준다.		

표지사진	제목	글쓴이	출판사
	예방주사 무섭지 않아	후카미 하루오	한림출판사
	줄거리		
	예방주사 맞는 것이 무서워서 예방주사를 맞지 않아 병에 걸려 아픈게 된 후에야 예방주사의 중요성을 알게 된다.		

표지사진	제목	글쓴이	출판사
	밥 한 그릇 뚝딱	이소을	상상박스
	줄거리		
	밥 한 그릇 별나라를 여행하면서 밥을 잘 먹고 편식하지 않아야 하는 이유를 알 수 있다.		

표지사진	제목	글쓴이	출판사
	이젠 안속아	곽부강 // 임정호	나무와 햇살
	줄거리		
	아이가 소방관아저씨에게 장난 전화를 몇 번이나 걸어서 화가 난 소방관아저씨들이 진짜 불이 났는데도 이젠 속지 않는다며 경찰관을 보냈다가 실제 불이 난 것을 알고 바로 출동을 해서 불을 끄게 되었다. 소방관 아저씨는 '장난전화만 아니었다면 불을 난 곳에 일찍 가서 쉽게 끌 수 있었을 텐데' 라고 말한다.		

표지사진	제목	글쓴이	출판사
	병균이의 여행	이봉선 // 장현경	별똥별
	줄거리		
	유아는 심신이 건강한 상태에서 안전이 유지되고, 다른 사람들과 안정적인 정서 관계에 있을 때 가장 행복하고 효과적인 학습과 성장을 이룬다. 병균을 통해 유아의 건강과 안전을 저해하는 요소들을 알려준다.		
표지사진	제목	글쓴이	출판사
	허글리의 보글보글 신나는 목욕놀이	테드 아널드	중앙
	줄거리		
	침대 밑에 몰래 숨어 사는 괴물 허글리는 사람들이 모두 잠든 시간 먹을 것을 찾아 침대 밖으로 빠져 나온다. 먼저 화장실로 들어가게 되는데 치약튜브를 꽉 짜서 날름 먹어보고, 욕조에 들어가 비누거품으로 장난을 치며 신나게 논다. 아이가 소변을 누러 갑자기 화장실로 들어오게 되는데, 도망을 친 허글리 때문에 아이는 비누거품 범벅이 된다.		
표지사진	제목	글쓴이	출판사
	이가 튼튼 그림책	이현 // 픽토스튜디오	국민서관
	줄거리		
	초콜릿과 사과, 캐러멜 등 다양한 음식을 먹고 3분 동안 꼼꼼히 이 닦는 방법과 이를 닦지 않을 때 어떻게 되는지 알 수 있다.		
표지사진	제목	글쓴이	출판사
	기운센 발	신순재	아이세움
	줄거리		
	우리의 발에 대해 어떤 역할을 하며 발에 좋은 것 과 나쁜 것 등을 알 수 있다.		

2-6 생활도구

생활주제 '생활도구'는 다양한 생활도구에 대한 지식과 안전하게 사용하는 기술을 습득하고 새로운 것을 발명해보려는 탐구심을 갖도록 돕기 위한 주제이다. 즉, 생활도구와 미디어를 유용하고 바르게 활용하는 지식과 태도를 갖도록 하며, 새로운 도구의 요구와 개발에도 관심을 갖는다. '생활도구'는 '다양한 생활도구', '생활도구를 움직이는 힘', '생활도구로서의 미디어', '미래의 생활도구' 등으로 구성되어 있다(교육과학기술부, 2012).

생활주제 '생활도구'의 교육활동에 활용할 수 있는 그림동화를 보면 다음과 같다.

표지사진	제목	글쓴이	출판사
	구슬이 데구루루	허은순 // 김유대	시공주니어
	줄거리		
	아빠와 구슬을 가지고 놀다가 옷장 속으로 구슬이 들어가 버려서 구슬을 꺼내려고 이불을 꺼내고 서랍도 열어보며 찾다가 결국 구슬을 찾아낸다.		

표지사진	제목	글쓴이	출판사
	일과 도구	권윤덕	길벗어린이
	줄거리		
	한 아이와 친구 고양이가 마실을 나간다. 밭, 구두공장, 병원, 의상실, 중국집, 목공소에 들러 신기한 도구들을 많이 보게 된다.		

표지사진	제목	글쓴이	출판사
	요술쟁이 코코의 가나다 세상	김세실 // 국지승	삼성출판사
	줄거리		
	'가~하'가 들어간 단어를 주인공 코코가 요술가위로 만들어 본다.		

<table>
<tr><th>표지사진</th><th>제목</th><th>글쓴이</th><th>출판사</th></tr>
<tr><td rowspan="3"></td><td>숲속 재봉사</td><td>최향랑</td><td>창비</td></tr>
<tr><th colspan="3">줄거리</th></tr>
<tr><td colspan="3">숲속 옷 만들기를 좋아하는 재봉사가 숲속에 사는 동물들에게 옷을 만들어 준다. 레이스를 뜨는 거미, 옷 크기 재는 자벌레, 가위질 하는 벌레와 함께 숲속 친구들에게 꼭 필요한 옷을 만든다.</td></tr>
</table>

<table>
<tr><th>표지사진</th><th>제목</th><th>글쓴이</th><th>출판사</th></tr>
<tr><td rowspan="3"></td><td>아기의 새 신발</td><td>다시카 슬레이터 // 히로에 나카타</td><td>프뢰벨</td></tr>
<tr><th colspan="3">줄거리</th></tr>
<tr><td colspan="3">아기가 새 신발을 신고 길을 다니면서 풀밭위도 걸어보고 자두도 밟아보고 마르지 않은 횡단보도 노랑페인트도 밟아보며 신발에 색을 입혀본다. 아기는 알록달록한 무지개색의 새 신발을 신고 뛰어 논다.</td></tr>
</table>

<table>
<tr><th>표지사진</th><th>제목</th><th>글쓴이</th><th>출판사</th></tr>
<tr><td rowspan="3"></td><td>꽃신</td><td>윤아해 // 이선주</td><td>사파리</td></tr>
<tr><th colspan="3">줄거리</th></tr>
<tr><td colspan="3">눈보라가 몰아치는 어느 겨울, 가마를 타고 가던 꼬마아가씨가 추위에 떠는 거지 소년을 보고 다리를 절룩이며 다가와 꽃신을 내민다. 거지 소년은 갖바치네 집을 찾아가 신발 만드는 법을 배우고 유명해져서 꼬마 아가씨의 발에 꼭 맞는 꽃신을 만들어준다.</td></tr>
</table>

<table>
<tr><th>표지사진</th><th>제목</th><th>글쓴이</th><th>출판사</th></tr>
<tr><td rowspan="3"></td><td>다리</td><td>하인츠 야니쉬 // 헬가 반쉬</td><td>주니어랜덤</td></tr>
<tr><th colspan="3">줄거리</th></tr>
<tr><td colspan="3">위태로운 다리 위에서 거인과 곰이 마주쳤다. 서로 한발 짝도 물러서려하지 않다가 고집과 미움을 버리고 평화로운 해결책을 찾는다.</td></tr>
</table>

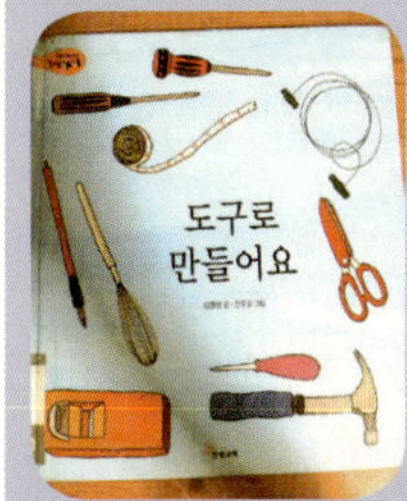

표지사진	제목	글쓴이	출판사
	도구로 만들어요	김장성 // 전주영	한솔교육

줄거리

여러 가지 도구와 재료를 보여주며 무엇을 만들 수 있을까라고 질문을 던지 후 상상하게 한다. 무엇을 만들 수 있는지 뒷 페이지에 기재되어 있다. 도구와 나무를 이용해서 식탁을 만들 수 있고,도구와 천을 이용하여 예쁜 식탁보를 만들고, 찰흙과 도구를 이용하여 단단한 그릇을 만들고, 도구나 밀가루 설탕 달걀 우유를 이용하여 케이크를 만들고, 도구와 종이를 이용하여 멋진 모자를 만들어 식탁 위에 케이크와 고깔모자를 두고 젓가락, 컵, 접시, 수저 등의 도구들로 무엇을 할 수 있는지 상상한다. 정답은 맛있게 먹기이다.

표지사진	제목	글쓴이	출판사
	줄줄이 꿴 호랑이	권문희	(주)사계절

줄거리

옛날 어느 마을에 게으름뱅이가 살았다. 어느 날 어머니는 게으름뱅이에게 일을 하라고 혼을 낸다. 게으름뱅이는 어머니가 주신 괭이를 가지고 집 앞의 땅을 깊숙이 팠다. 그리고 사람이나 짐승이 싼 똥은 모조리 모아 깊숙이 판 땅에 넣고 나무 씨를 심어 흙으로 덮었다. 또 게으름뱅이는 강아지를 데려다가 기름을 한 됫박 씩 먹이고 기름에 씻기고 항아리에 담은 기름에 재웠다. 얼마 지나지 않아 강아지의 몸에는 기름 냄새가 가득했다. 똥이 심어진 땅에서 아주 크게 자란 나무 기둥에 줄을 매달고 줄 끝에 강아지를 매달았다. 그 날 저녁 여러 마리의 호랑이들이 강아지에게서 나는 고소한 기름 냄새에 모여들었다. 한 호랑이가 강아지를 입으로 꿀꺽했는데 기름 때문인지 바로 엉덩이로 나왔다. 다른 호랑이들도 강아지를 입에 넣었지만 금방 엉덩이로 나왔다. 줄로 호랑이가 줄줄이 꿰졌다. 게으름뱅이는 잡힌 호랑이들의 가죽을 팔아 크게 돈을 벌고 엄마와 강아지와 부유하고 행복하게 살았다.

표지사진	제목	글쓴이	출판사
	거울 속으로	앤서니 브라운	베틀북

줄거리

책에도 장난감에도 싫증이 난 토비는 우연히 거울 속으로 들어가 새로운 세계를 만난다. 그 곳에는 현실에서는 볼 수 없는 신기한 광경들이 펼쳐져 있다. 하늘에는 오렌지 태양이 떠 있고, 하늘에 걸려 있어야 할 무지개는 땅에 드리워 있다. 튤립은 가로등으로 사용되고, 거리에는 투명 인간이 걸어 다니며, 개가 사람을 끌고 다닌다. 이런 거울 속 세계를 여행하던 토비는 동물원 포스터를 보게 된다. 그런데 포스터 안에 있던 사자가 밖으로 나와 토비를 향해 걸어오는 게 아닌가! 깜짝 놀란 토비는 다시 거울을 찾고 현실 세계로 되돌아온다. 그리고 거울에 비친 자신의 얼굴을 확인하고 빙그레 웃음을 짓는다.

표지사진	제목	글쓴이	출판사
	까만 크레파스와 괴물소동	나카야 미와	웅진주니어
	줄거리		
	크레파스 친구들이 사라지자 까만 크레파스는 친구들이 괴물에게 잡혀 갔다고 생각하고 괴물을 찾아간다. 그리고 친구들을 잡아간 생쥐 가족이 괴물이라 오해를 하는데 나중에는 크레파스들이 어려움에 처한 생쥐 가족을 도와준다.		
표지사진	제목	글쓴이	출판사
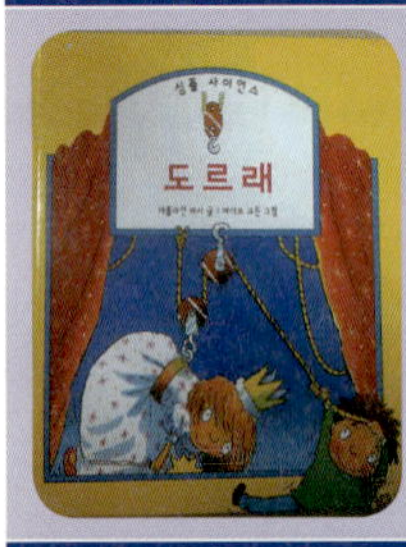	도르래	캐롤라인 러시	길벗어린이(주)
	줄거리		
	무거운 물건을 들어 올리는 방법과 우리주변에서 어떤 곳에 도르래가 쓰이는지 소개하고 있다.		
표지사진	제목	글쓴이	출판사
	다다의 의자	송혜원	마을씨앗 그림책
	줄거리		
	숲속 작은 마을에 의자를 파는 가게가 생겼다. 호랑이 다다는 의자가게의 여러 가지 의자를 다 가져가게 된다. 결국, 집을 꽉 채운 의자 때문에 동물 친구들을 모아 집을 크게 만들게 된다. 집을 만들던 도중 휴식 시간에 동물 친구들은 자신에게 딱 맞는 의자에 앉아서 행복한 모습으로 편히 쉬었고 이 모습을 본 다다는 친구들에게 의자를 나눠준다.		
표지사진	제목	글쓴이	출판사
	요술 신발	보요 라도이치이쉬	중앙출판사
	줄거리		
	이보는 어느 날, 낡은 신발을 대신해서 멋진 연두색 신발을 산다. 그런데, 그 신발은 빨리 달릴 수도 있고, 저절로 높이 튀겨 오르기도 하고, 날 수도 있다. 이보는 신발을 신고 가면서, 청소부 아저씨도 도와드리고, 축구 선수도 되어 멋진 슛을 날린다. 또 편지도 대신 부쳐 주고, 줄타기 재주꾼들과 함께 묘기도 부린다. 이보는 누나 생일이 되어 세상에서 가장 아름다운 꽃을 선물하려 하는데 날이 밝는다.		

2-7 교통기관

생활주제 '교통기관'은 교통 생활과 관련된 기본 지식을 습득하고 다양한 활동을 통해 안전한 이용법을 배워 교통안전 의식에 대한 태도를 형성하도록 도와 바람직한 교통 문화를 정착하는데 도움이 되도록 하기 위한 주제이다. 이를 위해 현대 교통기관의 종류와 이용방법을 이해하고, 교통기관의 변천 과정을 알아보며, 미래의 교통기관을 탐구해 보아 환경 친화적인 미래의 교통기관을 알도록 한다. 또한 교통기관을 올바르고 안전하게 이용할 수 있는 지식과 태도록 형성하도록 돕는다.

생활주제 '교통기관'은 '교통기관의 종류', '고마운 교통기관', ' 교통기관의 변천과정과 구조', '교통 통신과 교통 생활' 등의 주제로 구성 된다.

'교통기관'의 교육활동에 활용할 수 있는 그림동화는 다음과 같다.

표지사진	제목	글쓴이	출판사
	고무신 기차	이춘희 // 박지훈	사파리
	줄거리		
	윤미가 기차를 타고 외가에 가고 싶다고 하여 윤수와 윤미가 고무신을 이용하여 여러 가지 기차를 만들어 보며 기차를 합쳐서 큰 기차도 만들어보고 트럭도 만들어 강가에서 논다.		
표지사진	제목	글쓴이	출판사
	검피 아저씨의 뱃놀이	존 버닝햄	시공주니어
	줄거리		
	검피 아저씨는 집이 강가라서 배를 타고 다닌다. 꼬마 2명, 토끼, 고양이, 개, 돼지, 양, 닭, 염소, 송아지가 태워달라고 해서 주의사항을 알려주고 태웠지만, 말을 듣지 않아 배가 기우뚱 하다가 결국 모두 빠지게 된다.		

표지사진	제목	글쓴이	출판사
	긴 것은 기차	햇살기획 // 정재관	나무와 햇살
	줄거리		
	기차에 관한 책으로 기차가 지나갈 때 나는 소리, 기차 안의 사람들, 기차가 지나가는 길 등에 대해 나오고 기차의 종류에 대해서도 설명하고 있다.		

표지사진	제목	글쓴이	출판사
	말괄량이 기관차 치치	버지니아 리 버튼	시공사
	줄거리		
	치치는 어느 날 시골마을과 대도시를 왔다 갔다 하는 자신의 일에 싫증을 느끼고 탈출을 시도한다. 그러나 떠난 치치에게 펼쳐진 세상은 생각한 것과 다르다. 치치를 다시 안전하게 자신의 울타리로 돌아 올 수 있도록 모두가 도와주어 자신의 일로 돌아온다.		

표지사진	제목	글쓴이	출판사
	지하철을 타고서	고대영 // 김영진	길벗어린이
	줄거리		
	지원이와 병관이 두 남매가 둘이서만 지하철을 타고 할머니 댁에 간다. 차를 잘못 타면 어쩌나, 갈아탈 역을 지나치면 어쩌나 안 그래도 조마조마한데, 누나 지원이는 동생을 잘 챙겨야 한다는 책임까지 맡아 더욱 긴장이 된다. 그런 누나의 마음을 알기엔 아직 한참 어린 동생 병관이는 누나 애를 태운다. 할머니 댁에 도착하기까지 병관이는 누나 속을 썩인다. 일찌감치 와서 제사 준비를 하시던 엄마의 "수고했다."는 말에 지원이는 그 동안 참았던 울음을 터트린다. 벌써 자리 잡고 앉아 이것저것 집어 먹느라 바쁜 얄미운 동생에게 말없이 다가가 엉덩이를 힘껏 걷어찬다.		

표지사진	제목	글쓴이	출판사
	버스를 타고	아라이 료지	지크
	줄거리		
	사막을 지나던 사람이 버스를 타고 멀리 가려고 한다. 그러나 아침에 라디오를 켜고 커다란 트럭이 지나가도 버스는 오지 않았다. 말을 탄 사람이 지나가도, 또 자전거를 탄 사람이 지나가도 버스는 오지 않았고 결국 밤이 되어 라디오를 끄고 잠을 자도 버스는 오지 않았다. 아침이 되고 라디오를 켜고 버스를 오래도록 기다리다가 버스가 왔지만 버스에 탄 사람이 많아서 결국 타지 못하고 걸어가게 된다.		

표지사진	제목	글쓴이	출판사
(그림 1)	빵빵! 부릉부릉! 출발	엘리너테일러	탄탄테마동화
	줄거리		
	자동차에 짐을 가득 싣고 동물들이 소풍을 간다. 여러 가지 자동차와 온갖 자동차 소리가 가득하고 자전거, 버스 등 다양한 탈 것들도 등장한다. 빵빵, 부릉부릉, 삑삑과 같은 의성어와 간단한 교통안전수칙에 대한 내용이 소개되어 있다.		

표지사진	제목	글쓴이	출판사
(그림 2)	기차의 도시 여행	김해원 // 안지연	한국 헤밍웨이
	줄거리		
	기차가 도시를 다니며 여행한다. 기차를 통해 도시의 모습도 알고 기차에 대해 알 수 있다.		

표지사진	제목	글쓴이	출판사
(그림 3)	사람과 짐을 실어 나르는 탈것	김향금 // 이경국	아이세움
	줄거리		
	하늘, 땅, 바다 위를 달리는 탈것을 소개하고 어떻게 목적지까지 안전하게 사람과 짐을 나르는지 소개한다. 탈것 어떻게 만들어 지고, 어떻게 변화하였는지, 어떻게 발전하는지를 알 수 있다.		

표지사진	제목	글쓴이	출판사
(그림 4)	난 자동차가 참 좋아	마가렛 와이프 브라운	(주)비룡소
	줄거리		
	초록 자동차, 빨간 자동차, 둥근 자동차, 빠른 기차… 아이들이 좋아하는 자동차, 기차, 배가 하나씩 나오면서 탈것의 다양함과 재미난 풍경을 차례차례 소개된다.		

APPENDIX 2

표지사진	제목	글쓴이	출판사
	씽씽 쌩쌩 자동차	조로지	문학 동네 어린이
	줄거리		
	자동차 부릉 부르릉, 불도저 탈탈탈탈 폭폭폭, 크레인 기이이이잉, 굴착기 지이이잉 털~컥, 기차 칙칙폭폭 칙칙폭폭 등 탈것과 소리를 알 수 있다.		
표지사진	제목	글쓴이	출판사
	누구 자전거일까?	다카바타케 준	크레용하우스
	줄거리		
	코끼리는 양동이가 달린 자전거를 타고 코로 물을 뿌리며 달리다가 전구가 달린 자전거를 발견합니다. 누구 자전거일까? 아하! 어두운 땅속을 다니는 두더지 자전거구나. 이번엔 두더지가 자전거를 타고 가다가 아주 작은 자전거를 발견합니다. 누구 자전거일까? 꿈틀꿈틀 애벌레들 자전거네. 애벌레들은 영차영차 자전거를 타고 가다 나무가 달린 자전거를 발견합니다. 누구 자전거일까? 책 속의 이야기는 꼬리에 꼬리를 물면서 계속해서 색다른 모양의 자전거를 보여준다. 질문이 반복되면서 상상을 해보고 자전거 주인이 누구인지 확인하면서, '그래서 자전거 모양이 그랬구나!' 하고 고개가 끄덕이게 된다.		
표지사진	제목	글쓴이	출판사
	칙칙폭폭 기차 타요.	윤희선	유한미디어
	줄거리		
	여러 가지 교통수단이 있다는 것을 소개한다. 자동차나 기차 비행기 배 등, 천연가스를 사용 하는 버스의 특징이나 장점 승용차의 종류 화물차의 용도, 냉동차나 소포나 우편물을 배달하는 승합차, 소방차와 구급차, 공사용 차량 불도저, 군용비행기 헬리콥터, 여객기, 화물선, 유람선, 항공모함, 무역선, 작은 어선, 지하철. 기차. 자전거. 오토바이 등등 교통기관의 종류와 특징들을 알려준다.		

2-8 우리나라

생활주제 '우리나라'는 국가에 대한 정확한 이해와 친숙함, 자긍심을 가지고 이를 통해 문화적 정체성을 자지도록 하는 주제이다. 우리문화를 이해하는 것을 강조하며 전통문화를 이해하고 존중하며 즐기는 태도도 강조하고 있다. '우리나라'는 '우리나라 사람들의 생활', '우리나라의 놀이와 예술', '우리나라의 역사'. '우리나라의 자랑거리' 등의 주제로 구성 된다.

'우리나라 사람들의 생활' 주제는 우리의 의식주 등의 생활문화를 다루고 있으며, '우리나라의 놀이와 예술'에서는 우리의 놀이와 예술, 문화 등을 관련된 활동을 담고 있다. '우리나라의 역사' 주제는 과거에서 현재, 미래까지의 역사적 흐름을 알도록 도우며 우리의 분단 현실도 인식하도록 돕고 있다. '우리나라의 자랑거리' 주제는 우리나라의 상징물과 문화재 등을 알아보고 이를 통해 자긍심을 느끼며 유아 스스로 기여할 수 있는 나라사랑 방법도 다룬다.

생활주제 '우리나라'의 교육활동에 활용할 수 있는 그림동화를 보면 다음과 같다.

<table>
<tr><th>표지사진</th><th>제목</th><th>글쓴이</th><th>출판사</th></tr>
<tr><td rowspan="3">
</td><td>비밀스러운
한복 나라</td><td>무돌</td><td>노란돼지</td></tr>
<tr><th colspan="3">줄거리</th></tr>
<tr><td colspan="3">유와 고는 설날에 할머니 댁에 가기 때문에 엄마가 일찍 자라고 하셨다. 고는 한복입기가 어려워서 걱정을 한다. 유와 고는 두루미와 비밀여행을 떠나게 되어 한복 입는 순서를 알게 된다. 설날에 엄마가 한복 입는 것을 도와주기도 전에 스스로 입는다.</td></tr>
<tr><th>표지사진</th><th>제목</th><th>글쓴이</th><th>출판사</th></tr>
<tr><td rowspan="3">
</td><td>골목 안 골동품 가게</td><td>길지연 // 황종욱</td><td>교원 이야기 솜사탕</td></tr>
<tr><th colspan="3">줄거리</th></tr>
<tr><td colspan="3">골동품가게에는 무서운 할아버지가 계십니다. 하루는 나비를 따라서 골동품가게로 들어간 남매가 골동품을 구경하다가 우리나라의 전통탈을 쓰고 미래여행도 하고 조선시대로 떠나서 장군이 되어보기도 합니다. 이것은 모두 꿈이었죠.</td></tr>
</table>

표지사진	제목	글쓴이	출판사
	콩쥐 팥쥐	이상미 // 정인성	한국삐아제

줄거리

마음씨 착한 콩쥐에게 새어머니와 팥쥐가 들어와 마음착한 콩쥐를 괴롭히고 마음착한 콩쥐는 열심히 일하기에 여러 도움을 받아 마을의 원님과 혼인하고 행복하게 살게 됩니다.

표지사진	제목	글쓴이	출판사
	견우와 직녀	윤서희 // 이지현	웅진출판

줄거리

옷감을 잘 짜는 어여쁜 직녀와 소를 모는 성실한 총각 견우가 있었습니다. 직녀와 견우는 서로 사랑을 하게 되어 행복했지만 둘이 노는 것에 정신이 팔려 아무 일도 하지 않자 백성들은 옷감이 없고, 농사를 지을 수 없어 큰일이 일어나지요. 화가 난 옥황상제는 견우와 직녀를 동쪽과 서쪽에 따로 보내고 칠월 칠석에만 만날 수 있게 해주셨어요. 너무 멀리 있어 볼 수 없는 견우와 직녀를 까치와 까마귀가 오작교를 만들어 둘을 만나게 해준답니다.

표지사진	제목	글쓴이	출판사
	단군이야기	정혜성 // 최경묵	웅진

줄거리

호랑이와 곰이 하나님을 찾아가 사람이 되게 해 달라고 부탁하자 하나님은 곰과 호랑이에게 100일 동안 동굴에서 마늘과 쑥만 먹으라고 한다. 참지 못한 호랑이는 바깥으로 나가버리고, 곰은 예쁜 사람이 되어 웅녀라는 이름을 갖고 예쁜 아기를 낳았는데 그 사람이 단군이다.

표지사진	제목	글쓴이	출판사
	팥죽할멈과 호랑이	김성민 // 이상교	웅진

줄거리

팥 밭을 매던 할머니에게 나타난 호랑이, 할머니를 잡아먹으려고 하지만 팥죽 한 그릇만 먹고 죽을 수 있게 해달라는 말에 그렇게 해주겠다고 하는데…그해 팥을 거두고 팥죽을 쑤며 할머니는 엉엉 울고 할머니에게 나타난 알밤, 송곳, 파리, 지게, 물찌똥이 호랑이에게서 할머니를 구해줍니다.

표지사진	제목	글쓴이	출판사
	우리 놀이 우리 문화	이선영 // 최지경	한솔수북

줄거리

설날, 정월대보름, 혼례, 밭갈이, 제기차기, 단오, 장승, 한가위, 가을걷이, 책씻이까지 사시사철 우리 놀이와 우리 문화를 12가지 주제로 소개하고 있다.

표지사진	제목	글쓴이	출판사
	솔이의 추석이야기	이억배	길벗어린이

줄거리

추석날 솔이네 식구들은 아침 일찍 집을 나서 버스터미널로 향한다. 시골에 도착한 솔이네 식구들은 햅쌀로 만든 음식과 햇과일로 정성껏 차례를 지낸다. 산길을 따라 성묘도 가고 마을에 들려오는 소리 따라 길을 걷기도 한다. 농악대의 장단에 맞춰 신나는 놀이판을 벌이고 놀다가 한밤중이 되어서야 집으로 돌아온다.

표지사진	제목	글쓴이	출판사
	방귀시합	이지민 // 이종균	대교

줄거리

방귀의 위력으로 소문이 난 두 방귀쟁이는 어느 날 한날한시에 모여 방귀로 절구를 날리는 시합을 합니다.

표지사진	제목	글쓴이	출판사
	배움을 사랑한 우리민족	최준식 // 박동국	마루벌

줄거리

책과 배움을 사랑한 우리 민족, 세계 최초의 금속활자, 가장 오래된 목판 인쇄본, 세계적인 문자 한글 등을 소개하여 우리 문화의 우수성과 자긍심을 심어준다. 조상들은 세계 최초의 금속활자 책인 직지심체요절을 편찬하고, 세계에서 가장 오래된 목판 인쇄물인 다라니경문을 만들어 냈음을 알리고 일반 백성들의 배움의 전당인 서당과 양반집 자제들을 위한 향교, 그리고 지금의 국립대학이라고 할 수 있는 성균관과 과거 시험에 대해서도 소개하고 있다.

<table>
<tr><th>표지사진</th><th>제목</th><th>글쓴이</th><th>출판사</th></tr>
<tr><td rowspan="3">
</td><td>애국가를 부르는 진돗개</td><td>박상률 // 최재은</td><td>보림출판사</td></tr>
<tr><th colspan="3">줄거리</th></tr>
<tr><td colspan="3">솔별이에게 아빠가 강아지를 선물 해준다. 몽몽이는 시간이 지나서 많이 커지고 솔별이와는 둘도 없는 친구가 된다. 어느 날 몽몽이가 학교에서 다른 사람들이 노래 부르는 걸 듣고 노랫소리에 맞추어서 모오~옹 거리며 노래를 부른다. 솔별이는 그런 몽몽이에게 노래를 가르쳐 준다고 따라 해보라고 한다. 솔별이와 몽몽이는 운동장 조회할 때 함께 애국가를 부른다. 몽몽이는 가장 많이 부르는 노래여서 그런지 애국가를 잘 부른다. 솔별이가 몽몽이한테 다른 노래를 불러보라고 하니까 몽몽이는 따른 짓을 하며 노래를 잘 부르지 못한다. 가을이 되어 운동회가 열렸고 노래자랑 코너에서 솔별이가 몽몽이와 함께 낮에 놀다 두고 온 노래를 부르기로 했는데 몽몽이가 애국가를 부른다. 솔별이는 화를 냈지만 몽몽이는 계속 애국가를 불렀다. 애국가를 부르는 몽몽이를 사람들이 칭찬해준다.</td></tr>
<tr><th>표지사진</th><th>제목</th><th>글쓴이</th><th>출판사</th></tr>
<tr><td rowspan="3">
</td><td>국경일은 어떤 날일까요?</td><td>송윤섭 // 최현묵</td><td>주니어 김영사</td></tr>
<tr><th colspan="3">줄거리</th></tr>
<tr><td colspan="3">우리나라에는 어떤 국경일이 있는지, 국경일마다 어떤 의미가 담겨 있는지를 설명하고 있다. 우리나라 5대 국경일과 중요한 기념일, 그리고 대표적인 종교 기념일인 부처님 오신 날과 성탄절을 소개하면서 국경일과 기념일의 의미를 살펴본다.</td></tr>
<tr><th>표지사진</th><th>제목</th><th>글쓴이</th><th>출판사</th></tr>
<tr><td rowspan="3">
</td><td>내 복에 살지요</td><td>엄혜숙 // 배현주</td><td>애플트리태일즈</td></tr>
<tr><th colspan="3">줄거리</th></tr>
<tr><td colspan="3">옛날 어느 마을 부잣집에 딸이 셋 있었다. 어느 날 아버지는 세 딸에게 “너는 누구 덕에 잘 먹고 잘 사느냐?” 하고 물었다. 첫째, 둘째 딸은 아버지 덕이라고 대답했지만 셋째 딸은 “내 복에 살지요” 했다. 아버지는 화가 나서 셋째 딸을 쫓아냈다. 나무꾼과 혼인하여 부자가 된 딸네 집에 거지가 된 부모님이 동냥을 오게 되어 서로 만나게 된다. 셋째 딸은 부모님을 극진히 대접하고 함께 행복하게 살았다.</td></tr>
</table>

표지사진	제목	글쓴이	출판사
	우리 누나 시집가던 날	김해원 // 박지훈	중앙출판사
	줄거리		
	시집을 가는 누나를 통해 우리의 전통 혼례 소개한다. 혼례에 쓰이던 함, 가마, 화관 같은 유물도 상세히 소개하고 있다.		

표지사진	제목	글쓴이	출판사
	안녕, 태극기	박윤규 // 백대승	푸른숲주니어
	줄거리		
	태극기의 의미를 쉽게 설명하고 있다. 태극기의 음, 양과 8괘를 신화적으로 표현하며 각각의 의미와 역할 등을 설명하고 있다.		

표지사진	제목	글쓴이	출판사
	우리나라	지도와 세상 // 유경화	(주)애플비
	줄거리		
	우리나라는 어떻게 생겼는지, 산은 어떻게 이어져 있는지, 강은 어디로 흐르고 길은 어떻게 나 있는지 궁금한가요? 지도를 보면 쉽게 알 수 있어요. 지도는 하늘에서 땅을 내려다보고 산이나 강이 어디 있는지를 표현한 그림이거든요. 웅이가 우리나라를 여행하면서 우리나라에는 어떤 지역이 있는지, 각 지역의 볼거리와 먹을거리는 무엇이 있는지 소개한다.		

표지사진	제목	글쓴이	출판사
	숨 쉬는 항아리	정병락	보림
	줄거리		
	숨 쉬는 항아리에서 주인공인 옹기는 간장, 고추장, 김치 등의 저장고로 활용되는 항아리들의 쓰임새를 통해 자신의 가치를 인식하게 된다. 옹기에 대해 자세히 소개하고 있다.		

2-9 세계 여러나라

생활주제 '세계 여러 나라'는 세계 변화에 적응하기 위해 다른 나라를 이해하고 관심을 갖는 것에서 시작하여 그들의 생활 방식과 문화유산, 각 나라의 교류, 자연 현상 등을 내용으로 하여 문화적 다양성과 동질성을 이해하고 서로 존중하며 세계화 시대에 시민으로 국제적 소양과 역량을 기르는 데 중점을 두고 있다. 이를 통해 유아가 우리나라 문화에 대한 정체성을 기초로 세계 여러 나라의 문화에 관심을 갖고 다른 나라의 문화를 이해하고 존중하는 사람으로 성장하도록 돕는다. '세계 여러 나라'는 '세계 여러 나라 사람들의 생활', '세계 여러 나라의 문화유산', '세계 여러 나라와의 교류', '세계의 자연과 사회 현상' 등의 주제로 구성되어 있다.

생활주제 '세계 여러 나라'의 교육활동에 활용할 수 있는 그림동화를 보면 다음과 같다.

<table>
<tr><th>표지사진</th><th>제목</th><th>글쓴이</th><th>출판사</th></tr>
<tr><td rowspan="3">
</td><td>우리아이
첫 세계 지도 그림책</td><td>원광희 // 원성희, 박창민, 김지혜</td><td>세발자전거</td></tr>
<tr><th colspan="3">줄거리</th></tr>
<tr><td colspan="3">세계를 알기 쉽게 그림으로 소개한 지도책이다. 전 세계를 16개 대륙(대한민국, 중국과 동북아시아, 중동, 남아시아, 동남아시아, 스칸디나비아 반도, 서유럽과 지중해, 북유라시아, 북아메리카, 남아메리카, 북아프리카, 남아프리카, 오세아니아, 북극, 남극)으로 나누었으며, 대한민국을 따로 소개하고 있다. 세계의 동물, 세계의 집, 세계의 말과 글 등의 코너를 통해 각 지역의 특성을 소개한다.</td></tr>
<tr><th>표지사진</th><th>제목</th><th>글쓴이</th><th>출판사</th></tr>
<tr><td rowspan="3">
</td><td>런던은 정말 멋져</td><td>로렌차일드</td><td>국민서관</td></tr>
<tr><th colspan="3">줄거리</th></tr>
<tr><td colspan="3">사랑스러운 영국 남매, 찰리와 롤라가 소개하는 런던 이야기!
영국의 수도, 여왕이 사는 도시인 런던은 어떤 도시인지 알아보는 과정을 담고 있다.</td></tr>
</table>

표지사진	제목	글쓴이	출판사
	세계의 인사법	초오 신타	진선아이
	줄거리		
	세계 여러 민족의 인사법, 인사는 간절히 바라는 마음의 표시, 사람들 사이에 꼭 필요한 인사, 각 나라별 인사법을 알 수 있다.		

표지사진	제목	글쓴이	출판사
	세계여행을 떠난 아기 곰 무크	마크 부타방	베텔스만
	줄거리		
	프랑스에 사는 아기 곰 무크가 세계여행을 떠나서 파리를 출발하여 라플란드, 그리스, 사하라 사막, 부르키나파소, 중국, 호주 등 세계 각국을 돌아다니며, 많은 친구들을 만나고 새로운 문화를 접한다.		

표지사진	제목	글쓴이	출판사
	여러 나라 이야기	정지용	도서출판 마루벌
	줄거리		
	엄마가 외출하신 동안 두 아이는 엄마가 그린 세계 여러 나라 그림 속으로 세계 여행을 떠난다.		

표지사진	제목	글쓴이	출판사
	와! 신나는 세계	글, 그림 : 마를렌 라이델 옮김 : 한희진	중앙
	줄거리		
	카지미어는 달님을 타고 터키, 이집트, 중국, 알레스카, 미국, 인디언을 만나고 멕시코를 거쳐서 스위스, 유럽, 네덜란드를 거쳐서 집에 도착한다.		

표지사진	제목	글쓴이	출판사
	이곳은 어디일까요?	김미혜 // 최지경, 윤진현	(주)기탄교육
	줄거리		
	사진을 보며 세계를 여행하는 그림책이다. 넓은 초원이 있는 몽골, 파란 티티카카 호수, 강 위에서 시장이 열리는 베트남, 꽁꽁 추운 그린란드. 사는 곳이 달라서 집의 생김새도 다르다. 날씨에 따라, 집의 모양이 그려져 있고, 다양한 집에서 사람들은 어떻게 살아가는지를 소개하고 있다.		

표지사진	제목	글쓴이	출판사
	미술관에 핀 해바라기	제임스 메이휴	크레용하우스
	줄거리		
	케이트는 할머니와 함께 미술관에 갔는데 그곳에는 너무나 탐스러운 고흐 아저씨의 〈해바라기〉 그림이 있었다. 케이트는 호기심에 손을 뻗었는데, 그 꽃병이 만져졌다.		

표지사진	제목	글쓴이	출판사
	아마존에서 온 친구	서정아 // 발레리아 시스	교원
	줄거리		
	브라질 도시에 사는 마르코는 여름에 방학에 삼촌을 따라 아마존 강에 갔다가 거기서 사는 카보클로족의 파울리와 지내게 되고 파울리도 마르코네 집에 놀러온다.		

표지사진	제목	글쓴이	출판사
	호야와 곰곰이의 세계 지도 여행	야노쉬	계림북스쿨
	줄거리		
	호야와 곰곰이는 털보 아저씨를 따라 세계지도 여행을 떠납니다. 싱그러운 자연도 보고, 아름다운 도시도 구경합니다.		

표지사진	제목	글쓴이	출판사
	생쥐의 세계일주	화니 졸리	주식회사 웅진닷컴
	줄거리		
	생쥐들이 극장을 발견하고 세계일주 연극을 한다. 생쥐들은 여러 가지 준비를 하고 공연을 시작한다. 맨 처음 도착한 곳은 스핑크스와 피라미드, 낙타, 미라 고양이가 있는 이집트. 두 번째는 아프리카의 대초원. 이곳에는 표범과 독수리들이 있다. 그리고 일본에 가서 기모노를 입은 생쥐를 보게 되며 히말리야에 기서 로프와 피켈을 이용하여 암벽을 올라가 정상에 깃발을 꽂는다. 북극에서 순록이 끄는 썰매를 타고 눈 신을 신은 에스키모를 만납니다. 연극이 끝나고 관객들은 환호한다.		

표지사진	제목	글쓴이	출판사
	이곳저곳 세계의 집	이지연 // 김진화	이왕기
	줄거리		
	더운 나라, 추운 나라에 따라 집을 짓는 데 쓰이는 재료가 다르다. 추운 곳에서는 콘크리트로 단단하게 집을 짓거나 굵은 통나무로 집을 짓는다. 더운 곳에서는 흙집을 짓거나 나뭇가지, 나뭇잎으로 집을 짓는다. 추운 곳에서는 창을 아주 조그맣게 내고 작은 창은 볕이 잘 드는 남쪽을 향해 있다. 더운 곳에서는 문과 창에 덧문을 단다. 추운 곳에는 집 안에 부엌이 있지만 더운 곳에는 집 밖에서 요리를 한다. 추운 곳에서는 집 안에 사우나탕을 두기도 한다. 반대로 더운 곳에서는 집 밖에 있는 냇가나 강물이 곧 욕실이 된다. 사람들은 모두 다른 집에 살고 있지만 저마다에게 집은 가장 편안한 곳이다.		

표지사진	제목	글쓴이	출판사
	누구 발일까?	정해영	논장
	줄거리		
	바다보다 육지가 낮아 땅이 늘 질퍽질퍽한 곳에서 즐겨 신는 나무 신발 클로그, 차가운 눈과 얼음에서 발을 보호하는 가죽 신발 머클럭, 제비부리처럼 신발 코가 살짝 올라간 꽃신 등 세계 곳곳의 신발은 모두 오래전부터 사람들이 신던 신발에서 기능과 모양을 조금씩 달리하면서 변해 온 것이다.		

표지사진	제목	글쓴이	출판사
	꼬마구름 파랑이	토미 웅거러	비룡소
	줄거리		
	비 내리는 것에는 관심이 없는 꼬마구름 파랑이 그냥 세상을 알고 싶은 마음으로 잔뜩 부풀어 올라 둥실둥실 떠다니기만 하다가 저 멀리 불길에 휩싸인 도시가 보였다. 거리마다 색깔이 다른 사람들이 서로 싸우고 있었다. 그래서 파랑이는 비를 내려주고 모두 같은 색이 된 사람들이 행복해 진다.		

표지사진	제목	글쓴이	출판사
	황제와 나이팅게일	안데르센	웅진 씽크하우스
	줄거리		
	중국의 황제와 궁궐 정원에서 아름다운 노래를 부르는 나이팅게일의 이야기입니다. 나이팅게일은 언제나 황제 옆에서 노래를 불렀어요. 그러던 어느 날 이웃나라에서 보석으로 장식한 태엽 나이팅게일을 선물로 보내는데 태엽 나이팅게일에 빠져 황제는 나이팅게일을 소홀히 합니다.		

2-10 환경과 생활

생활주제 '환경과 생활'은 자연 현상에 대한 경험과 탐구 활동을 통해 환경과 유아 자신과의 상호 관계를 이해하며, 생활 주변의 자연 환경에 대한 올바른 지식과 관심을 통해 자연 환경의 소중함을 알고 환경을 올바르게 이용하고 보존하는 것을 경험하도록 한다. 유아가 환경의 영향을 받기도 하지만 생활 환경을 쾌적하게 만들고 소중히 여겨 보존함으로 환경을 구성 할 수 있다는 것을 이해하게 하는 녹색성장교육을 강조하고 있다. 녹색성장교육은 생태, 에너지, 기후 등의 주제로 유아가 물, 돌, 흙, 바람, 공기, 빛, 소리 등의 자연 녹색 공간에서의 체험활동을 통해 자원의 소중함과 에너지 절약의 필요성을 깨닫는 것이다.

생활주제 '환경과 생활'은 '물과 우리 생활', '돌·흙과 우리 생활', '바람·공기와 우리 생활', '빛과 우리 생활', '소리와 우리 생활' 등으로 구성된다.

생활주제 '환경과 생활'의 교육활동에 활용할 수 있는 그림동화를 보면 다음과 같다.

표지사진	제목	글쓴이	출판사
	바다를 살려주세요!	벤 갈브레이스	삐아제어린이
	줄거리		
	어느 바닷가 마을에 험상궂게 생긴 어부 삼형제가 살았는데 그들은 욕심쟁이어서 바닷속의 물고기들을 마구 잡아 큰 부자가 되었다. 바다에는 물고기 한 마리 남지 않고 물고기들을 먹고사는 바다 새들도 하나 둘 떠나갔다. 어느 날 마을사람들에게 마을을 떠나 달라는 편지 한통이 오는 데, 이를 무시한 삼형제들은 바다에 빠져 상어 밥이 된다.		
표지사진	제목	글쓴이	출판사
	우리를 둘러싼 공기	엘레오노레 슈미트	(주)비룡소
	줄거리		
	공기는 우리를 둘러싸고 있다. 또 항상 변화하고 움직이며 움직이는 공기를 바람이라고 한다. 공기는 부드러운 산들바람이 되기도 하고 때로는 폭풍이 되기도 한다. 공기의 다양한 모습을 설명해주며 우리는 공기 없이 살 수 없다는 것을 알려준다.		

표지사진	제목	글쓴이	출판사
	숲은 어떻게 만들어지는가?	윌리엄 재스퍼슨 // 척 에카르트	비룡소

줄거리

숲은 어떻게 생겼을까? 처음부터 큰 나무들로 빽빽했을까? 동물은 언제 숲으로 와서 살게 됐을까? 미국 매사추세츠 주에 버려진 농지가 숲으로 변하는 숲의 생성 과정과 변천 과정을 알 수 있다.

표지사진	제목	글쓴이	출판사
	해가 지네요 밤이 오네요	로이크 // 오라 아이턴	웅진씽크빅

줄거리

놀고 있는데 엄마가 해가진다고 그만 놀라고 말한다. 땅거미가 지고 밤이 오고, 엄마가 책을 읽어주고 잠잘 시간이라고 말한다. 엄마는 아이를 침대에 눕게 하고 노래를 불러준다. 주위가 깜깜해지고 밤이 왔다. 달이 살짝 떠오른다. 아이는 잠들이 전에 밤소리에 귀를 기울인다. 귀뚜라미 소리도 들리고 밤하늘은 달과 별로 가득하다. 엄마는 아이에게 잘 자라고 말해주고 방을 나간다.

표지사진	제목	글쓴이	출판사
	변신대왕 에너지	로렌 리디	미래아이

줄거리

순수 에너지 '쎈'은 전기 에너지에서 태양 에너지로, 수력 에너지에서 식물 에너지로 다양한 변신을 한다. 에너지가 어떻게 발생하는지, 각 에너지의 어떤 점이 좋고 나쁜지를 설명한다. 에너지의 남용으로 생길 수 있는 지구 온난화 문제를 극복할 수 있는 실천 방법도 소개한다.

표지사진	제목	글쓴이	출판사
	아기 구름 울보	김세실 // 노석미	(주)사계절

줄거리

아기 구름 울보는 울기를 잘한다. 배고파서 울고 화나서 울고 짜증나서 울고 슬퍼서 울고 심심해서 울었다. 울 때마다 울보에게서 비가 내렸다. 동물들은 울보의 울음에 지쳐서 산꼭대기에 올라가 계속 울면 이 마을을 떠날 거라고 말한다. 울보는 숨을 가다듬고 울음을 참아냈다. 시간이 지나면서 땅은 메말라가고 후덥지근한 날씨가 계속되었다. 몸도 마음도 지친 동물들은 무심코 하늘을 올려다봤는데 아기 구름 울보가 온통 검게 변해 있었다. 울음을 꾹꾹 참느라 변한 거였다. 동물들은 산꼭대기에 올라가 울보에게 울어도 된다며 사과하였다. 아기 구름 울보는 실컷 울었고 마을은 다시 평화로워졌다.

APPENDIX 2

표지사진	제목	글쓴이	출판사
	숲속의 방귀대회	손정원 // 김병님	교원 이야기 솜사탕
	줄거리		
	대회를 좋아하는 동물들이 추운겨울이 심심해서 방귀대회를 연다. 방귀소리에 놀라 새싹이 돋고 냄새가 고약해 눈이 녹고, 방귀가락이 흥겨워 봄이 찾아왔다.		

표지사진	제목	글쓴이	출판사
	바람이 불었어	팻 허친wm	시공주니어
	줄거리		
	바람이 불어 화이트씨의 우산을 비롯해 꼬마 프리실라의 풍선, 모자와 연, 널어놓은 빨래, 판사님의 쓰던 가발 등이 모두 하늘로 날아올랐어요. 바람은 실컷 그것들을 가지고 놀더니 아래로 내동댕이쳤지요.		

표지사진	제목	글쓴이	출판사
	울지 않는 귀뚜라미	에릭 칼	한국 몬테소리
	줄거리		
	햇볕이 따스한 어느 날, 조그만 알에서 태어난 아기 귀뚜라미. 엄마가 날개를 비비며 인사하자 아기 귀뚜라미도 인사를 하고 싶어서 작은 날개를 싹싹 비벼보지만 소리가 나지 않아요. 메뚜기에게도, 바스락 사마귀에게도, 벌레에게도 인사를 할 수 없어 속상한 귀뚜라미. 그러던 어느 날 귀뚜라미는 여자 친구를 만나, 아무도 들어본 적이 없는 곱고 아름다운 소리로 노래를 했어요.		

표지사진	제목	글쓴이	출판사
	엄마와 밤 괴물	주시 콰렝기 // 키아라 카레르	교원 이야기 솜사탕
	줄거리		
	잠에 들기가 무서운 아이. 엄마는 엄마의 어렸을 때 엄마의 꿈에 나타나던 밤 괴물에게 큰소리로 했던 이야기를 들려주면서 아이가 편하게 꿈나라로 갈수 있도록 도와준다.		

표지사진	제목	글쓴이	출판사
	내 똥으로 길렀어요!	양혜원 // 박지훈	미래아이
	줄거리		
	농약 중독으로 할아버지가 쓰러지신 후 아빠는 농약과 화학 비료를 모두 버리고 두엄간을 지어 식구의 똥을 모았다. 그리고 이듬해 봄, 그 똥으로 농사를 지었다. 똥이 거름이 되고, 이 거름으로 곡식과 채소를 키운 것이다.		

표지사진	제목	글쓴이	출판사
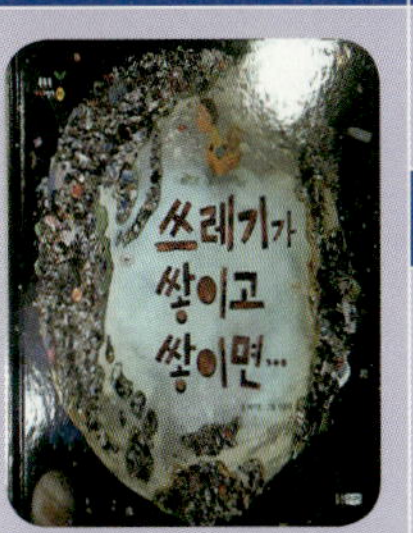	쓰레기가 쌓이고 쌓이면.	박기영 // 이정국	웅진 씽크빅
	줄거리		
	우리는 하루 동안 얼마나 많은 쓰레기를 버릴까요? 또 버려진 쓰레기는 어디로 가서 어떻게 처리될까요? 우리가 버린 쓰레기를 한 번 따라가 보면 잔뜩 쌓인 쓰레기 때문에 아파하는 지구를 만나게 해요. 지구를 위해 우리가 할 수 있는 것을 찾아보아요.		

표지사진	제목	글쓴이	출판사
	지구가 뜨거워지면	까뜨린 팜 림프트	미래아이
	줄거리		
	지구를 뜨겁게 만드는 온난화 현상에 대해 알아본다. 지구가 뜨거워지면서 생겨나는 일과 온난화 현상을 방지하기 위해 우리가 해야 할 일 등을 설명하고 있다.		

표지사진	제목	글쓴이	출판사
	먼지가 지구 한 바퀴를 돌아요.	윤순창 // 소복이	웅진주니어
	줄거리		
	사람과 밀접한 관계를 맺고 있는 먼지에 대해 설명하고 있다. 먼지는 아주 작은 존재이지만, 강한 바람에 어마어마한 양이 한 번에 일어나면 커다란 모래 먼지 폭풍이 되기도 한다. 또 먼지들이 모여 이룬 구름은 바람을 타고 2주면 지구를 한 바퀴 돈다. 또한 먼지는 공기 중에 섞여 떠돌고 있기 때문에, 공기를 들이마시는 모든 생명체에 영향을 미치기도 한다.		

표지사진	제목	글쓴이	출판사
	야, 우리기차에서 내려	존 버닝햄	비룡소
	줄거리		
	기차놀이와 동물놀이를 좋아하는 남자아이가 꿈을 꾸는데 날씨와 계절이 바뀔 때 마다 생존의 위협을 당하는 동물들이 나타나며 같이 기차에 태워달라고 부탁하며 환경의 문제를 생각하게 한다.		

표지사진	제목	글쓴이	출판사
	지렁이다	차보금 // 김영수	사파리
	줄거리		
	봄이는 밭에서 처음 지렁이를 보았을 때, 징그럽다며 아무렇게나 던져버리고 만다. 하지만 지렁이가 땅을 건강하게 지킨다는 것을 깨닫고 나서는 자신의 행동을 반성하고 지렁이와 친구가 되기로 한다. 아이들은 또래의 봄이를 통해 '내가 지렁이를 함부로 대하면 어떻게 될까'생각해 보게 한다.		

표지사진	제목	글쓴이	출판사
	지구야, 우리가 지켜줄게	제네비브 루소 // 에스텔 민스	봄봄
	줄거리		
	나탈리는 유치원에서 지구가 아프다는 말을 듣고 지구가 아프지 않게 도와주려고 한다. 그러나 도와주려는 행동이 가족들을 불편하게 하였고 나탈리는 크게 실망을 하였으나 가족들은 나탈리의 마음을 이해해서 지구를 지킬 수 있도록 노력한다.		

2-11 봄 · 여름 · 가을 · 겨울

생활주제 '봄·여름·가을·겨울'은 유아에게 친숙한 계절의 변화와 관련하여 사계절의 시공간적 배경 속에서 유아들이 날씨 변화와 자연의 변화를 직접 체험하게 하고 계절의 변화에 따라 사람들의 생활 모습이 달라짐을 이해하여 각 계절에 적합한 생활을 할 수 있도록 돕는 주제이다.

생활주제 '봄·여름·가을·겨울'은 '봄', '여름', '가을', '겨울' 등으로 구성되어 있다. 각 주제 마다 날씨 알기, 풍경 즐기기, 계절 지내기 등의 소주제를 통해 날씨와 자연의 변화, 사람들의 생활을 내용으로 한다. 즉, 계절에 따른 특징적인 기후 현상을 이해하고 봄에는 봄꽃, 곤충과 새싹, 여름에는 식물과 곤충, 가을에는 단풍, 곡식, 열매, 겨울에는 동식물의 겨우살이 등의 내용을 배운다. 또한 계절 변화와 관련하여 옷차림, 음식, 놀이와 활동을 경험하게 하며 계절 변화에 따른 건강 및 안전 수칙을 인식하고 실천하도록 한다.

생활주제 '봄·여름·가을·겨울'의 교육활동에 활용할 수 있는 그림동화를 보면 다음과 같다.

표지사진	제목	글쓴이	출판사
	쨍쨍 여름마당	김용택 // 고광상	웅진다책
	줄거리		
	햇볕이 쨍쨍 내리쬐는 한 여름날의 물 장난놀이, 새까맣게 줄지어 이동하는 개미떼들, 청개구리의 울음소리, 소나기가 오는 모습, 두꺼비와 달팽이가 비를 맞는 모습 등 여름에 볼 수 있는 장면을 소개한다.		
표지사진	제목	글쓴이	출판사
	가을이야기	질 바클렘	마루벌
	줄거리		
	마타리는 막내딸 앵초를 데리고 숲으로 간다. 숲에서 딸기를 따고 있을 때 밝은 눈 할머니가 찾아와서 마타리는 앵초에게 집으로 가라고 말한다. 앵초는 성으로 돌아가다가 길을 잃어버려 가을 숲을 보게 된다.		

표지사진	제목	글쓴이	출판사
	겨울이 왔어요	에일린 스키넬리 // 메리네웰드팔마	맑은 가람

줄거리

아기 쥐는 신나게 바깥에 나가 뛰어놀 수 없는 겨울을 답답해 한다. 좋아하는 산딸기와 색 크림도 먹을 수 없고 민들레와 들꽃도 볼 수 없어 방안에서 뒹굴 거리며 심심해하는 아기 쥐에게 엄마는 겨울에 대해 이야기한다. 겨울은 따뜻한 곰국을 먹을 수 있고 얼음위에서 스케이트를 타는 계절이다.

표지사진	제목	글쓴이	출판사
	개구리와 두꺼비의 사계절	아놀드 로벨	비룡소

줄거리

개구리와 두꺼비가 길에서 비를 만나 둘은 개구리 집으로 뛰어간다. 개구리는 두꺼비에게 올챙이 때부터 봄, 여름, 가을, 겨울을 찾아 여행을 떠난 이야기를 들려준다.

표지사진	제목	글쓴이	출판사
	봄을 찾은 할아버지	한태희	한림출판사

줄거리

외딴집에 살고 있는 할아버지와 할머니가 살았었다. 추운 겨울이 계속되자 할머니는 봄이 빨리 왔으면 좋겠다고 말한다. 이 말을 들은 할아버지는 봄을 찾아 나선다.

표지사진	제목	글쓴이	출판사
	바다에 간 마녀 위니	코키 폴	비룡소

줄거리

마녀 위니와 위니의 고양이 윌버가 무더운 여름날 바다로 휴가를 떠났다. 시원함을 느끼기도 전에 파도에 몸이 젖고 윌버는 물이 싫다고 울고, 빗자루를 잃어버리고…바다에 간 위니 이 어려움을 어떻게 해쳐나갈까요?

표지사진	제목	글쓴이	출판사
	낙엽이 춤을 춰요	이토 히로시	예림당
	줄거리		
	낙엽이 떨어지는 모습이나 낙엽에서 나는 소리들이 재미있는 낙엽그림과 표정들로 묘사되어 있다.		

표지사진	제목	글쓴이	출판사
	창문으로 넘어온 선물	고미 타로	비룡소
	줄거리		
	크리스마스 이브, 선물을 전해주던 산타할아버지가 찍찍이와 고양이에게는 선물을 잘 전해주지만 다른 친구들에게는 창문으로 비친 모습만 보고 다른 선물을 배달합니다.		

표지사진	제목	글쓴이	출판사
	겨울이 오면 동물친구들은 무얼 할까?	조제트 공티에 // 나탈리 수	삐아제 어린이
	줄거리		
	토끼, 거북이, 까치, 곰, 다람쥐, 여우 등이 차례로 나와서 겨울에 무엇을 하고 어디에서 지내는지 이야기 한다.		

표지사진	제목	글쓴이	출판사
	쏙쏙 봄이 와요	심조원 // 김시원	호박꽃
	줄거리		
	감자, 마늘, 무, 양파, 고구마 다섯 종류의 채소들을 의태어, 의성어를 사용하여 싹이 트는 모습을 표현한다. 봄을 상징하는 다양한 꽃들과 곤충들도 소개하고 있다.		

표지사진	제목	글쓴이	출판사
	눈이 와	올리비에 던리아	열린 어린이
	줄거리		
	깜깜한 밤중에 함박눈이 내리자 엄마가 아가를 깨워서 밖에 나가서 눈을 먹어보고 탐색하며 재미있게 놀다가 집에 돌아와서 행복하게 잠을 잔다.		

<table>
<tr><th>표지사진</th><th>제목</th><th>글쓴이</th><th>출판사</th></tr>
<tr><td rowspan="3"></td><td>눈 오는 날</td><td>에즈라 잭 키츠</td><td>비룡소</td></tr>
<tr><td colspan="3">줄거리</td></tr>
<tr><td colspan="3">피터는 눈이 오자 눈 위에 발자국을 만들며 걷고, 신을 그리며 걷고, 막대기로 그리고 걷고, 눈사람도 만들어 본다. 다음 날도 갖고 놀기 위해 눈을 뭉쳐서 주머니에 넣었지만, 일어나 보니 주머니 속이 텅 비어 있어서 실망한다.</td></tr>
<tr><th>표지사진</th><th>제목</th><th>글쓴이</th><th>출판사</th></tr>
<tr><td rowspan="3"></td><td>봄 여름 가을 겨울의 춤</td><td>리바 무어 그레이 // 라울 콜론</td><td>보물창고</td></tr>
<tr><td colspan="3">줄거리</td></tr>
<tr><td colspan="3">엄마와 함께 세상을 축복하며 춤을 추었던 소녀가 꿈을 이루어 발레리나가 된 후 엄마와 함께 춤을 추었던 봄 여름 가을 겨울의 추억을 회상한다.</td></tr>
<tr><th>표지사진</th><th>제목</th><th>글쓴이</th><th>출판사</th></tr>
<tr><td rowspan="3"></td><td>무민과 겨울의 비밀</td><td>토베 얀손 // 투오마스 매켈래</td><td>어린이 작가정신</td></tr>
<tr><td colspan="3">줄거리</td></tr>
<tr><td colspan="3">한겨울, 무민은 따뜻한 곳을 찾아 엄마 아빠 몰래 집을 나선다. 골짜기는 온통 하얀 눈으로만 덮여 있고 조용했다. 하지만 하얀 날개가 달린 새, 털이 하얗게 변한 산토끼, 물개와 투티키 친구를 만나며 무민은 겨울이 살아있다는 것을 알게 된다. 춥기만 한 줄 알았던 겨울의 비밀을 알게 된 무민은 너무 기쁘고 신이 났다. 무민은 집으로 다시 돌아와 행복한 미소를 지으며 내년을 기다린다.</td></tr>
<tr><th>표지사진</th><th>제목</th><th>글쓴이</th><th>출판사</th></tr>
<tr><td rowspan="3"></td><td>하늘 나무</td><td>토머스로커 // 캔더스 크리스티안센</td><td>두레 아이들</td></tr>
<tr><td colspan="3">줄거리</td></tr>
<tr><td colspan="3">하늘을 따라 바뀌어가는 나무의 모습을 계절별로 담아냈다. 여름 나무, 가을 나무, 붉은 나무, 하늘 나무, 안개 나무, 구름 나무, 보라색 나무, 눈꽃 나무, 별이 빛나는 나무, 황금빛 태양의 나무, 새싹이 움트는 나무, 여름 나무, 해질 녘 나무 등 하늘의 모습과 색깔이 바뀔 때마다 나무의 모습과 색깔도 바뀐다.</td></tr>
</table>

<table>
<tr><th>표지사진</th><th>제목</th><th>글쓴이</th><th>출판사</th></tr>
<tr><td rowspan="3"></td><td>산에 가자</td><td>이상권 // 한병호</td><td>보림</td></tr>
<tr><th colspan="3">줄거리</th></tr>
<tr><td colspan="3">솔이가 아빠랑 산에 가게 된다. 솔이는 청설모도 보고 아빠가 낙엽들을 떨어뜨려 눈같이 뿌려주어 나무 밑에서 신나게 뛰어놀았다. 아빠와 노랑, 붉은, 초록 잎으로 가게 놀이를 하고 내리막길 미끄럼틀도 탄다. 억새풀로 화살도 쏘고, 각시 풀로 머리 땋기도 하며 단풍나무 잎 밑에서 쉬다가 도토리도 줍고 아빠와 함께 산꼭대기에 도착한다.</td></tr>
<tr><th>표지사진</th><th>제목</th><th>글쓴이</th><th>출판사</th></tr>
<tr><td rowspan="3"></td><td>바빠요 바빠</td><td>윤구병 // 이태수</td><td>보리</td></tr>
<tr><th colspan="3">줄거리</th></tr>
<tr><td colspan="3">산에 사는 마루네, 가을걷이로 모두 바쁘다. 농사일을 하시는 할아버지, 할머니,마루,아빠,엄마,참새,까치들까지 모두 바쁘다.</td></tr>
<tr><th>표지사진</th><th>제목</th><th>글쓴이</th><th>출판사</th></tr>
<tr><td rowspan="3"></td><td>봄이 오면</td><td>한자영</td><td>(주)사계절</td></tr>
<tr><th colspan="3">줄거리</th></tr>
<tr><td colspan="3">한가로운 오후 꼬마들도 할아버지, 할머니도 강아지도 고양이도 모두 곤히 잠들었다. 누군가가 자장가를 불러주었나? 아니면 잠이 오게 하는 마법을 부렸나? 알고 보니 밝고 따뜻한 햇살, 새로 돋아나는 새싹, 잎이 조금씩 돋아나기 시작하는 나무, 활짝 핀 꽃, 푸르고 싱싱한 이파리, 마을에 가득한 꽃향기, 여기 저기 날아다니는 꿀벌과 나비. 겨울이 지나 찾아온 봄 향기에 모두가 잠이든 거였다.</td></tr>
</table>

참고문헌

강성화, 김경회(2013). 영유아를 위한 언어지도. 서울: 동문사.

강인언, 김영숙(1992). 유아문학교육-이론과 실제-. 서울: 양서원, p.14.

강정규(1999). 아동문학창작론, 서울: 학연사. p.323.

계몽아동연구소(1993). 한국아동도서 편집체계 확립을 위한 기초조사연구 I, II. 서울: 계몽사.

교육과학기술부, 보건복지부 & 육아정책연구소(2012) 3~4세 연령별 누리과정 지원을 위한 시·도(교육)청 강사요원 중앙연수 자료집. 서울: 육아정책연구소.

교육부(1998). 유치원 교육과정 해설. 서울: 교육부.

교육부(1998). 제 6차 유치원 교육과정. 서울: 교육부.

권혁준(2012). 아이들보이의 아동문학사적 의의에 대한 연구. 한국아동문학연구, 22호, pp.5-60.

김경일(1983). 독서교육론. 서울: 일조각.

김세희, 현은자(1995). 어린이의 세계와 그림 이야기 책. 서울: 서원.

김완기(1994). 독서지도방법. '94 독서실 독서지도 담당교사 연수. 서울: 국립중앙도서관. pp.1-19.

김요섭(1986). 현대동화의 환상적 탐험. 서울: 한국문화연구원.

김종순(1996). 창의적 책읽기. 서울: 도서출판 민. 13-108.

김중한(1991). 논리적 사고력 배양과 독서지도. 어린이와 독서. 제12집. 서울특별시립어린이 도서관. pp.79-92.

김지도(1991). 의사결정능력 배양과 독서지도. 어린이와 독서. 제12집. 서울특별시립어린이 도서관. pp.93-108.

김지은, 김경회 외 (2006). 보육과정. 서울: 창지사.

김효정, 한복희, 윤치경, 송영숙(1992). 독서의 힘-미래의 세계를 활짝 연다-. 서울: 구미무역(주) 출판부. pp.69-72.

마쯔이 다다시, 이상금 역(1990). 어린이와 그림책. 서울: 샘터 유아교육 신서.
박상재(1990). 한국 장편동화·아동소설 연구－80년대 아동문학 전문지를 중심으로－. 성균관 대학교 교육대학원 석사학위 청구논문. pp.59-61.
박춘식(1987). 아동문학의 이론과 실제. 학문사.
부산직할시교육연구원(1993). 부산교육총서(XIV) 독서교육. 부산: 부산직할시교육연구원.
석용원(1982). 아동문학원론. 서울: 학연사.
손혜숙(1996). 교사의 동화 들려주기 유형이 유아의 어휘 인식과 이해도에 미치는 영향. 열린유아교육 학회지. 1(1), pp.75-93.
송혜영(1998). 아동교육을 목적으로 한 그림동화의 표현 연구－환경문제를 주제로 한 교육동화－. 성신여자대학교 조형대학원 석사학위 청구논문.
신헌재, 권혁준, 우동식, 이상구(1993). 독서교육의 이론과 방법. 서울: 서광학술자료사. pp.7-9.
엄기원(1993). 글쓰기 어떻게 지도 할 것인가. 서울: 도서출판 웅지교육. pp. 115-127
유애로(1982). 유년기 그림책에 관한 연구. 숙명여자대학교 대학원 석사학위 청구논문.
유창근(1988). 안테르센. 도서출판 용진.
유창근(1997). 현대아동문학의 이해. 서울: 동문사.
윤태빈, 전영숙, 김경희(2001). 어린이 창작동화·뮤지컬. 서울: 양서원.
이경우(1996). 총체적 언어: 문학적 접근을 중심으로. 서울: 창지사.
이상금, 장영희(1986). 유아문학론. 교문사.
이상기(1991). 비판적 사고력 배양과 독서지도. 어린이와 독서. 제12집. 서울특별시립어린이도서관. pp.62-78.
이상현(1987). 아동문학 강의. 서울: 일지사. pp.17-22, 61, 231-330.
이오덕(1984). 어린이를 지키는 문학. 서울: 백산서당.
이원복(1988). 어린이의 그림책과 일러스트레이션. 출판저널: 18, pp.6-7.
이재철(1978). 한국 현대아동문학사. 서울: 일지각.
이종화(1991). 과학적 사고력 배양과 독서지도. 어린이와 독서. 제12집. 서울

특별시 시립어린이도서관. pp.30-43.

인천광역시 교육과학연구원(1999). 미래를 여는 독서교육. 인천: 인천광역시 교육과학연구원. pp.10-11.

임동욱 외 10인(1997). 현대 출판의 이해. 서울: 나남출판사.

임원재(2000). 아동문학교육론－창작과 실제. 서울: 신원문화사.

정연우(1997). 한국출판 산업의 구조와 특징. pp.121-150

정진채(1989). 80년대의 한국아동문학. 부산: 도서출판 빛남. p.5.

정혜원(2008). 1910년대 아동문학 연구－아동 매체를 중심으로－. 성신여자대학교대학원 박사학위 논문.

조대현(1996). 아동 도서의 출판 현황과 선택 요령. 어린이와 독서. 제17집. 어린이도서관. pp.134-147.

최균희(1991). 청소년의 독서문제와 개성 방안. 어린이와 독서. 제12집. 서울특별시립어린이도서관. pp.142-156.

최윤정(2001). 그림책. 서울: 비룡소.

한국유아교육학회 편(1997). 유아교육사전. 서울: 한국사전연구사.

한윤옥(1993). 한국아동문학도서의 표지에 관한 연구. 한국문헌정보학회지. 24, pp.113-137.

한윤옥(1997). 그림책에서 뉴 미디어까지 어린이 정보자료와 활용. 서울: 아세아 문화사.

한충옥(1989). 아동문학도서의 특성에 관한 연구－도서관에서 대출된 도서를 중심으로－. 성균관대학교 대학원 박사학위 청구논문.

허춘자(1998). 독서토의 활성화 방안. 경기도 사서연구회. 제15호. pp.29-42.

Athey, I.(1983). Language development factors related to reading development. Journal of Educational Research. 76(4), p.200.

Bromley, K. D.(1991). Webbing with literature: Creating story maps with children's books, Allyn and Bacon.

Davidson, J. I.(1996). Emergent literacy and dramatic play in early education. NY: Delmar Pub. pp.179-222.

Feinburg, S. G. & Mindess, M.(1994). Eliciting children's full potential. Pacific

Grove, California: Brooks / Cole Publishing Company.

Gray, W. S.(1984). Reading. I.R.A.

Groff. P.(1977). Schould picture books and young children be watched? Language Arts. 54, pp.411-417.

Herring, J. E.(1988). School Librarianship. London: Clive Bingley.

Holmes, B. C.(1987). Children's inferences with print and pictures. Journal of Educational Psychology. 79(1), pp.14-18.

Hurt, J.(1991). A preference oriented guide for selecting picture books. School Library

Isbell, R. T.(2002). Telling and retelling stories learning language and literacy. Young Children, March, pp.26-30.

Jocob, E.(1984). Learning literacy through play: Puerto Rican Kindergarten Children. In Goilman, H., Oberg, A. & Smith, F.(eds.) Awakening to literacy. N.H.: Heinemann Educational Books, p.75.

Kintsch, W. & Dijk, T.(1978). Toward a model of text comprehension and productionPsychological Review. 85, pp.363-394.

Lomax, R. G. & McGee, L. M.(1987). Young children's concepts about print and reading: Toward a modal of word reading acquisition. Reading Research Quarterly, 22, pp.237-256.

Maguire, J.(1985). Creative storytelling: Choosing inventing and sharing tales for children. Cambridge, MA: Yellow Moon.

Mallan, K.(1996). Storytelling in rural areas(SARA): Making links between home and school. Australian Journal of Early Childhood. 21, 1, pp.1-5.

Mathew, V. H.(1990). Kids Need libraries, SLMQ. Spring.

McLane, J. & McNamee, G(1990). Early literacy. Cambridge, MA:Harvard University Press. p.80.

Moen, C. B.(1991). Teaching with Caldecott Books : Activities across the curriculum. New York: Scholastic Inc.

Morrison, G. S.(1980). Early childhood education today(2nd ed.). Columbus,

Ohio: Merrill Publishing Company.

Morrow, L. M.(1982). Relationships between literature programs, library corner designs, and children's use of literature. Journal of Educational Research. 75(6), pp.339-344.

Morrow, L. M.(1985). Retelling stories: A strategy for improving young childrens comprehension concept of story structure and orai ianguage complexity. The Elementary School Jouraal, 85(5), pp.647-661.

Morrow, L. M.(1990). Preparing the classroom environment to promote literacy during play. Early Childhood Research Quarterly, 5, pp.537-554.

Neuman, S. B., Copple, C. & Bredekamp, S.(2000). Learning to read and write : Developmentally appropriate practices for young children. Washington, D.C.: NAEYC.

Paul Hazard, 석용원 역(1980). 책·어린이·어른. 새문사.

Pezdek, K. & Hartman, E. F.(1983). Chidren's television viewing: Attention and comprehension. Child development, 5, pp.1015-1023.

Rehr, S.(1988). The child's developing sence of theme as a response to literature. Reading Research Quartery, 23(30), pp.337-357.

Rehr, S.(1990). Literature and the construction of meaning: The preschool children's developing sence of theme. Journal of Research in Children's Education, 5(1), pp.37-46.

Remsey, I. L.(182). Effect of art style on children's picture preferences. Journal of Educational Research. 75, pp.237-240.

Rickelman, R. & Henk, W.(1990). Children's literature and to audio /visual technologies. the Reading Teacher, 43(90), pp.682-684.

Robinson, H. M.(1973). Research related to children's interests and to development values of reading. Library Trends. 22(2), p.99.

Routhlein, L. & Meinbach, A. M.(1991). the literature connection: Using children's book in the classroom. Glenview, Illinois: Good year books, pp.204-210.

Routman, L. K.(1988). Transitions from literature to literacy. New Hampshire: Heinemann Educational Books Ins.

Schickedanz, J. A.(1986). More then the ABCs: The early stages of reading and writing. Washington, D.C.: NAEYC.

Selman, R.(2001). Talk tim: Programming communicative interaction into the toddler day. Young Children, 56(3), pp.15-18.

Smilansky, S.(1968). The effects of sociodramatic play on disadvantaged pre-school children. N.Y.: Wiley. pp.12-15

Sulzby, E.(1985). Children's emergent reading of favoriate storybook: A developmental study. Reading Research Quarterly, 20, pp.458-481.

Sutherland, Z. & Arbuthnot, M. H.(1986). Children and books(7th. ed). Glenview, IL: Scott, Foresman.

Sutherland, Z. & Arbuthnot, M. H.(1991). Children and books(8th. ed.). N.Y.: Harper Collins Publishers Inc.

Taylor, D(1983). Famil literacy: Young children learning to read and write. NH: Heinemann.

Teale, W. H. & Sulzby, E.(1986). Emergent literacyas a perspective for examining how young children become writers and readers. inTeale, W. H. & Sulzby,E.(ed.) Emergent Literacy: Writing and Reading. N.J.: Ablex PublishingCorporation.

Vandergrift, K. E.(1980). Child and story—The Literary connection. N.Y.: Neal Schuman.

Williams, L. M. & Frostberg, D. P.(1992). Encyclopedia of early childhood education. N.Y.: Garland.

Worthen, B. R.(1993). Critical issues that will determine the future of alternative assessment, Phi delta kappan, 74, pp.444-448.

〈소개된 동화〉

권윤덕(1995). 만희네 집. 서울: 길벗어린이.

그림형제(2002). 황금 거위. 서울: 삼성출판사.

김옥애 글, 이형진 그림(2000). 기차를 타고. 서울: 국민서관.

김진우(1997). 으쓱 으쓱 아빠 최고. 서울: 중앙미디어.

라은정 글, 신가영 그림(1999). 밤톨이 귀하 가을이 보냄. 서울: 국민서관.

로이스 엘러트(2001). 알록달록 동물원(네버랜드 픽쳐북스 129). 서울: 시공주니어.

마루쿠스 피터스(1994). 무지개 물고기. 서울: 시공사.

마해송(1998). 바위나리와 아기별. 서울: 길벗 어린이.

문성근(1993). 우리 집과 물건 그리기(열린 미술교실 3). 서울: 길벗어린이.

박명희 글, 강미선 그림(1996). 엄마 아빠 사랑해요. 서울: 규장.

보리 글, 서은영 그림(1997). 매운 꿀은 없나요. 서울: 웅진출판사.

사토 와키코(2001). 삐악이는 흉내쟁이. 서울: 사계절.

산드라 젠켄스(1996). 열어보세요 살짝 살짝. 예림당.

실비 쇼스 글, 프랑수아 크로자 그림(1994). 알은 품은 여우. 서울: 한림출판사.

심조원 글, 김성민 그림(2000). 더러운 물 때문이야. 서울: 보리.

야큐 마치코(2000). 집 나가자 꿀꿀꿀. 서울: 동산.

양철우(1996). 기차의 발명. 서울: 교학사.

에릭 바튀(2001). 빨간 고양이 마투. 서울: 문학동네.

엘라 마리(1995). 빨간 풍선의 모험. 서울: 시공주니어.

웅진출판편집부 엮음, 김의한 그림(1985). 설문대 할망. 웅진출판사.

유혜광(2000). 혼자서 집 보는 날. 서울: 지경사.

이미애 글, 유애로 그림(1997). 견우직녀. 서울: 보림.

이진수 글, 김우선 그림(1998). 혼자 집을 보았어요. 서울: 웅진.

장 피에르 기예 글, 질 티보 그림(1997). 비눗방울 기계. 서울: 다섯 수레.

전남 아동문학가 협회(1992). 무궁화꽃이 피었습니다. 해냄 출판사.

전래동화(2001). 라퐁텐 우화집 세상에서 가장 지혜로운 이야기. 서울: 크레용하우스.

정근 글, 조선경 그림(1995). 마고할미. 서울: 보림.
정상경(1999). 가족 1 2 3. 서울: 초방책방.
정승각(1994). 까막나라에서 온 삽사리. 서울: 초방책방.
조미자(2002). 기역은 공. 서울: 마루벌.
캐스린 풀웰(2002). 거북이가 풍덩. 서울: 아이세움.
프란신느 오먼(1999). 토비는 혼자서도 잘해요. 서울: 웅진.
한국어린이육영회(1994). 한국 전래동요의 통합적 활용을 위한 작은 책 ⑥ 숫자풀이. 서울: 한국어린이육영회.
한국어린이육영회(2001). 영아용 사물그림책 ② 친구하자 서울: 한국어린이육영회.
한국어린이육영회(2001). 영아용 사물그림책 ③ 아가야, 아가야! 서울: 한국어린이육영회.
Bentley Cahoon(2003). Good Night Sweet Butterflies. N.Y.: Little Simon.
Blumb, K. & Pokornik, B.(1996). Funny fingers Circus. New York: Abbeville Kids.
Browning, D.(2000). Submarine Cat. London: Campbell Books.
Cartlidge, M.(1996). Magic Mouse. London: Campbell Books.
Eric Carie(1981). The Very Hungry Caterpiller. N.Y.: Philomel Books.
Eric Carie(1998). The Mixed-Up Chameleon. China: Harper Collines.
Robert Sabuda(1997). Cookie Count. N.Y.: Little Simon.

저자 소개

강 성 화
연세대학교 생활과학대학 아동학과 졸업
연세대학교 대학원 가정학 석사(아동학전공)
University of Illinois at Urbana-Champaign 철학박사(유아교육전공)
전, Shalom preschool and Afterschool 원장
전, Bethesda Christian University 교수
전, 고양외국어고등학교 교장
전, 한북대학교 영유아보육과 강사
전, 신흥대학 유아교육과 강사
현, 고양제일중학교 교장
저서 : 유아언어교육, 재미있는 유아영어전집, 뉴 밀레니엄 시대의 슈퍼엄마 슈퍼교사, 아침 7시 특목고는 기도 중, 축복의 학교 행복한 교장

김 경 희
연세대학교 생활과학대학 아동학과 졸업
연세대학교 대학원 가정학 석사(아동학전공)
연세대학교 대학원 철학박사(아동학전공)
전, 신흥대학 유아교육과 교수
전, 신흥유치원 원장
현, 신한대학교 유아교육과 교수
저서 : 유아언어교육, 아동과 환경, 보육학개론, 보육과정, 현장관찰 및 실습, 영유아발달과 교육

영유아를 위한 문학교육

초판 1쇄 발행 / 2014년 2월 25일
초판 2쇄 발행 / 2017년 2월 15일

•

공저자 / 강성화 · 김경희
발행인 / 이 중 수
발행처 / 동 문 사

•

서울특별시 서대문구 홍제원 1길 12
(홍제동 137-8)
Tel : 02)736-3718(대), 736-3710, 3720
Fax : 02)736-3719
등록번호 : 제9-17호
가격 : 19,000원

•

ISBN : 978-89-8251-648-1(93370)
E-mail : dong736@naver.com
www.dongmunsa.com